A Collection of Current Affairs News in English

최신 시사 뉴스 영어 표현집

Donald Trump Backpedaling on Tariffs Shows Weakness President Donald Trump's changing tariffs policy reveals a weakness in the U.S. economy regarding its bond market, according to economist Timothy Ash of the Chatham House think tank.

We have completed our very successful attack on the three Nuclear sites in Iran, including Fordow, Natanz, and Esfahan. All planes are now outside of Iran air space. A full payload of BOMBS was dropped on the primary site, Fordow. All planes are safely on their home, Congratulations to our great American Warriors. There is not another military in the World that could have done this. NOW IS THE TIME FOR PEACE! Thank you for your attention to this matter.

Trump's eleventh-hour requests add a new wrinkle to an already complicated process for Republican lawmakers as they desperately try to find enough savings for the bill, which seeks to extend his 2017 tax cuts, boost funding for immigration enforcement and defense and raise the debt limit.

Stock market investors don't have much to cheer about in the second Trump term, except perhaps for a new and almost flawless trading strategy — the TACO trade. The acronym, coined by Financial Times columnist Robert Armstrong, stands for "Trump Always Chickens Out."

Preface

매일 쏟아지는 언론 기사들, 경제, 금융, 비즈니스, 무역, 외교, 전쟁, 정치, 스포츠 등 여러 분야의 영문 기사를 한글처럼 쉽게 이해할 수 있으면 얼마나 좋을까?

각 분야에서 자주 사용하는 단어 숙어 표현을 알아둔다면 웬만한 뉴스는 한글처럼 이해할 수 있게 된다. 이를 목적으로 본 서적 《최신 시사 뉴스 영어 표현집》은 상당 기간, 분야별 기사를 엄선하여 다음과 같은 분야의 기사를 그룹화하였다.

Chapter I 경제 금융 증권
Chapter II 비즈니스 무역 외교
Chapter III 전쟁
Chapter IV 사회
Chapter V 선거 정치
Chapter VI 스포츠

책의 편집은 '영어 뉴스 본문 - 한글 번역 - 단어/숙어/표현 설명'의 순서로 패러그래프로 구분되어 있어 사전 없이 편하게 읽고 본인 문장으로 만들어 활용 가능하다. 작은 지면에 최대한 많이 유사한 표현이나 관련 표현을 실어 놓았기 때문에 눈에 익혀 둔다면 실제 영문 뉴스를 이해할 뿐만 아니라 언외의 뜻도 감지할 것으로 기대한다. 또한 영문 뉴스 본문 한글을 영문으로 번역하는 연습을 한다면 자신도 모르는 사이에 한차원 높은 영어를 구사하게 될 것이다.

단문/중문/장문의 다양한 영문 뉴스를 수록하였으며 경제, 금융, 증권, 주식, 무역, 비즈니스의 영문 기사에, 상식에 도움이 될 만한 기초 지식을 실었기에 그 내용을 이해하면 뉴스를 이해하는 데 큰 도움이 될 것이다. 예를 들어, 미국의 주식 시장 관련 내용, 손익계산서, 재무제표 등의 설명이 그것이다.

간결하고 정확한 최신 영어 표현 학습을 원하는 분들, 뉴스 미디어 분야 영어에 관심 있는 분들, 글로벌 비즈니스맨, 취업 준비생들에게 본 서적이 도움이 될 것으로 기대한다. 그리고 이 분야에 종사하는 분이 아니더라도 한차원 높은 영어를 구사하고 싶은 분들은 필독을 권유한다. 뉴스 영어는 일반 영어의 최고봉이라 할 수 있으므로 영어 실력 함양에 큰 도움이 될 것이다.

주어, 목적어, 부사구, 부사절 등에 underline하거나 이탤릭체로 표기하여 문장 구조 분석을 편하게 해놓았으므로 문장 구조 분석이 되면 문장 내용은 즉시 파악 가능할 것이다. 영어 본문을 몇 번 읽고, 한글을 보고 영작 훈련을 한다면 영어 실력이 크게 발전할 것이다.

또한, 지면 활용 극대화 차원에서 더 많은 내용을 담기 위해 단문 번역 때 주어와 술어 등을 간략히 표기하여 단순 의미만 전달한 문장도 있다. 예를 들어, 주어를 넣어 줄이 넘어간다면 주어를 생략하였다.

이제는 영어 읽기, 쓰기가 매우 중요하다. 왜냐하면 현대는 messenger (whatsapp, skype, wechat, kakaotalk 등)로 글로벌 communication을 하는 경우가 압도적으로 많기 때문이다. 글로벌 BIZ를 하는 필자도 speaking/listening보다는 이메일과 messenger를 훨씬 더 사용한다. 본 서적을 통해 영어 능력, 특히 읽기, 쓰기가 upgrade된다면 어느 분야에서 활동하든 큰 도움이 될 것으로 확신한다.

본문 설명 기호는 '→'는 유사어, 관련어, '↔'는 반대어에 주로 사용하였으며, 큰 구분 필요시만 '⇔'를 반대어로 사용하였다. '☞' 표시는 어떤 설명이 필요한 경우 사용하였다.

그리고 지면 활용을 극대화하기 위해 공통 내용은 slash(/)를 최대한 사용하여 표시하였다. 예를 들면, 다음과 같다.

• pour/throw gasoline/oil on the fire: 불에 기름을 붓다, 일을 더욱 크게 만들다, 악화시키다, 불난 집에 부채질하다

이것은 다음 4가지를 의미한다.

- pour gasoline on the fire
- pour oil on the fire
- throw gasoline on the fire
- throw oil on the fire

끝으로 《최신 시사 뉴스 영어 표현집》을 출간하여 주신 한올출판사 임순재 사장님과 바쁜 일정에도 불구하고 본 서적 출간을 위해 수고하신 최혜숙 편집장님께 깊은 감사의 말씀을 드린다.

2026년 1월
아펠바움에서
저자 장시혁

최신 시사뉴스
영어 표현집

Contents

Chapter 03 전 쟁

Chapter 04 사 회

Chapter 05 선거 정치

Chapter 06 스포츠

CONTENTS

Chapter I

경제 금융 증권

최신 시사 뉴스 영어 표현집

beat　이기다, 더 낫다, 손들게 하다

How Wallmart is beating everyone in groceries? How Wallmart became America's largest grocery?

월마트가 식료품점 업계의 모든 경쟁업체를 이기고 있는 방법이 뭔가요? 월마트는 어떻게 미국 최대의 식료품점이 되었나요?

Sky-high grocery bills are influencing pain at the supermarket checkout counter. Food at home prices in 2022 jumped 11.4%, and are expected to increase 5% in 2023. In an effort to stretch their grocery dollars further, a growing number of Americans are turning to Wallmart. The Arkansas-based retailer is America's largest grocery, more than twice the size of its next biggest competitor.

엄청나게 높은 식료품 영수증이 슈퍼마켓 계산대에서 소비자들에게 고통을 주고 있습니다. 2022년 식품 가격은 11.4% 상승했으며 2023년에는 5% 상승할 것으로 예상됩니다. 식료품 비용을 줄이기 위해, 점점 더 많은 미국인이 월마트를 찾고 있습니다. 아칸소에 본사를 둔 이 소매업체는 미국 최대의 식료품점으로, 그다음으로 큰 경쟁업체보다 규모가 두 배 이상 큽니다.

- **sky-high**: 하늘을 찌를 듯한, 아주 높은 → aerial, airy, lofty, soaring, towering
  ☞ sky-high interest rates: 하늘 높은 줄 모르고 치솟는 금리, I feel sky-high: 의기충천하다
- grocery: 식료품 잡화점, 식료품 및 잡화, grocer: 식료품 잡화상, 식료품 잡화상 주인/직원
- ***stretch a dollar ; stretch every dollar***: 돈을 아끼다, 절약하다
- next biggest competitor: 문맥상 2위인데, 1등과 격차가 크지 않은 2등은 close second, 격차가 큰 2등은 distant second라고 한다.

breaking news 뉴스 속보

President Biden on SVB Collapse
Americans can rest assured that our banking system is safe. Your deposits are safe. Let me also assure you we will not stop at this --- we'll do whatever is needed.

SVB 붕괴에 대한 바이든 대통령의 입장
미국인들은 미국의 은행 시스템이 안전하다고 안심하셔도 됩니다. 여러분의 예치금은 안전합니다. 또한 여기서 멈추지 않고 필요한 모든 조치를 할 것임을 분명히 말씀드립니다.

- collapse: 붕괴, 붕괴하다
- we'll do whatever is needed/required: 필요한 모든 조치를 하다
  → we'll take all necessary measures/actions

broke 무일푼의, 빈털터리의

Poverty in Britain. Britain's economic chaos.

영국의 빈곤, 영국의 경제적 혼란

Britain is no longer a rich economy. Why are millions of Brits so broke? How deep in crisis is Britain? BOE pauses interest rate hikes as economy slows. I feel like there's no hope for anything.

영국은 이제 부유한 경제국이 아닙니다. 수백만 명의 영국인이 파산한 이유는 무엇일까요? 영국은 얼마나 깊은 위기에 빠졌을까요? 경제가 둔화함에 따라 BOE는 금리 인상을 중단합니다. 희망이 없는 것 같습니다.

- millions of: 수백만의 * thousands of: 수천의, 많은
- **broke**: 무일푼의, 빈털터리의 * **flat broke**: 거덜 난, 완전 쪽박 찬

→ penniless, destitute, short, ruined, bust, bankrupt, impoverished, in the red, insolvent, down and out, skint, strapped for cash, penurious, on your uppers, stony-broke, in queer street

* without two pennies/nickels to rub together: 무일푼의

He didn't have two pennies to rub together when he got married.

그는 결혼할 때 완전 빈털터리였다.(돈이 없어 같이 문지를 수 있는 동전 2개도 없으니.)

* go for broke: 전부를 걸다(포커, 사업 등에서), 올인하다, 몰빵하다 → put everything on

I decided to go for broke and started my own business right after graduation from univeristy.

나는 전부를 걸기로 하고 대학을 졸업하자마자 창업하였다.

I will not allow the anti-growth coalition to hold us back. Most political speeches cause a fuss for about two or three hours and then vanish into nothing. I mean Brexit is the main problem, I think, because we import lots of these things from Europe. Go one, give me an example. The price of cod is double, it is coming from Denmark. The cost of living crisis, do people mention a lot? Does it come up in conversation? What's been done in the last few months to solve this madness? Can you tell me? I don't think they understand the gravity of the crisis here about just how much we have *hit the wall.* Right? And they haven't got any convincing answers to it. *Scrapping the pennies.*

반성장 연합이 우리의 발목을 잡는 것을 허용하지 않겠습니다. 대부분의 정치 연설은 두세 시간 정도 호들갑을 떨다 흔적도 없어 사라지곤 합니다. 브렉시트가 가장 큰 문제라고 생각하는데, 우리가 유럽에서 수입하는 것이 많기 때문입니다. 한 가지 예를 들어보겠습니다. 대구 가격이 두 배로 올랐는데 덴마크에서 온 것입니다. 사람들이 생활비 위기를 많이 언급하나요? 대화에서 자주 나오나요? 이 광기를 해결하기 위해 지난 몇 달 동안 무엇을 했습니까? 말씀해 주시겠어요? 사람들이 우리가 얼마나 한계에 부딪혔는지 위기의 심각성을 제대로 이해하지 못하는 것 같아요. 그리고 그들은 그 상황에 대한 설득력 있는 답변을 얻지 못했습니다. 적은 돈도 아끼려 하고 있습니다.

- Brit: 영국인
- Brexit(브렉시트): Britain과 탈퇴 (exit)의 합성어로 영국의 EU 탈퇴를 의미
- coalition: 연합, 연립 정부, 연정, 연합체 * coalition cabinet: 연립 내각

- fuss: 호들갑, 법석, 야단, 화, 불평, 야단/호들갑을 떨다, 안달하다
- vanish: 사라지다, 없어지다 → dissolve, evaporate, fade away/out, melt away, evanesce
  - * vanish into nothing: 사라져 버리다 → vanish into space/thin air/vapor
- gravity: (지구) 중력, 격식, 심각성, 중대성, 격식 엄숙함 * gravity of crisis: 위기의 심각성
- *hit the wall*: 한계에 도달하다, 한계에 부딪히다
  - ☞ The company's plan for the joint venture hit the wall when its main investors suddenly backed out. 합작 투자 계획은 주요 투자자들이 갑자기 손을 떼면서 난관에 부딪혔다.
  - Let's stop swimming. The kids have clearly hit the wall now.
  - 수영 그만하자. 애들이 이제 한계에 도달한 것이 확실하다.
- *scrap the pennies*: 매우 적은 금액을 아끼려 하다 * scrap pennies: 가치가 없는 소액의 돈
  - ☞ 미국 동전 명칭) penny: 1 cent, nickel: 5 cents, dime: 10 cents, quarter: 25 cents

---

In Britain, rising energy costs and high inflation are leading to social tensions, and the worsening situation is disproportionately affecting the middle class. With 15 million people currently living below the poverty line, Britain's society is anxious about what will happen next. At the same time, the world's sixth-largest economy has a historically low unemployment rate of 3.8%.

영국에서는 에너지 비용 상승과 높은 인플레이션율이 사회적 긴장으로 이어지고 있으며, 악화하는 상황은 중산층에도 불균형적으로 영향을 미치고 있습니다. 현재 1,500만 명이 빈곤층 이하로 사는 영국 사회는 앞으로 일어날 일에 대해 불안해하고 있습니다. 동시에 세계 6위의 경제 대국인 영국은 3.8%라는 역사적으로 낮은 실업률을 기록하고 있습니다.

- disproportionately: 불균형적으로, 균형이 맞지 않을 정도로
  - → out of proportion, to a disproportionate degree ↔ proportionately, in proportion

bumpy 울퉁불퉁한, 순탄치 않은

CPI confirms the road to 2% inflation will be bumpy, notes Collin Martin. He and Jeffrey Kleintop discuss how U.S. dollar maintains levels near $104. They also preview the ECB interest rate decision which will be released tomorrow at 8:15 am ET. They then go over how August core inflation comes in higher than expected. Jeffrey highlights how the Fed could hold and awaits further evidence of disinflation, but there is a chance of a rate hike. They also look at China retail sales and industrial production data which reports this week. Tune in to find out more about the stock market today.

콜린 마틴은, CPI는 2% 인플레이션으로 가는 길이 험난할 것임을 확인시켜준다고 말합니다. 또한 내일 오전 8시 15분(동부 표준시)에 발표될 ECB 금리 결정에 대해 미리 살펴보고, 미국 달러가 어떻게 104달러에 가까운 수준을 유지하고 있는지를 논의합니다. 그런 다음 8월 근원 인플레이션이 예상보다 높게 나온 이유를 살펴봅니다. Jeffrey는 연준이 디스인플레이션의 추가 증거를 기다리며 금리를 동결할 수 있지만 금리 인상 가능성이 있다고 강조합니다. 또한 이번 주에 발표되는 중국의 소매 판매와 산업 생산 데이터도 살펴봅니다. 오늘 주식 시장에 대해 자세히 알아보세요.

- CPI: 소비자 물가 지수(consumer price index) * ECB: European Central Bank(유럽 중앙은행)
- bumpy: 울퉁불퉁한, 평탄치 않은, 어려운, 곤란한
  → uneven, rough, pitted, irregular, rutted, lumpy, potholed, knobby, jolting, jarring
  ☞ have/give someone a bumpy ride: 곤란을 겪게 하다, 곤란하게 만들다
- **disinflation**: 디스인플레이션(인플레이션 완화) *cf*: deflation(디플레이션) ↔ inflation(인플레이션)
  * **Deflation**은 물가가 떨어지는 것이고, 즉, 돈 가치가 올라가는 것이며, inflation은 물가가 올라가는 것, 즉 돈 가치가 떨어지는 것임. **Stagflation(스태그플레이션)**은 'stagnation(스태그네이션)'과 '인플레이션'의 합성어로, 높은 물가 상승과 실직, 경기 후퇴가 동시에 발생하는 것이며, Recession-inflation(리세션-인플레이션)이라고도 하며, 정도가 심할 경우 'slmupflation(슬럼프플레이션)'이라고 한다.
  * **스니크플레이션(sneakflation)**은 몰래 움직이는 것을 뜻하는 스니크(sneak)와 물가 상승을 의미하는 인플레이션(inflation)을 합친 말로, 소비자가 눈치채지 못하는 사이 가격이 조금씩 오르는 현상인데, '소비자가 모르게 하는 물가 인상'을 말한다. 예를 들어, 가격은 올리지 않으면서 포장에 들어 있는 내용물을 조금 줄인다든가 하는 것이다.
- tune in: 파장/주파수/채널에 맞춰 듣다, 귀 기울이다, (상황, 추세 등)을 이해하다, 청취/시청하다

Simple Rate(단리) vs. Complex Rate(복리)

☞ asset management의 기본은 복리 계산

원금 1억 원을 연리 simple(interest) rate(단리) 5%로 차용하였다. 일 년 이자는 1억 원 × 5% = 5,000,000원, 9년이면 이자가 4천5백만 원이므로 원금 포함 시 총 1억 4천5백만 원이다. 하지만, 이 계산에는 '이자에 대한 이자(interest on interest)' 계산이 빠져 있다.

Simple rate는 일정한 시기에 원금에 대해서만 약정한 이율을 적용하여 이자를 계산하는 방법이다. 이때 발생하는 이자는 원금에 합산되지 않기 때문에 '이자에 대한 이자(interest on interest)'가 발생하지 않는다.

원금 1억 원을 complex interest rate(복리) 연리 5%로 차용하였다. 일 년 이자는 1억원 × 5% = 5,000,000원, 9년이면 1억 원 × $(1 + 0.05)^9$이므로, 이자 총액은 약 5,513만 원이다. 원금 포함 시 총 1억 5,513만 원이다. 단리와 복리의 이자 총액 차이가 크다. 금리의 기회비용은 항상 복리 계산으로 한다.

circuit breaker 서킷 브레이크, 자동 차단기, 두꺼비집

That will kick in additional circuit breakers. The new circuit breakers are there to try to prevent panic selling. The circuit breaker would kick in 7%. You will see a pause in trading for 15 minutes.

그러면 추가 서킷 브레이커가 발동됩니다. 새로운 서킷 브레이커는 패닉 매도를 방지하기 위한 것입니다. 서킷 브레이커는 7%에 발동됩니다. 15분 동안 거래가 일시 중지됩니다.

- circuit breaker(서킷 브레이커): 주식 시장에서 일정 수준 이상의 급격한 지수 변동이 발생할 때, 주식 거래를 일시적으로 중단하여 시장의 과열을 진정시키는 장치
  - ☞ 한국에서의 '사이드카(sidecar)'는 주식 시장에서 프로그램 매매를 일시적으로 중단시키는 안전 장치이다. 주로 선물시장에서 5% 이상의 가격 변동이 발생할 때 발동되며, 5분간 프로그램 매매가 중단된다.
  - ☞ An automatic halt or suspension in the trading on a stock exchange that takes effect in response to a specified amount of loss.
    특정 금액의 손실이 발생하면 증권 거래소에서 거래가 자동으로 중단/정지되는 것을 의미한다.
- kick in: 효과가 나타나기 시작하다, (자기 몫의 돈 · 도움을) 내다, 주다
- panic selling: 패닉 매도, 공황 매도

☞ 주식이나 부동산 등의 가격이 내려간 것을 보고, 더 내릴까 불안한 마음에 급히 매도하는 것, 부화뇌동 매매

☞ Nasdaq stock prices plummeted due to today's panic selling.
오늘의 공황매도로 나스닥 주가가 폭락했습니다. * plummet: 곤두박질치다, 급락하다

→ dive, drop, fall, nose-dive, plunge, sink, skid, slump, tumble. swoop, descend rapidly

S&P 500 Circuit Breaker Key-in

단 계	하락 폭	거래 중지 (halt)
Level 1	7% 이상 하락 시	15분 거래 중지
Level 2	13% 이상 하락 시	15분 거래 중지
Level 3	20% 이상 하락 시	당일 잔여 거래 시간 거래 중지

미국 주식 시장의 3대 지수

한국의 경우, 코스피, 코스피200, 코스닥 등의 주가 지수가 있듯이, 세계 최대의 금융 증권 시장인 미국에는 나스닥 종합 지수, S&P500, 다우 지수가 3대 지수라고 불리며, 전 세계 주식 시장에 영향을 주고 있다.

1. NASDAQ Composite (나스닥 종합 지수)

나스닥 종합 주가 지수는 나스닥(NASDAQ, National Association of Securities Dealers Automated Quotations)에 상장된 모든 기업의 주가 지수이다. 소프트웨어, 생명공학, 반도체 등을 포함한 기술 시장이 주를 이루고 있으며, 금융, 보험, 운송 등의 다양한 분야의 일부 기업이 포함되어 있다. 한국의 주식 시장은 미국의 나스닥 시장 추이에 가장 영향을 받고 있다.

2. S&P500

S&P500 지수는 미국에 상장된 상위 500개 기업으로 이루어져 있다. 세계적인 신용 평가 기업인 S&P(Standard & Poors)는 시가 총액 및 유동성을 기준으로 500개 기업을 선정하는데, 다우존스 지수보다 S&P500 지수는 새로이 부상하는 기업들을 훨씬 더 많이 반영한다.

3. Dow (Dow Jones Industrial Average, DJIA, Dow30)

다우존스 지수는 100년이 넘었으며, 미국에서 가장 잘 알려진 대기업 30개 업체로 구성된다. 미국 주식은 총 1만 종목이 넘어 30개 업체로 주식 시장 전체 상황을 반영하기는 어려우나 30개 업체가 미국을 대표하는 기업임에는 의구심이 없어 기업 실적을 나타내는 지표로 활용될 수 있다.

Apple, Bowing, Coca Cola, 마이크로 소프트, Dow Chemical, 골드만 삭스, 세브런, 어메리컨 익스프레스, 엑손 모빌, 3M, 버라이즌, 월트디즈니 등이 속해 있다.

4. 러셀 2000 지수 (Russel 2000 Index)

1984년 미국의 투자회사인 러셀 인베스트먼트에서 만들어낸 주가 지수이며, 런던증권거래소그룹 산하의 FTSE 러셀이 관리하고 있다. 미국 주식 시장에 상장된 기업들 가운데 시가 총액 기준으로 1,001위부터 3,000위까지 2,000개 기업의 주가 지수이다. 글로벌 기업 내지 대기업이라 할 수 있는 상위 1,000개 기업 바로 다음에 있는 대표적인 소형 주식 지수이다. 미국 내수형 기업들의 주식으로 구성되어 있어 미국 실물 경제 잣대 역할을 하는 유용한 지표이다. 마진과 현금 창출력이 낮아 기준금리에 민감하여서 통상적으로 실업률이 높으면 러셀 종목들의 주가도 덩달아 상승하는 경향이 있다.

5. 기타

미국 주식 시장의 3대 지수는 각자가 서로 다른 종목으로 구성되어 있어 투자자가 엔비디아 주식을 매수했다고 해서 엔비다아 주식의 상승 · 하락이 다우존스 지수에 영향을 주지 않는다. 엔비디아는 나스닥 구성 종목이지 다우 지수 구성 종목이 아니기 때문이다. 따라서 주식 투자를 하면서 미국 시장을 고려할 때는 3대 지수를 모두 포괄적으로 살펴보는 것이 투자에 도움이 된다.

clown 어릿광대, 시골뜨기

Don’t be the clown on the clown car.

광대 차에 탄 광대가 되지 마세요.

- clown: 어릿광대, 시골뜨기
  - ☞ play the clown/buffoon: 익살떨다

* 유) merry-andrew, buffoon, goof, goofball

* clown around 익살부리다, 광대 짓 하다

contract 줄어들다, 수축하다, 병에 걸리다, 계약하다, 계약서, 약정서

Trump Slams Biden As GDP Contracts, Defends Tariffs

트럼프, GDP 위축으로 바이든을 비난하고 관세를 옹호하다

- slam: 혹평하다, 비방하다 → hypercriticize, slate, slap, slash, excoriate, flay, lash, rip into, scarify, scathe, scorch, score, scourge *탕 닫다 → bang, clap, crash, whack
- contract: 줄어들다, 수축하다, 병에 걸리다, 계약하다, 계약서, 약정서 → to make or become smaller, narrower, shorter, lessen, reduce, shrink, diminish, decrease, dwindle, to enter into an agreement with, agreement
  Metals contract as the temperature is reduced. 온도가 낮아지면 금속은 수축한다.
  purchase contract/agreement: 구매 계약서

President Donald Trump unleashed a fiery rebuke of his predecessor, *pinning* the blame for a shrinking economy *on* Joe Biden's policies. The U.S. economy contracted in the first quarter, marking the first negative growth since early 2022. Trump's sharp criticism came as he defended his tariff strategy, insisting it will spark a future economic surge.

도널드 트럼프 대통령은 경제 위축의 책임을 조 바이든의 정책에 돌리며 전임자 바이든에 대한 맹렬한 비난을 쏟아냈습니다. 미국 경제는 1분기에 위축되어 2022년 초 이후 처음으로 마이너스 성장을 기록했습니다. 트럼프는 자신의 관세 전략을 옹호하면서 향후 경제 급등을 촉발할 것이라고 주장하면서 날카로운 비판을 가했습니다.

- **unleash**: 가죽끈을 풀다, 포박을 풀다, (억제함을) 그치다, (속박을) 풀다, (분노 등을) 폭발하다
  → release, let go, let loose, free, untie, unloose, unbridle
  She unleashed her own, unstoppable attack. 그녀는 자신의 멈출 수 없는 공격을 퍼부었다.
  She unleased her anger at her son's having failed college entrance exam.
  그녀는 아들이 대학 입시 시험에 떨어진 것에 대해 분노를 터뜨렸다.
- fiery: 불타는 듯한, 불같은, (감정/분노가) 맹렬한 → ardent, fervent, fervid, impassioned
- rebuke: ① 힐책, 질책, 비난 → reprehension, reprimand, reproof, reproval
  ② 힐책/질책/비난하다 → dress/call down, call on the carpet, chew out, chide, reprove, scold, reprimand

- **pin A on B**: B에게 A의 책임을 물리다, 탓으로 돌리다 → *attribute A to B*
  He pinned the car accident on the bus driver. He attributed the car accident to the bus driver.
  그는 교통사고의 책임을 버스 운전사에게 돌렸다.
  * **pin down**: 억누르다, 읍박하다, 상세한 설명을 요구하다, 명확한 입장/태도를 요구하다
  The broadcasting company pinned the governor down on the issue of taxes.
  방송국은 세금 문제로 주지사를 추궁하였다.
- **spark**: 촉발시키다, 유발하다 * **sparkplug**: 분발시키다, 촉구하다, (모임/일 등에서) 주역/지도적 역할을 맡아 하다, 흥을 돋우는 사람, 주도적 역할자

According to CNBC, the Commerce Department reported a 0.3% annualized decline in gross domestic product for the first three months of the year. Trump quickly took to Truth Social, declaring the downturn as "Biden's Stock Market, not Trump's." He argued that he inherited a troubled economy when he assumed office on Jan. 20.

CNBC에 따르면 상무부는 올해 첫 3개월 동안 국내총생산이 연율 0.3% 감소했다고 발표했습니다. 트럼프는 곧바로 트러스 소셜을 통해 이 침체를 "트럼프가 아닌 바이든의 주식 시장"이라고 선언했습니다. 그는 1월 20일 취임 당시 자신이 어려운 경제를 물려받았다고 주장했습니다.

- annualize; 연이율로 환산하다, 1년에 한 번 하다

Trump dismissed claims that his tariffs caused the economic dip, instead pointing to Biden's lingering influence. He insisted that companies are flocking to the U.S. in record numbers due to his policies. The president promised a forthcoming economic "boom" but cautioned that patience is needed to overcome Biden's "overhang."

트럼프는 자신의 관세가 경기 침체의 원인이라는 주장을 일축하고 대신 바이든의 영향력이 지속되고 있다고 지적했습니다. 그는 자신의 정책으로 인해 기업들이 기록적인 숫자로 미국으로 몰려들고 있다고 주장했습니다. 대통령은 다가오는 경제 '붐'을 약속했지만, 바이든의 '오버행'을 극복하기 위해서는 인내가 필요하다고 경고했습니다.

- downturn: (매출 등의) 감소, 하락, (경기) 하강, 침체 ↔ upturn: 호전, 상승, 증가 (upswing)

- linger: 머무르다, 오래 남다 → hang around, loiter, stay, remain, mill around
- flock: (양·염소·새의) 떼 (→ herd), (같은 유형의) 무리, (많은 수가) 모이다, 떼지어 가다/오다
  Birds of a feather flock together. 유유상종 → Like draws like. Let beggars match with beggars.
- **in record numbers**: 기록적으로, 기록적인 숫자로 → record-breaking, unbeaten, best ever
- **overhang**: 돌출부, 돌출된 상태, 과잉
  dollar-overhang: (국제 금융 시장의) 달러의 과잉 상태 * debt-overhang: (회사·정부의) 채무 과잉
- dismiss: (고려할 가치가 없다고) 묵살하다, 뭉개다, 일축하다, 떨쳐 버리다, 해고하다
  → disregard, ignore, discount, cold-shoulder, brush/wave/push aside

dead cat bounce 짧은 반등

A dead cat bounce is a temporary, short-lived recovery of asset prices from a prolonged decline or a bear market that is followed by the continuation of the downtrend. Frequently, downtrends are interrupted by brief periods of recovery or small rallies — during which prices temporarily rise.

Dead Cat Bounce는 장기간의 하락세 또는 하락 추세가 지속되는 약세장에서 자산 가격이 일시적이고 단기간 회복되는 현상입니다. 짧은 회복 기간이나 소규모 랠리로 인해 하락 추세가 중단되는 경우가 많습니다. 이 기간에 가격은 일시적으로 상승합니다.

- **dead cat bounce**: 주식 시장에서 주가가 대폭 하락한 뒤 잠깐 상승하는 것. 이 뒤에는 흔히 추가 하락이 이어짐. 부동산 시세 표현도 dead cat bounce를 사용한다.
- downtrend: 하강 추세, 하락세, 내림세 ↔ uptrend: 상승세, 오름세

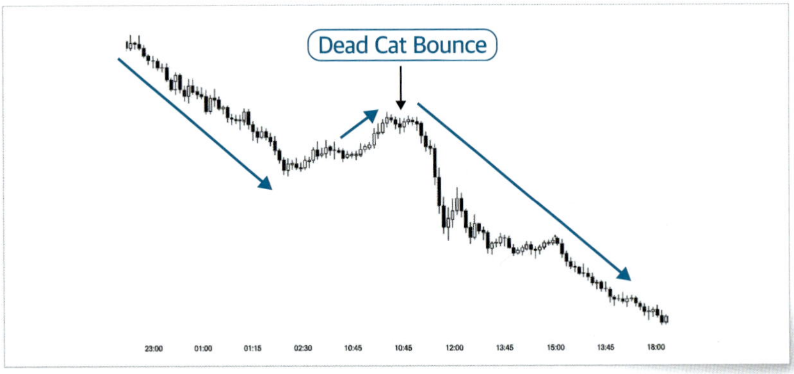

dip-buying 물타기, 저가 매수

Dow ends higher as dip-buying fever returns to bruised tech.
As well as dip-buying momentum, tech was supported by a fall in Treasury yields after data pointing to slowing labor market *stoked hopes for* a slowdown in wage growth and a less aggressive Federal Reserve.

다우 지수는 저가 매수 열기가 멍든 기술주로 돌아오면서 상승 마감했습니다.
노동 시장 둔화를 가리키는 데이터가 임금 상승 둔화와 연준의 완화된 정책 기대감을 불러일으키면서 국채 수익률이 하락한 것도 저가 매수 모멘텀에 힘을 보탰습니다.

- dip: (일시적인) 하락, 감소, 소매치기 (pickpocket, cutpurse), 살짝 담그다, 적시다, 내려가다
  * Sales dipped in June. 6월에 매출이 감소했다.
- **buying the dip**: 주식 물타기 → scale trading
- bruise: 멍이 생기다/생기게 하다, 타박상을 입다/입히다, 멍, 타박상, 흠
- **stoke**: 불을 때다, 연료를 더 넣다, (감정을) 더 부추기다, 돋우다
  ☞ fuel, rekindle, add fuel to, tend, keep burning, stir up, incite, instigate, prompt
  Daddy was stoking the fire with sticks of wood, stoking hopes for rescue.
  아빠는 나무 막대기로 불을 피우며 구조에 대한 희망을 품고 있었다.

The "labor market remains very tight." Jefferies said in a note, adding that "it will take a little while longer for the cracks to form" as claims are rising from near historic low levels.

"노동시장은 여전히 구인난입니다." Jefferies는 메모에서 실업수당 청구가 역사적으로 낮은 수준에 근접해서 증가하고 있어서 "균열이 형성되는 데는 조금 더 시간이 걸릴 것"이라고 덧붙였습니다.

- **tight**: 수요보다 공급이 적은, (상품이) 품귀한, 돈이 달리는, 핍박한
  Money is tight. 돈 사정이 좋지 않다. 금융 시장이 원활하지 않다
- near historic low levels: 역사적으로 낮은 수준에 근접
- claim: (배상, 보험금 등의) 지급 요구/청구, 요구, 청구, 권리, 주장
  ☞ unemployment claim: 실업수당 청구 * claim unemployment benefit: 실업수당을 신청하다

eleventh-hour 기한의 막바지 때, 최후의 순간, 막판, 마지막 기회

Trump urges Speaker Mike Johnson to raise taxes on the wealthy, *adding new wrinkle* to massive GOP bill

트럼프, 공화당의 광범위한 법안에 새로운 사안 추가하면서 마이크 존슨 하원 의장에게 부유층 증세 촉구

- speaker: (美)하원 의장 * representative: 하원 의원, House of representatives: 하원, president of senate: (美) 상원 의장 * senator: 상원 의원, Senate: 상원
- GOP (Grand Old Party): 공화당 * DP(Democratic Party): 민주당

Trump privately *pressed* Johnson *to* increase the tax rate on the highest earners and close the so-called carried interest loophole.

트럼프 대통령은 존슨 하원 의장에게 고소득자 세율 인상과 소위 '성과 보수' 허점 해소를 비공개적으로 압박했습니다.

- carried interest: 성과 보수(사모/헤지펀드 등의 수익이 높을 때 매니저에게 지급되는 이익 배당금)
- **loophole**: (법률·계약서 등의 허술한) 구멍, 증권·금융(법률, 조세 상의) 빠져나갈 구멍 (loop hole)
  → let-out, escape, excuse, plea, avoidance, evasion, pretext, subterfuge
  He exploits some loophole in the law to avoid prosecution.
  기소를 피하기 위해 법의 허점을 이용하다.

WASHINGTON — President Donald Trump privately *pressed* House Speaker Mike Johnson, R-La., during a phone call Wednesday *to* add two additional proposals to the massive package for his agenda: one to raise the tax rate on the highest earners and the other to close the so-called carried interest loophole, according to a Republican leadership source, as well as two other GOP sources familiar with the call.

워싱턴 — 도널드 트럼프 대통령은 수요일 루이지애나주 공화당 소속 마이크 존슨 하원 의장과

의 전화 통화에서 자신의 의제에 맞춰 두 가지 안을 추가 제안했습니다. 하나는 고소득자 세율 인상이고, 다른 하나는 '성과 보수 허점' 해소였습니다.

- carried interest: 사모펀드나 헤지펀드 등 대체 투자를 운용하는 관리자에게 투자 성과에 따라 지급되는 성과 보수이다. 펀드의 수익이 발생했을 때, 운용사가 투자자들에게 원금과 약정된 수익률을 먼저 배분한 후 남은 수익 일부를 운용사의 몫으로 가져가는 구조로, 벤처 투자조합의 성과에 따라 결정되는 인센티브의 성격을 가진다.

Trump's *eleventh-hour requests* add a new wrinkle to an already complicated process for Republican lawmakers as they desperately try to find enough savings for the bill, which seeks to extend his 2017 tax cuts, boost funding for immigration enforcement and defense and raise the debt limit.

공화당 지도부 소식통과 이 통화에 정통한 다른 두 명의 공화당 소식통에 따르면, 트럼프 대통령의 막판 요구는 공화당 의원들이 2017년 감세안 연장, 이민법 집행 및 국방 예산 증액, 부채 한도 증액을 목표로 하는 이 법안에 필요한 예산을 확보하기 위해 필사적으로 노력하고 있는 상황에서, 이미 복잡한 절차를 더욱 복잡하게 만들고 있습니다.

- *eleventh-hour*: 막바지 때, 최후의 순간, 막판, 마지막 기회
  → last-minute, last-gasp, last-ditch, deathbed(→ deathbed repentance: 임종의 참회, 때늦은 후회, 때늦은 정책 변경)
  * at the eleventh-hour: 마지막 기회에, 막판에　　* eleventh-hour compromise: 막바지 절충
  The manager does not like *eleventh-hour revision* of ppt. He says, "*I need the ppt yesterday*. I'm going to be late for the seminar."　매니저는 막판에 PPT 수정하는 걸 좋아하지 않습니다. 그는 "지금 당장 PPT가 필요해요. 세미나에 늦겠어요"라고 말한다.
  ☞ ***need/want it yesterday:*** 지금 당장 필요하다, 지금 당장 원한다
- wrinkle: 주름, 조언, 좋은 생각, 묘안, 주름을 잡다
  His face was wrinkled with age.　나이가 들어 얼굴이 주름이 생겼다.
  * *add a new wrinkle* - 새로운 사항/요소를 추가하다
  ☞ 상황을 변화시키거나 복잡하게 만드는 새로운 요소, 아이디어 또는 문제를 도입하는 것을 의미한다. 이는 새로운 관점이나 예상치 못한 변화를 의미하며, 잠재적으로 상황을 더욱 복잡하고 흥미롭게 만들 수 있으며, 기발한 새로운 접근 방식이나 예상치 못한 장애물을 의미할 수도 있다.

The White House has kicked around the idea of hiking the top tax rate for the wealthiest people for the past few months, and it now believes it is close to finalizing a topline number for the bill, according to one of the GOP sources familiar with the call.

백악관은 지난 몇 달 동안 고소득층의 최고 세율을 인상하는 방안을 논의해 왔으며, 이제 최종안을 확정하는 단계에 이르렀다고 이 통화에 정통한 공화당 소식통이 전했습니다.

- close: 가까운, 인접한, 근소 차의, 호각의 * close game/election: 접전, 백중지세의 선거
  You are very close. 매우 근접함(→ 하지만 정답은 아님)
- **topline**: (신문·광고 등의) 상단에 게재할 만한, 가장 중요한, 평판이 매우 높은
- kick something about/around~: ~에 대해 얘기해 보다, 의논해보다
  kick somebody around: ~를 막 대하다, 함부로 대하다

The other GOP source familiar with the call said Trump is considering allowing the rate on individuals making $2.5 million or more annually to revert from 37% to the pre-2017 39.6% to protect Medicaid and help pay for middle- and working-class tax cuts.

이 통화에 정통한 또 다른 공화당 소식통은 트럼프 대통령이 메디케이드(Medicaid)를 보호하고 중산층 및 노동자 계층의 감세에 필요한 자금을 마련하기 위해 연 소득 250만 달러 이상 고소득층의 세율을 37%에서 2017년 이전 39.6%로 되돌리는 방안을 고려하고 있다고 전했습니다.

- 메디케이드(Medicaid): 소득 및 자산이 제한적인 사람들을 위한 미국의 의료 지원 프로그램으로 연방 정부와 주 정부가 공동으로 자금을 지원하며, 저소득층, 장애인, 노인 등 특정 자격 요건을 충족하는 사람들에게 의료 서비스를 제공한다.

flash crash 주식 시장의 단기 급락(일반적으로 빠르게 회복)

Dow Jones drops 560 points in 4 minutes first in business worldwide

Flash crash refers to the 560 point drop in the Dow Jones Industrial Average that happened in just a few minutes after stock market opening on May 7, 2023.

다우존스, 세계 최초 4분 만에 560포인트 하락

플래시 크래시는 2023년 5월 7일 주식 시장 개장 후 불과 몇 분 만에 다우존스산업평균지수가 560포인트 하락한 현상을 말한다.

☞ 플래시 크래시(flash crash)는 주식 시장이나 특정 자산 가격이 단기간에 급락했다가 빠르게 회복되는 현상을 말한다.

for one reason or another 어떤 이유로든, 이런저런 이유로

Through the end of the first quarter of 2023, 21% of EV drivers using public charging stations attempted to charge their vehicles at stations that didn't work for one reason or another, according to the report.

보고서에 따르면 2023년 1분기 말까지 공공 충전소를 이용하는 EV 운전자의 21%가 어떤 이유로든 작동하지 않는 충전소에서 차량을 충전하려고 시도했습니다.

- EV: electric vehicle(전기 자동차)
- for one reason or another; for various reasons: 어떤 이유로든, 이런저런 이유로
  - * one way or another: 어떤 방법으로든, 어떻게 해서든
  - * at one time or another: 한번쯤은, 가끔은

halt 멈추다, 서다, 세우다, 중단시키다

Stock trading halted for 15 minutes at open after S&P500 drops 7%.

S&P500이 7% 하락한 후 주식 거래가 개장 후 15분 동안 중단되었습니다.

U.S. stocks hit critical circuit breaker levels on Thursday minutes after the opening bell for the second time this week as global markets plunged amid investor fears about the coronavirus global pandemic.

미국 주식은 목요일 개장 직후 이번 주 두 번째로 서킷브레이커 발동을 발동했습니다. 투자자들이 코로나바이러스 팬데믹에 대한 우려로 세계 시장이 급락했기 때문입니다.

Just as they did on Monday, the S&P500 hit exchanges' 7% threshold decline in morning trading, halting trade during regular market hours for 15 minutes to ensure order in the marketplace.

S&P500 지수는 월요일과 마찬가지로 오전 거래에서 거래소 기준 하락 임계치 7%를 기록하며, 시장의 질서 유지를 위해 정규장 시간 중 15분간 거래를 중단했습니다.

- **threshold**: 문지방, 한계점, 한계, 임계점, 임계치, (비유적인 의미의) 문턱, 발단, 시초, 경계
  → borderline, brink, edge, point, verge. start, beginning, opening, dawn, outset, inception
  ☞ **threshold effect (문턱 효과, 임계 효과)**는 어떤 현상이 발생하기 위한 최소한의 조건이나 자극 수준을 의미하며, 이 수준을 넘어서야 비로소 다음 단계로 진행하거나 효과가 나타나는 것을 말한다. Threshold effect는 여러 분야에서 사용되며, 특정 자극이 누적되어 일정 수준에 도달해야 반응이 나타나는 경우를 설명할 때 유용하다. R&D에서 품질의 OK, NG (no good) 기준치로도 사용한다.
- marketplace: 시장, 장터 * a marketplace for new ideas; 신규 아이디어 시장
  ☞ **black market**: 암시장 또는 블랙마켓(black market, underground economy, informal economy, shadow economy)은 어떤 물가를 통제하는 체제 또는 물자가 부족한 상황에서 통제를 벗어나 불법적인 방법으로 거래를 하는 시장을 의미한다.
  ☞ **grey market**: 그레이마켓(공식 유통 경로를 통하지 않고 상품이 거래되는 시장, 즉, 주로 정식 유통 채널에서 판매되지 않는 상품이나 병행 수입 등으로 유통되는 상품들이 거래되는 곳을 지칭하며, 때로는 합법과 불법의 경계에 있는 시장으로 인식되기도 한다.)

☞ buyer's market, buyers' market, soft market: 바이어 시장, 구매자 시장 ↔ seller's market, sellers' market, hard market: 판매자 시장

* 소프트 마켓(soft market)은 시장에서 수요보다 공급이 많아져서 가격이 하락하거나 거래가 위축되는 시장 상황을 의미한다. 특히, 보험 시장에서 자주 언급되며, 보험료 하락, 보장 범위 확대 등의 특징을 보인다.

☞ monopoly: 독점 공급시장(공급자가 하나) ↔ monopsony: 구매자 독점 시장(수요자가 하나)

☞ oligopoly: 과점 시장(공급자가 소수인 시장 구조) * collusion (of) oligopoly: 과점(의) 담합

Trading resumed at 9:50 a.m. ET, with both the S&P 500 and Dow Jones Industrial Average extending losses immediately after the restart. The S&P 500 was last seen down 8% and the Dow was down 9%.

거래는 오전 9시 50분(미국 동부 시간)에 재개되었으며, S&P500 지수와 다우존스 산업평균지수 모두 재개 직후 하락 폭을 확대했습니다. S&P500 지수는 마지막으로 8%, 다우존스 산업평균지수는 9% 하락했습니다.

in doubt 곤경에 빠져, 난처하여, 말썽이 나서, (미혼이) 임신하여

Oil demand in doubt as Saudi extends production cuts

Despite the announcement last weekend that Saudi Arabia looks to extend its extra production cut till the end of this year, OPEC continues to demonstrate confidence in the health of demand for oil.

사우디가 감산을 연장함에 따라 원유 수요가 불투명해졌습니다.

사우디아라비아가 올해 말까지 추가 감산을 연장할 계획이라는 지난 주말 발표에도 불구하고 OPEC은 석유 수요의 건전성에 대한 자신감을 계속해서 보여주고 있습니다.

- in doubt: 의심하여, 주저하며, 불확실하여

  The result of the shareholders' meeting is still in doubt. The future of the new business is still in doubt. 주주총회 결과는 아직 불확실하다. 새로운 사업의 미래는 여전히 불확실하다.

☞ **beyond/without doubt/question**: 의심의 여지 없이 → certainly, unmistakeably, beyond/without a shadow of doubt, undoubtedly, unquestionably, definitely.

☞ **no doubt**: 아마, 틀림없는, probably, surely

- extra production cut: 추가 생산 감축 * tax cut: 감세 ↔ tax increase: 증세

in trouble 곤경에 빠져, 난처하여, 말썽이 나서, (미혼이) 임신하여

Why ABC Bank branches are closing around the world? Is ABC Group in trouble?

ABC 은행 지점이 세계 여러 곳에서 문을 닫는 이유는 무엇입니까? ABC 그룹이 위기에 처해 있나요?

- in trouble: 곤경에 빠져, 난처한 → in danger, in difficulty

  If you don't be quiet, you shall be in trouble very soon. The company was in trouble for months, and then went bankrupt.

  조용히 있지 않으면 곧 곤경에 처할 것입니다. 회사는 몇 달 동안 곤경에 처했다가 파산했습니다.

investment recovered 투자비 회수

POSCO Holdings "Investment in Australian mines, fully recovered in 13 years and 9 months"

포스코홀딩스 "호주 광산 투자, 13년 9개월 만에 완전 회수"

POSCO Holdings said on the 10th that it received about 85 billion won in dividends in the third quarter of this year following its investment in iron ore mines in Roy Hill, Australia.

포스코홀딩스는 호주 로이힐 소재 철광석 광산에 투자한 후 올해 3분기에 약 850억 원의 배당금을 받았다고 10일 밝혔다.

- dividend: 배당금 * cumulative dividend: 누적 배당금
- iron ore: 철광석, 철광
  ☞ 철광석을 원료로 철을 만드는 것이 **고로(furnace)**이고, 고철(scrap iron)로 철을 만드는 것이 **전기로(electric arc furnace)**이다. 한국의 고로 업체는 POSCO 및 현대제철 두 곳이다. 고로로 만든 철강은 자동차, 선박 등에 사용하나 전기로로 만든 철강은 자동차/선박에 사용 불가하며, 주로 건축 자재로 사용한다.

POSCO Holdings recovered the entire investment cost of 1.3 trillion won in the Roy Hill mine by combining cumulative dividends(1.13 trillion won) and discounts on iron ore purchases.

포스코홀딩스는 누적 배당금(1조 1,300억 원)과 철광석 매입 할인 혜택을 합쳐 1조 3,000억 원에 달하는 로이힐 광산 투자비를 전액 회수했다.

It has been 13 years and 9 months since the initial investment in January 2010. POSCO Holdings participated in the development of the Roy Hill mine to stably procure high-quality iron ore. It holds a 12.5% stake.

2010년 1월 최초 투자 이후 13년 9개월 만이다. 포스코홀딩스는 고품질 철광석을 안정적으로 조달하기 위해 로이힐 광산 개발에 참여했으며, 현재 12.5%의 지분을 보유하고 있다.

- **stake:** 지분(share) * **at stake**: 성패가 달린, 위태로운 (at risk, in question)
  A great deal of money is at stake. The future of his company is at stake.
  막대한 돈이 걸려 있다. 그의 회사 미래는 위태롭다.

POSCO Holdings secures 20% of its annual iron ore needs from Roy Hill mines. Roy Hill Mine is Australia's largest single mine. The reserve is 2.3 billion tons, and annual production is 63 million tons.

포스코홀딩스는 연간 철광석 수요의 20%를 로이힐 광산에서 확보하고 있다. 로이힐 광산은 호주 최대 규모의 단일 광산이다. 매장량은 23억 톤이고, 연간 생산량은 6,300만 톤이다.

- ton 하면 일반적으로 metric ton을 의미하나 영국, 미국 기업이나 관련 기업과 거래 때는 short ton(ST = 907kg, 미국), metric ton(MT = 1,000kg), long ton(LT = 1,016kg, 영국)인지 미리 확인하여야 추후 논쟁의 소지가 없다.
- POSCO Holdings(POSCO 지주회사)
  지주회사는 크게 **순수 지주회사**와 **사업 지주회사**로 분류되며, 순수 지주회사는 자체 사업은 하지 않으며, 다른 회사의 주식 소유를 통해 지배하는 것을 주된 목적으로 한다. 예를 들면, ㈜LG 같은 회사이다. 사업 지주회사는 자체 사업을 하면서 동시에 자회사 지분을 보유하고 관리하며, 대표적인 기업은 POSCO Holdings로, 산하에 비상장 기업 포항제철을 소유하고 있다. 즉, POSCO Holdings의 가치는 '포항제철과 POSCO Holdings 산하 기업들의 지분 가치'이다.

margin loan 담보 대출, 차익 대출(증권 구입을 위한 대출)

When there are macroeconomic risks, it is generally wise to avoid using margin loans on any company, as stocks may move in ways that are decoupled from their long-term potential.

거시경제 리스크가 있는 경우 주식이 장기적인 잠재력과 동떨어진 방향으로 움직일 수 있으므로 일반적으로 어떤 회사가 대상이 되든 신용 대출을 사용하지 않는 것이 현명합니다.

- macroeconomic: 거시 경제(학)의 ↔ microeconnomic: 미시 경제(학)의
  macroeconomic policy/model/structure: 거시 경제 정책/모델/구조
- margin: 마진(원가와 판매의 차이), 차이, 가장자리, 여유, 증거금, 담보, 여지
  margin call: 마진콜, 추가 증거금 청구 (* 담보 부족으로 담보금을 더 예치하라는 전화)
  loan-deposit margin: 예대 마진(대출과 예금의 차이)

market capitalization 시가 총액

According to an analysis of the market capitalization change of 216 listed companies in the top 30 groups on the 13th of this month by the Leaders Index of the Corporate Analysis Research Institute on the 18th, the market capitalization increased by 13.8% from KRW 1,271.224 trillion to KRW 1,446.804 trillion compared to January 2 this year.

지난 18일 기업분석연구소 리더스 지수가 이달 13일 상위 30개 그룹 내 216개 상장사의 시가 총액 변동을 분석한 결과, 올해 1월 2일 대비 시가 총액은 1,271조 2,240억 원에서 13.8% 증가 한 1,446조 8,040억 원으로 된 것으로 나타났다.

- **market capitalization, market cap**: 시가 총액(시총 = 주가 × 총발행 주식 수)
  - ☞ **증권 용어 영어 표현** 몇 가지를 알아두면 기사 읽기에 편하다.
    - overweight: 비중 확대　　underweight: 비중 축소　　equalweight: 비중 유지
    - large capital stock: 대형주,　　growth stock: 성장주,　　value stock: 가치주
    - cyclical stock: 경기 민감주,　　defensive stock: 경기 방어주,　　volatility: 변동성
    - EPS(earning per share): 주당 순이익(= 순이익 / 주식 수)
    - PER(price earning ratio): 주가 수익 비율(= 주가 / 주당 순이익)
    - PBR(price to book value ratio): 주가 순자산비율(= 주가 / 주당 장부 가치)
    - ROE(return on equity): 자기자본 이익률(= 당기순이익 / 자기자본총계)
    - β(베타계수): 시장 민감도 지수
  - ☞ β(베타계수)는 특정 주식이나 펀드가 전체 시장의 변동에 비해 얼마나 민감하게 반응하는지를 나타내는 지표이다. 베타 값이 1이면 시장과 같은 변동성을 보이고, 1보다 크면 시장보다 변동성이 크며(고베타), 1보다 작으면 시장보다 변동성이 작음(저베타)을 의미한다
- listed company: 상장 기업 ↔ unlisted company: 비상장 기업
- trillion: 1조,　　biillion: 10억(미국 → 영국, 독일, 프랑스에서는 조),　　one hundred million: 1억

한국 주식 시장의 Margin Loan과 Margin Call

증권 회사는 개인이 소유하고 있는 주식을 담보로 대출을 해준다. 이를 「예탁증권 담보 대출」이라고 하며, 담보되는 예탁 증권의 가치가 대출 금액의 140% 밑으로 내려가면 margin call을 한다. 즉, 담보 비율이 140% 이상이 되도록 담보 부족금을 입금하도록 연락한다. 입금되지 않으면, 2영업일 동시 호가에 담보 부족분만큼 하한가로 자동 매도 주문 처리되어 담보 부족분을 메운다.

예를 들어, 철수가 주당 가격 십만 원인 A 회사 주식 100주를 갖고 있다면, 총 평가 금액은 일천만 원이다. 이 주식을 담보로 대출받을 수 있는 최대 한도는 『(시가 천만 원 × 140%) = 1천4백만 원』 이다. 즉, 증권 회사는 현재 시세 평가액 천만 원 주식을 담보로 ₩14백만 원까지 대출해주고, 고율의 이자 수익을 올릴 수 있다.

만약, 철수가 천만 원 시세의 주식을 담보로 1천4백만 원을 대출 받은 후, 이 천만 원 시세의 주식이 10% 하락하여 주당 9만 원이 된다면, 천만 원 시세는 90,000×100주 = 9백만 원이 된다. 시가 9백만 원에 대한 대출 한도는 『시가 9백만 × 140% = 1천2백6십만 원』 이다. 즉, 대출 한도는 140%이나 실 대출한 금액 비율은 「대출금 1천4백만 원 / 시가 9백만 원 = 155%」으로 산정되므로 주가 하락으로 대출 한도가 15%나 초과된 것이다.

당초 대출 시점의 대출 한도는 1천4백만 원이었으나, 주가 하락으로 대출 한도가 1천2백6십만 원으로 축소된 것인다, 이 경우 담보 부족분 1백4십만 원(=1천4백만 원 - 1천2백6십만 원)을 입금하여야 한다. 이 담보 부족 금액을 예치하라는 것을 Margin call이 발생하였다 한다. 대출 받은 개인 투자자가 2영업일 증권 시장 개장 전까지 담보 부족분을 입금하지 않으면 동시 호가에 담보 부족분만큼 하한가 매도 주문이 자동으로 처리된다. 이러한 상황으로 주식 시장이 며칠간 연속 폭락 시 시초가에 큰 폭으로 떨어져서 거래되는 주식들이 발생되는 것이다.(☞ 주식 시장이 며칠 연속 폭락 시 이런 종목만을 노리는 전문 투자자도 상당히 있다. 즉 동시 호가에 아주 싼 가격으로 주식 매입이 가능한 바, timing의 예술 거래가 가능할 수도 있다.)

대기업 오너들이 소유 주식 담보 대출을 받는 경우가 있는데, 이때도 가끔 margin call이 발생하기도 한다. 대부분, 상속세를 내기 위해 보유 주식을 담보로 대출을 받기도 한다.

예탁증권 담보 대출과 달리, 있는 현금으로 주식 매입 시 매입 주식을 담보 조건으로 돈을 대출 받아 예치함으로써 현금보다 더 많은 주식을 매입해 보유할 수 있다, 이를 '신용 대출 매입'이라고 한다. 이 경우도 담보 보증 비율은 140%로 유지한다.

milestone, milepost 이정표, 중요한 단계/사건

Dow ends above 40,000 milestone, indexes notch up weekly gains

다우지수 40,000선 돌파, 주간 지수 상승 폭 확대

- milestone: 이정표, 중요한 단계/사건 → milepost, marking, marker, juncture, occasion
- notch: 급수, 등급, (기록 등을 위해 새겨 놓은 V 자나 동그라미) 표시, 올리다, 달성하다
  ☞ a notch above ~: ~보다 한 수 위 * top-notch: 최고의, 아주 뛰어난
  * step it up a notch: 단계를 올리다 ↔ take it down a notch: 단계를 내리다

The Dow Jones industrial average closed above the 40,000 mark for the first time on Friday, with other major indexes also scoring weekly gains, as data supported expectations for interest rate cuts by the Federal Reserve this year.

올해 연방준비위원회의 금리 인하 기대감을 뒷받침하는 데이터로 인해 금요일 다우존스 산업평균지수는 처음으로 40,000선을 돌파하며 마감하였으며, 다른 주요 지수들도 주간 상승세를 기록했습니다.

- score weekly gains: 주간 상승을 기록하다 ↔ score weekly losses: 주간 손실을 기록하다

Strong corporate results and inflation and other economic data have bolstered investor hopes for Fed rate cuts this year.

기업 실적과 인플레이션 및 기타 경제 지표로 올해 연준의 금리 인하에 대한 투자자들의 기대감이 높아졌습니다.

- bolster: 북돋우다, 강화하다, 개선하다 → support, help, aid, maintain, strengthen, encourage, boost, assist, prop, reinforce, cushion, brace, augment, buttress, hold/shore/buoy up

negative catalyst watch / positive catalyst watch
주가가 하락할/상승할 가능성이 크다

Citi opened a negative catalyst watch on Nike.

씨티는 나이키를 '하락 가능성이 큰 종목'으로 올렸다.

- catalyst: (변화의) 기폭제, 화학 촉매(제) * trigger catalyst: 트리거 촉매 (trigger는 총의 방아쇠이며, 특정 행동이나 사건을 촉발하는 계기, 자극, 원인을 의미하며, trigger catalyst는 특정 행동이나 사건을 적극적으로 시작하게 만들거나 가속화하는 결정적인 요인을 말한다)
  ☞ 증권사들은 주가가 급격히 움직일 것으로 예상될 때 catalyst watch를 개시한다. **Negative catalyst watch**는 주가 하락 가능성이 크다는 것이며, **Positive catalyst watch**는 주가 상승 가능성이 크다는 것이다.

J.P.Morgan on Tuesday *placed* Indian IT services provider HCL Technologies Ltd (HCLT.NS) *on* "negative catalyst watch" ahead of the earnings season, citing the highest near-term risks for the company.

J.P.Morgan은 화요일 인도 IT 서비스 제공업체인 HCL Technologies Ltd(HCLT.NS)를 수익 시즌을 앞두고 회사의 단기 위험이 가장 크다는 이유로 '하락 가능성이 큰 종목'에 올렸습니다.

- **near-term**: 가까운 날의, 근일의 * near-term demand/profit/plam: 단기 수요/수익/계획
  The new president's near-term plan to *weather* this economic downturn is to cut staff and fringe benefits. 이러한 경제 침체를 극복하기 위한 신임 사장의 단기 계획은 직원과 직원 복리후생을 삭감하는 것입니다. * *weather*: (재난, 역경 따위를) 뚫고 나가다

"We remain cautious on the IT sector as we see downside risks to earnings from the weak fourth quarter prints and FY24 guidance." the brokerage said in a note.

이 증권사는 메모에서 "우리는 좋지 않은 4분기 실적과 24 회계 연도 가이던스에서 수익의 하방 위험을 보고 있어서 IT 부문에 대해 신중한 태도를 유지합니다."라고 말했습니다.

- downside risk: (투자 예측 때의) 가능 손실액, 가격 하락 리스크
  downside risk index: 금융·외환 하방 리스크 지수, 금융 위기 상황을 사전에 탐지하기 위해 고안된 지수

J.P.Morgan said it expects HCL to negatively surprise analyst expectations, while also seeing downside risks to demand and growth commentary for Tata Consultancy Services Ltd (TCS.NS), which is India's top IT services provider, and Infosys Ltd (INFY.NS), from financial year 2023-24.

JP 모건은 HCL이 애널리스트의 예상을 하회할 것으로 예상하는 한편, 인도 최고의 IT 서비스 제공업체인 타타 컨설턴시 서비스(TCS.NS)와 인포시스(INFY.NS)의 2023-24 회계 연도 수요 및 성장 전망에 대한 하방 리스크도 있다고 밝혔습니다.

HCL Technologies traded 1 percent lower on Wednesday after foreign brokerage firm JPMorgan placed it on its negative catalyst watch ahead of the Q4Y23 earning likely to be released on April 20.

HCL 테크놀로지스는 4월 20일 발표될 23년 4분기 실적을 앞두고 외국계 증권사 JP모건이 하락 가능성이 큰 종목에 올린 후 수요일 1% 하락세로 거래되었습니다.

nugget 덩어리, 너깃, 작지만 가치 있는 생각·사실 등

The best nuggets of advice from Warren Buffett's shareholder letters

워렌 버핏의 주주 서한에서 얻을 수 있는 최고의 조언

- nugget: ① 덩어리, 너깃 → lump, piece, mass, chunk, clump, hunk gold/chicken nugget: 금/치킨 덩어리 ② 작지만 가치 있는 생각·사실 등 → snippet, snatch
  * extract a useful nugget/snippet of information: 유용한 작은 정보 한 가지를 추출하다
  Cowboys are sifting gravel from the Kern River in search of gold nuggets.
  카우보이들이 금덩어리를 찾아 컨강에서 자갈을 걸러내고 있다.
  * sift: 체로 치다, 거르다, 면밀히 조사하다, 샅샅이 살피다, 분리하다, 가려내다

Buffett has penned dozens of shareholder letters over the decades, offering insight into his philosophy and shaping generations of investors.

버핏은 수십 년에 걸쳐 수십 건의 주주 서한을 작성하여 자신의 철학에 대한 통찰력을 제공하고 여러 세대의 투자자를 형성하였다.

- pen: 펜, (가축의) 우리, (글 등을) 쓰다, (동물·사람을 우리 등에) 가두다

Warren Buffett helped *turn* Berkshire Hathaway *into* one of the world's most formidable economic enterprises, with a $1 trillion market cap — a track record that, along with his penchant for plainspoken wisdom, has shaped generations of investors.

워런 버핏은 버크셔 해서웨이를 시가 총액 1조 달러에 달하는 세계에서 가장 강력한 경제 기업 중 하나로 성장시키는 데 일조하였으며, 이러한 실적은 그의 평범한 지혜와 함께 여러 세대의 투자자들을 형성해 왔다.

- formidable: 가공할, 어마어마한, 경외할 만한 → impressive, great, powerful, tremendous, mighty, terrific, awesome, invincible, indomitable, redoubtable
  * a formidable enemy/challenge/question: 강적/어려운 도전/난제
  * formidable performance/accomplishment: 경이적인 성과/업적
- penchant: 애호(=fondness) * have a penchant for sports: 스포츠를 좋아하다
- plainspoken: 솔직한, 노골적인 → outspoken, candid, direct, downright, forthright, frank, honest, ingenuous, man-to-man, open, straight, straightforward, straight-out, unreserved

---

He announced Saturday that he plans to step down from his role as chairman and chief executive of Berkshire. Nicknamed the "Oracle of Omaha," Buffett is the fifth-richest person in the world, according to Forbes Magazine, amassing a net worth of some $168 billion.

그는 토요일 버크셔의 회장 겸 최고 경영자 자리에서 물러날 계획이라고 발표하였다. '오마하의 오라클'이라는 별명을 가진 버핏은 포브스 잡지에 따르면 세계에서 다섯 번째로 부유한 사람으로, 약 1,680억 달러의 순자산을 보유하고 있다.

- oracle: (고대 그리스에서) 신탁을 받는 곳, 신탁을 전하는 사제, 귀중한 조언/정보를 주는 사람/책
- **amass**: 모으다, 축적하다 → conglomerate, cumulate, pile up, accumulate, gather
  It's not important to know as to how he had amassed his fortune.
  그가 어떻게 재산을 모았는지는 중요하지 않다.

As head of the conglomerate, Buffett is required to submit a letter to shareholders each year, detailing Berkshire's operations as part of its annual report. He has written dozens of shareholder letters over the years that offer insight into his philosophy.

대기업의 수장으로서 버핏은 매년 연례 보고서 일부로 버크셔의 운영을 자세히 설명하는 서한을 주주들에게 제출하여야 한다. 그는 수년 동안 자신의 철학에 대한 통찰력을 제공하는 수십 개의 주주 서한을 작성하였다.

plunge 급락하다, 곤두박질치다

Stocks plunge as markets open, Dow down 1800 points.
Trading halted on NYSE for 15 minutes amid coronavirus fears.

시장이 열리자 주가는 급락하며 다우 지수는 1800 포인트 하락.
코로나바이러스 공포로 뉴욕 증권 거래소 거래 15분간 중단함.

- **plunge**: 곤두박치다, 급락하다 → plummet, dive, plunk, dump
  * plunge in stock prices: 주가 폭락 * take the plunge: 과감히 하다, 모험하다
- NYSE: New York Stock Exchange
  뉴욕 월 스트리트 11번가에 있는, 시가 총액 세계 1위 거래소이며, 월 스트리트와 미국 경제의 상징과도 같은 곳이다. 나스닥보다 약간 적은 2,300개의 상장사가 소속된 거래소이지만, 소속된 상장사들의 시가 총액 합계는 세계 2위 거래소인 나스닥보다 크다.(2024년 말 현재)

rail against 욕하다

Musk rails against Trump tax bill, calling it 'a disgusting abomination'

머스크, 트럼프 세금 법안 '역겨운 혐오스러운 법안'이라며 반발

- rail against/at: 욕하다, 욕을 퍼붓다, 악담하다 → abuse, assail, revile, vituperate
- abomination: 혐오스러운 것, 가증스러운 것 * disgusting abomination: 역겨운 혐오감
  * have/hold ~ in abomination: ~을 몹시 싫어하다

Trump's One Big Beautiful Bill Act (OBBB Act) would add $2.4 trillion to the national debt over 10 years, according to the nonpartisan Congressional Budget Office.

초당파적인 의회 예산국(CBO)에 따르면 트럼프의 '하나의 큰 아름다운 법안'은 10년간 국가 부채를 2조 4,000억 달러 증가시킬 것이라고 합니다.

- nonpartisan: 초당파의, 객관적인, 공정한, 공평한

Billionaire Elon Musk blasted the massive tax and immigration bill at the heart of President Donald Trump's agenda on Tuesday, calling the measure "a disgusting abomination" that would *burden* the country *with* "crushingly unsustainable debt."

억만장자 일론 머스크는 화요일 도널드 트럼프 대통령의 핵심 정책인 대규모 세금 및 이민법안을 강하게 비난하며, 이 법안을 '역겹고 혐오스러운 법안'이라고 규정하고 국가에 '도저히 감당할 수 없는 엄청난 부채'를 안겨줄 것이라고 말했습니다.

- blast: 비난하다, 질책하다, 맹공을 가하다, 폭발시키다, 폭파하다, 쾅쾅 울리다, 폭발, 강한 바람/공기
- at the heart of~: ~의 핵심/본질/중심에(는) * heart: 핵심, 중심
  ☞ **핵심, 중심: essence, nitty-gritty, pith, substance, gist, kernel, nub, meat, core, center**
  Let's go to the heart of the pending issue. 보류 중인 사안의 핵심으로 가지요.
  * heart and soul: 심혈, 열과 성을 다해

- **crushingly**: 압도적으로, 결정적으로
  The team was crushingly defeated. 그 팀은 참담하게 패배했다.
  * crushing: (안 좋거나 심각한 정도를 강조하여) 참담한, 치명적인, 대단히 파괴적인
  ☞ physically or spiritually devastating, often used in combination
  * a crushing blow/rejection: 압도적인 타격/거부 * bone-crushing: 뼈 분쇄
- unsustainable: (같은 수준·정도 등으로) 지속 불가능한 ↔ sustainable
  * unsustainable growth: 지속 불가능한 성장

Though Musk — who on Friday left his post as head of the U.S. DOGE Service, Trump's cost-cutting effort — *had previously criticized* the bill in gentler terms, his posts on X, the social media platform he owns, represented his sharpest attack yet on the Trump White House. For months, Musk had played the role of the president's "*First Buddy*," joining Trump frequently in the Oval Office and exhorting the administration to cut government spending.

금요일에 트럼프의 비용 절감 노력의 일환인 미국 국토안보부 국장직에서 물러난 머스크는 이전에 이 법안을 더 부드러운 용어로 비판했지만, 그가 소유한 소셜 미디어 플랫폼인 X에 올린 게시물은 트럼프 백악관에 대한 그의 가장 날카로운 공격을 대변하는 것이었습니다. 머스크는 수개월 동안 트럼프 대통령의 '퍼스트 버디' 역할을 맡아 집무실에서 트럼프 대통령과 자주 만나 정부 지출을 줄이도록 행정부에 권고했습니다.

- ***first buddy***: 대통령의 절친/최측근, 단짝, 친구, (짝)패
  ☞ 대통령과 관련 'first'를 붙이는 표현이 많다. * first lady (영부인), first child (대통령 자녀)는 예전부터 사용한 표현이었으며, 트럼프 시대가 되어 자녀, 사위의 존재감이 드러나면서 first son, first daughter, first son-in-law 등의 말이 좀 비아냥거리는 느낌으로 사용되고 있다.
- exhort: 열심히 권하다, 촉구하다, ~하라고 타이르다 → urge, warn, encourage, advise, bid, persuade, prompt, spur, press, counsel, caution, call upon, incite, goad, admonish, enjoin, beseech, entreat
  Trump exhorted his listeners to turn away from violence.
  트럼프는 청중들에게 폭력을 외면하라고 촉구했습니다.

The posts appeared to complicate the path to passage for the legislation, which barely passed the House late last month after conservatives revolted over its enormous price tag — the nonpartisan Congressional Budget Office says it would increase the national debt by $2.4 trillion over the next decade. The Senate began consideration of the measure this week, as GOP leaders hope to have it to Trump's desk by July 4. Trump has encouraged lawmakers to pass the measure. But some Republican Senate budget hawks applauded Musk's attack on Tuesday, a potential sign of trouble.

초당파적인 의회 예산국은 이 법안이 향후 10년간 국가 부채를 2조 4,000억 달러 증가시킬 것이라고 밝혔지만, 보수주의자들이 막대한 비용에 반발하면서 지난달 말 하원을 겨우 통과한 이 법안의 통과 경로가 복잡해지는 듯 보였습니다. 공화당 지도자들은 7월 4일까지 트럼프 대통령의 책상에 이 법안이 제출되기를 희망하고 있으며, 트럼프 대통령은 의원들에게 법안 통과를 독려하고 있습니다. 그러나 일부 공화당 상원 예산 매파는 화요일에 머스크의 공격에 박수를 보냈으며 이는 잠재적인 문제의 징후입니다.

- revolt: 반란, 봉기, 저항, 반란/봉기를 일으키다, 들고 일어나다, 반발하다
- massively: 거대하게, 엄청나게 크게 * massive: 거대한, 엄청난
  * mass: 덩어리, 대량의, 대규모의

"This massive, outrageous, pork-filled Congressional spending bill is a disgusting abomination," Musk posted on X. "Shame on those who voted for it: you know you did wrong. You know it."

국장직을 떠난 머스크는 "이 거대하고 터무니없고 정부 보조금으로 가득 찬 의회 지출 법안은 역겹고 혐오스러운 법안"이라며 "이 법안에 투표한 사람들은 부끄러운 줄 알아라. 잘못한 것을 알고 있다: 여러분들도 알잖아요."라는 글을 X에 올렸습니다.

- pork: 돼지고기, 의원이 정치적 배려로 주게 하는 정부 보조금/관직 등
- pork-filled: 돼지고기가 가득찬, 보조금으로 가득 찬
- shortly after that: 그 직후

He wrote minutes later: "It will massively increase the already gigantic budget deficit to $2.5 trillion(!!!) and burden America citizens with crushingly unsustainable debt." That post appeared to confuse the annual deficit with the overall increase to the debt over 10 years.

그는 몇 분 후에 글을 올렸습니다: "이미 막대한 적자 예산을 2조 5,000억 달러(!!!)로 크게 늘리고 미국 시민들에게 도저히 감당할 수 없는 부채를 떠넘길 것입니다." 이 게시물은 연간 재정 적자와 10년에 걸친 전체 부채 증가를 혼동한 것으로 보입니다.

Shortly after that, he wrote, "In November next year, we fire all politicians who betrayed the American people."

그 직후 그는 "내년 11월, 우리는 미국 국민을 배신한 모든 정치인을 해고한다"라고 썼습니다.

The bill would extend tax cuts enacted during Trump's first term and *make good on* new campaign promises — including no taxes on tips or overtime wages — while *devoting* hundreds of billions of dollars in new spending *to* defense and immigration enforcement.

이 법안은 트럼프의 첫 임기 동안 시행된 감세 조치를 연장하고 팁이나 초과 근무 수당에 세금을 부과하지 않는 등 새로운 선거 공약을 이행하는 동시에 국방 및 이민법 집행에 수천억 달러의 신규 지출을 투입하는 내용을 담고 있습니다.

- enact: (법을) 제정하다, 상연하다, 일어나다, 벌어지다 * enactment: 법률, 법률 제정, 입법
- make good on: (임무 등을) 달성하다, (약속 등을) 지키다, 이행하다
  He always makes good on what he says. 그는 항상 말한 대로 실천합니다.
  He is as good as his word/promise/bond. 그는 약속을 지킨다.
  → bond는 미국 금융 시장 종사자들이 잘 사용 한다. My word is my bond. 라고 하면 "내 말 믿어, 약속 지킨다"의 의미이다.
- immigration enforcement: 이민법 집행, 이민 단속 * law enforcement: 법 집행

ramp up 증산하다, 팍 늘리다, 증가하다, 강화하다

Lucid Announces Third Quarter 2023 Financial Results November 7, 2023

루시드, 2023년 3분기 재무 결과 발표
2023년 11월 7일

Lucid reported Q3 revenue of $137.8 million driven by customer deliveries of 1,457 vehicles in the quarter.

루시드는 3분기 1억 3,780만 달러의 매출을 기록했으며, 이는 해당 분기에 1,457대의 차량을 고객에게 인도한 데 힘입은 결과라고 밝혔다.

Production of the Lucid Air Pure RWD began in September and is in the process of ramping up; production of the Lucid Air Sapphire also began in September, thus completing the Lucid Air lineup.

루시드 에어 퓨어 RWD는 9월부터 생산이 시작되어 증산 중이며, 루시드 에어 사파이어도 9월부터 생산을 시작하여 루시드 에어 라인업을 완성했습니다.

- **ramp up**: 증산/증가/강화하다 → increase, make bigger or more, bolster, strengthen ↔ **ramp down**: 감산하다, 감소하다, 줄이다, 단계를 낮추다
  As the production ramped down in Korea, 30% of employees were laid off. The company, however, ramped up its Polish production to meet increasing demand from Germany.
  한국 내 생산량이 급격히 감소하면서 직원의 30%가 해고되었습니다. 그러나 회사는 독일의 증가하는 수요를 충족시키기 위해 폴란드의 생산은 늘렸습니다.
  The airport authority has ramped up security in the airports nationwide.
  공항 당국은 전국 공항의 보안을 강화했다.

General assembly production shifted to Phase 2 of Lucid's factory in Arizona; Lucid opened its first manufacturing plant in Saudi Arabia.

일반 조립 생산은 애리조나에 있는 루시드 공장의 2단계로 이전, 루시드는 사우디아라비아에 첫 번째 제조 공장을 오픈했습니다.

Lucid closed the Aston Martin transaction and commenced the strategic technology arrangement.

루시드는 애스턴 마틴 거래를 마무리하고 전략적 기술 협약을 시작했습니다.

Lucid appoints Marc Winterhoff as its first-ever Chief Operating Officer, overseeing daily operations and execution across global manufacturing, supply chain, sales and service, marketing, and international markets.

루시드, 마크 윈터호프(Marc Winterhoff)를 최초의 최고 운영 책임자로 임명하여 글로벌 제조, 공급망, 영업 및 서비스, 마케팅, 해외 시장 전반의 일상적인 운영과 실행을 감독하도록 했습니다.

- first-ever: 생전 처음의, 사상 최초의 * his first-ever visit to Paris: 그의 생애 첫 파리 방문
  * first-ever woman chairman: 사상 최초의 여자 회장
- chief operating officer, COO: 최고 운영 책임자 또는 최고 생산 운영 책임자라고 한다. 기업 내의 생산과 제조, 사업부 운영을 총괄하며, 일상 업무를 원활하게 추진하기 위한 의사결정을 행하는 최고 생산 운영 책임지를 말한다.
  ☞ CEO: chief operating officer: 대표 이사 → 중국에서는 general manager(총경리)라고 함
  CFO: chief financial office: 재무 총책, 최고 재무 관리자
- oversee: (작업·활동이 제대로 이뤄지는지) 감독하다 → superintend, supervise, manage

---

Lucid Gravity, the company's all new luxury electric SUV, will be unveiled on November 16 at the LA Auto Show; start of production remains on track for late 2024.

루시드의 완전히 새로운 럭셔리 전기 SUV인 루시드 그래비티가 11월 16일 LA 오토쇼에서 공개될 예정이며, 생산 시작은 2024년 말로 예정대로 진행됩니다.

- **unveil:** (새로운 계획·상품 등을) 발표하다, 제막식을 하다, 덮개를 벗기다, 베일을 벗다
  * unveil a plan/secret/party platform: 계획/비밀/정강을 밝히다
  → make visible, reveal, show, unclothe, uncover, unmask. bare, disclose, display, expose
- on track: 제대로 진행되고 있는, 착착 진행되는, 제 궤도에 올라

Production outlook for 2023 is revised to 8,000 – 8,500 vehicles from prior guidance of more than 10,000 to prudently align with deliveries.

2023년 생산 전망은 차량 고객 인도에 신중을 기하기 위해 기존 1만 대 이상에서 8,000~8,500 대로 수정했습니다.

- align: ~에 맞춰 조정/조절하다, 제휴하다, 동조하다, 정렬시키다, 일직선으로 맞추다 → adjust, correspond, gibe, jibe, match, tally, agree, fit, ally, side, join, associate, affiliate, cooperate

Financial Statement(재무제표)

Financial statements show the business activities and the financial performance of a company. Financial statements are audited by government agencies, accounting firms, and so on for accuracy, tax, financing, or investing purposes. The below are major financial statements.

재무제표는 회사의 비즈니스 활동 및 재무성과를 보여주며, 회계의 정확성, 세금, 자금 조달 또는 투자 목적을 위해 정부 기관, 회계회사 등이 재무제표를 감사(audit)한다. 주요 재무제표는 다음과 같다. * 적어도 income statement와 balance sheet는 이해할 수 있어야 기업의 상황을 이해할 수 있다.

- Income statement: 손익계산서
- Balance sheet: 대차대조표
- Cash flow statement: 현금흐름표

A. 손익계산서(Income Statement, Profit & Loss Statement)

An income statement is a financial statement that provides a clear record of the profits arising from an activity over a particular period of time and the revenues and expenses which caused them. Once expenses are subtracted from revenues, the statement produces a company's net income.(매출: sales, sales revenue, revenue 등으로 표시한다.)

손익계산서는 일정 기간 동안 기업이 어떤 활동을 통하여 발생된 이익과 그 이익을 발생하게 한 수익과 비용을 알기 쉽게 기록한 재무제표를 말한다. 매출에서 비용을 차감하면 회사의 순이익이 산출된다.

B. 대차대조표(Balance Sheet)

The balance sheet provides an overview of assets, liabilities, and stockholders' equity as a snapshot at a particular point in time. In other words, the balance sheet illustrates the net worth of any business.

대차대조표란 일정 시점에 기업이 보유하고 있는 자산 상태, 부채, 주주 지분 내역을 보여주는 재산 목록표를 말한다. 다른 말로 하면, 대차대조표는 사업의 순가치를 설명하는 것이다. 기업의 자산은 자기 자본과 타인 자본(부채)으로 구성되어 있으며, 이러한 자산을 취득 또는 보유하기 위하여 조달한 자금이 자기자금인지 남으로부터 빌린 타인자본인지를 일정한 형식으로 표시한 것이 대차대조표다.

C. 현금흐름표(Statement of Cash Flow, Cash Flow Statement)

In financial accounting, statement of cash flows, is a financial statement that shows how changes in balance sheet accounts and income affect cash and cash equivalents, and breaks the analysis down to operating, investing, and financing activities.

재무회계에서 현금흐름표는 대차대조표 계정과 수입의 변화가 현금 및 현금성 자산에 미치는 영향을 보여주는 재무제표로, 수입과 지출을 크게 영업 활동, 재무 활동, 투자 활동으로 구분한다. 쉽게 말하자면, 현금 자체의 흐름을 나타낸 것으로 생각하면 된다.

손익계산서 작성 방법

ABC 회사의 2024년 매출액은 100억 원, 매출 원가는 80억 원, 판매 관리비는 5억 원, 영업 외 이익은 2억 원, 영업 외 비용은 1억 원, 특별 이익은 3억 원, 특별 손실은 2억 원이며, 법인 세율은 22%이다. ABC 회사가 납부하여야 하는 법인세 금액은 얼마인가?

→ 손익계산서 식에 대입하면, 세전 당기순이익이 17억 원이므로, 납부할 법인세는 17억 원 × 22% = 3억 7,400만 원이다.

(단위: 백만 원)

수 식	item	금 액	항 목
	Sales	10,000	매출액
-	Cost of Sales	8,000	매출원가
	Sales Profit	2,000	대출총이익
-	S&GA	500	판매관리비
	Operating income	1,500	영업이익
+	Non-operating Income	200	영업외이익
-	Non-operating Expense	100	영업외비용
	Current Income, Ordinary Income	1,600	경상이익
+	Special Gains, Extraordinary gains	300	특별이익
-	Special Losses, Extraordinary gains	200	특별손실
	Income before tax	1,700	(세전) 당기순이익
-	Corporate Tax	374	법인세
	Income after tax	1,326	(세후) 당기순이익

* 법인세율을 22%로 가정
법인세 = 세전 당기순이익 × 법인세율

손익계산서 예

제50기 2024. 01. 01.부터 2024. 12. 31.까지
제49기 2023. 01. 01.부터 2023. 12. 31.까지
제48기 2022. 01. 01.부터 2022. 12. 31.까지

(단위: 백만 원)

	제50기	제49기	제48기
수익(매출액)	170,381,870	161,915,007	133,947,204
매출원가	101,666,506	101,399,657	97,290,644
매출총이익	68,715,364	60,515,350	36,656,560
판매비와관리비	25,015,913	25,658,259	23,009,124
영업이익(손실)	43,699,451	34,857,091	13,647,436
기타수익	972,145	2,767,967	2,185,600
기타비용	504,562	1,065,014	1,289,594
금융수익	3,737,494	4,075,602	5,803,751
금융비용	3,505,673	4,102,094	5,622,119
법인세비용차감전순이익(손실)	44,398,855	36,533,552	14,725,074
법인세비용	11,583,728	7,732,715	3,145,325
계속영업이익(손실)	32,815,127	28,800,837	11,579,749
당기순이익(손실)	32,815,127	28,800,837	11,579,749
주당이익			
기본주당이익(손실) (원)	4,830	4,178	1,632
화석주딩이익(손실) (원)	4,830	4,178	1,632

Income Statement(손익계산서의 의미와 서식)

- 매출(sales)은 기업의 영업 활동으로 상품 등의 판매 또는 용역의 제공으로 실현된 영업 수익 금액을 말한다.
- 매출원가(cost of sales)란 영업 수익을 시현하기 위해 투입된 비용을 의미한다. 예를 들어, TV를 생산하기 위해 투입된 부품의 매입에 지출된 금액이 매출원가에 포함된다.
- 매출(sales)에서 매출원가(cost of sales)를 차감한 것을 매출총이익(gross profit)이라고 한다.
- 판매관리비(Selling and General Administrative Expenses, S&GA)는 판관비라고도 하며, 제품, 상품의 판매 활동과 기업의 관리 활동에서 발생하는 비용을 의미한다. 즉, 급여, 복리 후생비, 광고비, 접대비 등 매출 원가에 속하지 않는 모든 영업 비용을 지칭한다.
- 매출총이익(gross profit)에서 판관비(S&GA, Selling and General Administrative Expenses)를 차감한 것이 영업 이익(operating income)이다.

- 기업은 영업 활동 이외의 이익을 시현할 수 있다. 예를 들어, 은행에 예금을 예치해서 받는 이자는 영업 외 이익(non-operating income)이다. 반대로, 은행에서 대출을 일으켜 대출금에 대한 이자를 지불한다면 그 이자를 영업 외 비용(non-operating expense)이라고 한다.
  → current income(정상이익) = 영업이익 + 영업 외 이익 – 영업 외 비용
- 기업들의 일상적 경영 행위가 아닌 사유로 이익을 시현할 경우 특별이익(extraordinary gains), 반대의 경우를 특별손실(extraordinary gains)이라고 한다. 예를 들어, 부동산을 1억 원에 취득했는데, 2년 있다 3억 원에 매각하였다면 2억 원(=3억 - 1억)이 특별 이익이다.
- 경상이익(current income)에 특별이익(extraordinary gains)을 더하고 특별손실(extraordinary loss)을 차감하면 당기순이익(income before tax)이 된다. 이 당기순이익에서 법인세(corporate tax)를 차감하면 세후순이익(income after tax)이 된다.
  → income before tax(당기순이익)
  = current income(경상이익) + extraordinary gains(특별이익) – extraordinary loss(특별손실)

Income Statement(손익계산서)

수 식	항 목	영문 표기
	매출액	Sales, Revenue, Gross Sales, Sales Revenue
-	매출원가	Cost of Sales
	매출총이익	Gross Profit
-	판매관리비	Selling and General Administrative Expenses (=S&GA)
	영업이익	Operating Income
+	영업외이익	Non-operating Income
-	영업외비용	Non-operating Expense
	경상이익	Current Income, Ordinary Income
+	특별이익	Special Gains, Extraordinary gains
-	특별손실	Special Losses, Extraordinary gains
	(세전) 당기순이익	Income before tax
-	법인세	Corporate Tax
	(세후) 당기순이익	Income after tax

recession-resistant 불경기에 강한, 불황에 강한

These recession-resistant cyber security stocks have over 60% upside.

경기 침체에 강한 사이버 보안 주식은 60% 이상의 상승 잠재력을 가지고 있다.

- resistant: 저항력 있는, ~에 잘 견디는, ~에 강한, 저항하는 → heat-resistant, water-resistant
- upside: 상부, 상승 경향 ↔ downside: 아래쪽, 하강 경향 * upsidedown: 거꾸로 된, 전도된
  * turn something upside down: ~을 엉망으로 만들다, 다 뒤집어엎다, 엉망으로 만들다

retaliatory tariff 보복 관세

Please explain to Governor Trudeau of Canada, that when he puts a Retaliatory Tariff on the U.S., our Reciprocal Tariff will immediately increase by a like amount.

캐나다의 트뤼도 총리가 미국에 보복 관세를 부과하면 우리의 보복 관세도 즉시 같은 금액만큼 인상될 것이라고 설명해 주세요.

☞ Trump 대통령은 평소에도 캐나다가 미국의 51번째 주가 되기를 바란다고 하였는데, 여기서 캐나다 총리를 미국의 주지사로 호칭하고 있음.

- put on: (돈·세금을) 부과하다, 덧붙이다, (경마 등에서 돈을) 걸다.
  They put a heavy duty on luxury goods. 사치품에 고율의 관세를 부과했다.
  She put a new project on me. 그녀는 새 프로젝트를 저에게 맡겼습니다.
- **retaliate**: 보복하다, 앙갚음하다 → counter, hit back, reciprocate, retort, strike back, avenge, revenge * retaliation: 보복, 앙갚음
  retaliatory: 보복적인, 복수적인(vindictive, revengeful)
  retaliatory tariff/crime/dumping/action/measures: 보복 관세/범죄/덤핑/행위/조치

riposte 응수, 반격

Germany considers withdrawing 1,200-ton gold stockpile from US in riposte to Trump

독일, 트럼프에 대한 반격으로 미국 내 금 비축량 1,200톤 인출 검토

- **stockpile**: 비축량 → backlog, cache, hoard, inventory, nest egg, reserve, reservoir, stock, store
  비축하다 → store up, hoard, put away, save, collect, gather, accumulate, garner, amass, buy up, cache, lay up, put by, stash away
- **riposte**: 응수, 반격 → comeback, rejoinder, retort, replication, counter, return
  * in riposte to~: ~에 반격으로, ~ 응수로

Berlin may remove bullion from New York because of concerns that Washington is no longer a reliable partner, according to reports.

워싱턴이 이제는 신뢰할 수 있는 파트너가 아니라는 우려로 베를린이 뉴욕에서 금괴를 인출할 가능성이 있다는 보도가 나왔습니다.

- bullion: 금괴, (엄청난 양의) 금/은
- vault: 금고, 귀중품 보관소, 납골당

Germany is considering removing an enormous stockpile of gold from a vault in New York over worries about Donald Trump's unpredictable policies.

독일은 도널드 트럼프의 예측 불가능한 정책에 대한 우려로 뉴욕 금고에서 엄청난 양의 금을 인출하는 방안을 검토하고 있습니다.

- **unpredictable**: 예측할 수 없는, 예측 불가능한 → extraordinary, erratic, changeable, variable, chance, random, doubtful, unstable, fickle, unreliable, hit-and-miss, hit-or-miss, fluky, inconstant, unforeseeable ⇔ 예측 가능한, 너무 뻔한: predictable, reliable, certain, unchanging, stable, constant, steady, foreseeable, dependable

For decades, Berlin has stashed 1,200 tons of its famous gold reserves, the second largest on the planet after those of the United States, in a vault deep underground at the US Federal Reserve in Manhattan.

독일은 수십 년 동안 미국에 이어 세계에서 두 번째로 큰 규모인 1,200톤의 금을 맨해튼 연방준비은행 지하 깊숙한 곳에 보관해 왔습니다.

- stash: (안전한 곳에) 넣어 두다, 숨기다, 감추어 두다, 숨겨둔 양 * a stash of money: 숨겨둔 돈 → store, stockpile, save up, hoard, hide, secrete, stow, cache, lay up, salt away

---

Now, senior figures from the conservative Christian Democratic Union (CDU) party, which is set to lead the next German government, have discussed removing it from New York because of concerns that Washington is no longer a reliable partner, the Bild newspaper has reported.

빌트(Bild) 신문에 따르면, 차기 독일 정부를 이끌게 될 보수 기독민주연합(CDU)의 고위 인사들은 워싱턴이 이제는 신뢰할 수 있는 파트너가 아니라는 우려 때문에 뉴욕에서 금을 인출하는 방안을 논의하고 있습니다.

rookie investor 초보 투자자, 풋내기 투자자

More rookie stock investors are said to call it quits after portfolio values crashed. With 2022 being the worst year for stocks since the 2008 financial crisis, many so-called retail investors who picked up investing during the pandemic took hard hits to their portfolios.

더 많은 초보 주식 투자자들이 포트폴리오 가치가 폭락한 후 그만둔다고 말합니다. 2022년은 2008년 금융 위기 이후 주식에 있어서 최악의 해가 되면서, 팬데믹 동안 투자를 시작한 많은 개인 투자자들이 포트폴리오에 큰 타격을 입었습니다.

- **call it quits: call it a day; call it a night**: 하던 일을 (잠시) 그만두다
  ☞ call it quits는 일하던 것을 멈추거나 진행하던 것을 그만두는 것을 의미
  ☞ call it a day는 시간 구별 없이 사용하나 call it a night을 낮에 사용하는 것은 부적절함
  * call in/into question: 의문을 제기하다 * call names: 욕하다
- so-called: 소위, 이른 바 → alleged, supposed, professed, pretended, self-styled, ostensible
- retail investor: 개인 투자자 * institutional investor: 기관 투자자
- take hard hits: 큰 타격을 입다, 서리 맞다 → take the knock: 타격을 받다, 돈에 쪼들리다

sell-off 대량 매각

POSCO Holdings is set to sell off its entire stake in Nippon Steel as part of an effort to boost liquidity through asset restructuring. This move comes as the company faces challenges in both its core steel business and its secondary battery materials segment.

포스코홀딩스는 자산 구조 조정을 통한 유동성 확보의 일환으로 신일본제철 지분 전량을 매각할 예정입니다. 이는 포스코가 핵심 사업인 철강과 이차 전지 소재 부문 모두에서 어려움을 겪고 있는 상황에서 나온 조치입니다.

- **sell-off**: (가격이 떨어진 주식의) 대량 매각, (산업 서비스의) 매각, 실물을 팔아 현금화하는 행위
  * sell off: 싸게 팔아치우다, 매각하다
- **as part of an effort to~**: ~하기 위한 노력의 일환으로, 노력의 하나로
  The company was spinned off as part of an effort to concentrate on IT service.
  그 회사는 IT 서비스에 집중하기 위한 노력의 일환으로 분사되었습니다.

According to the Financial Supervisory Service's electronic disclosure system on Wednesday, POSCO Holdings announced on March 12 that it *had classified its stake in Nippon Steel*, worth approximately 467.8 billion KRW, *as an asset held for sale*. The company explained, "We have decided to sell our long-term equity investment in Nippon Steel and have reclassified the entire 467.796 billion KRW stake as an asset for sale." The shares to be sold *amount to* 15,699 shares, representing 1.5% of Nippon Steel's total equity.

수요일 금융감독원 전자공시 시스템에 따르면, 포스코홀딩스는 3월 12일 약 4,678억 원 상당의 신일본제철 지분을 매각 예정 자산으로 분류했다고 공시했습니다. 포스코홀딩스는 "신일본제철에 대한 장기 지분 투자를 매각하기로 결정하였으며, 4,677억 9,600만 원 상당의 지분 전량을 매각 예정 자산으로 재분류했다"고 설명했습니다. 매각되는 주식 수는 15,699주로, 신일본제철 전체 자본의 1.5%에 해당합니다.

- *amount to ~*: (합계가) ~에 이르다, 달하다, ~와 마찬가지이다, ~에 해당하다
  The bill amounted to $2,000 per person. 청구서는 1인당 2,000달러에 달했다.
  His action amounted to an uprising. 그의 행동은 반란에 해당했다.
  The idea will never amount to anything quickly. 아이디어의 가시화는 결코 빠르지 않을 것이다.

shape up 되어 가다, 구체화하다, 태도를 개선하다

We believe 2023 is shaping up to be a 'reset' year for the EV market where the last 2 years of demand-exceeding-supply will be substantially inverted to supply-exceeding-demand. Within this environment, we believe players that are self-funded(non-reliant on external capital funding) with demonstrated scale and cost leadership throughout the value chain(from manufacturing to up-stream material supply) can be relative winners.

2023년은 지난 2년간의 수요가 공급을 초과하는 상황이 공급이 수요를 초과하는 상황으로 크게 반전되는 전기차 시장의 '리셋' 해가 될 것으로 예상됩니다. 이러한 환경에서는 제조부터 업스트림 자재 공급에 이르기까지 가치 사슬 전반에 걸쳐 규모와 비용 리더십을 입증한 자체 자금력(외부 자본 조달에 의존하지 않음)을 갖춘 업체가 상대적 승자가 될 수 있다고 생각합니다.

- self-funded: 자체 조달식의, 본인 부담의
- reliant: 의존하는 * non-reliant: 의존하지 않는 * self-reliant: 자립적인

We believe Tesla may be in position to extend its lead vs. the EV competition in FY23 (both legacy and start-up) even before consideration of IRA(Inflation Reduction Act) benefits where Tesla also stands out as the biggest potential.

테슬라가 가장 큰 수혜를 누릴 수 있는 인플레이션 감축법(IRA) 혜택을 고려하지 않더라도, 우리는 테슬라가 2023 회계 연도(FY23)에 전기차(EV) 경쟁사들(기존 업체와 신생 기업 모두) 대비 우위를 확대할 수 있을 것으로 예상합니다.

- **up-stream** vs. **down-stream**
  up-stream은 원자재 부문을 의미하며, down-stream은 원자재를 가공하여 제품을 만드는 부문을 의미한다. 석유 화학 산업을 예를 들면, 원유 탐사와 생산이 up-stream이고, 원유 정제와 수송 판매, 각종 석유 화학 제품 생산이 down-stream이다. 이차 전지를 예로 들면, 광산에서 금속 원료 추출이 upstream이고, 그 원료로 battery cell을 만드는 것이 down stream이다.

- **stand out**: 눈에 띄다, 두드러지다 → jump/leap/stick out, excel, surpass, glare

IRA (Inflation Reduction Act, 인플레이션 감축법)

미국 중심의 공급망 재편과 재생 에너지 투자 확대를 위한 '에너지 자립'이 법안의 핵심이다. 미국 역사상 가장 큰 규모의 기후 법안인 인플레이션 감축법(IRA)이 2022년 8월 시행된 이후 최근까지 관련하여 구체적인 시행 규칙이 계속 발표되고 있다.

전기차, 배터리, 재생 에너지 등에 대한 보조금 지급 요건 등이 발표되면서 관련 기업과 글로벌 공급망에 큰 영향을 주고 있다. 전기차의 경우, 생산자 보조금과 소비자 보조금이 있기 때문에 주식 투자자는 정확히 구별할 수 있어야 가치 판단을 정확히 할 수 있다. 트럼프 2기에 들어서 생산자 보조금은 유지되는 것으로 하였으나 소비자 보조금 $7,500은 2025년 9월 30일 폐지 되었다.

FEOC(Foreign Entity of Concern)는 미국 인플레이션 감축법(IRA)에서 규정하는 해외 우려 기업을 의미한다. 이는 중국, 러시아, 북한, 이란 등 특정 국가의 정부 소유, 통제, 관할 또는 지시를 받는 기업을 뜻하며, 이들 기업이 채굴, 가공, 재활용한 핵심 광물 또는 배터리 부품이 포함된 전기차는 미국 정부의 세액 공제 혜택을 받지 못한다.

short selling 공매도

FSC Decides to Ban Stock Short Selling Until June 2024 and Seek Measures to Improve the System

금융위, 2024년 6월까지 주식 공매도 금지 및 제도 개선 방안 모색하기로.

- FSC(Financial Services Commission): 금융위원회
- **short selling(공매도)**: 보유하지 않은 주식을 빌려 매도하는 것을 공매도라고 한다. 한국 주식 시장은 무차입 공매도는 금지하고 있으나 일부 기관 투자자가 무차입 공매도를 하고 있어 개미 투자자에게 피해를 준다고 한다.
  ☞ 주식 시장에서 short는 매도, long은 매수를 의미한다.

FSC said Sunday that it would temporarily ban stock short selling until the second half of next year, amid efforts to crack down on illegal short selling by global investment banks(IBs).

금융위원회는 글로벌 투자 은행(IB)의 불법 공매도를 단속하기 위해 내년 하반기까지 주식 공매도를 한시적으로 금지한다고 일요일에 밝혔다.

- **crack/clamp down**: 엄중히 단속하다, 단호한 조처를 하다, 통렬하게 비난하다
  * crackdown, clampdown: 엄중 단속, 강력 탄압
  ☞ The police clamped down on illegal drugs. 경찰이 불법 마약 엄중 단속에 나섰다.
- IB(investment bank): 투자 은행으로 번역하며, 한국으로 치면 증권회사(securities firm)의 본질과 가장 가까우나 한국의 증권 회사 업무에 비해 상당히 다양한 업무를 하고 있다. 일부 업무는 일본, 한국의 종합 무역상사 업무와 유사하다.

The move will be effective as of Monday, according to the Financial Services Commission(FSC). "From tomorrow (Nov. 6, Mon) until the end of the first half of 2023 (end of June 2024) short selling is banned for all stocks listed on the local market." the FSC said in a press release distributed.

금융위원회에 따르면 이번 조치는 월요일부터 시행될 예정이다. 금융위는 이날 배포한 보도자료를 통해 "내일(11월 6일, 월)부터 2023년 상반기 말(2024년 6월 말)까지 국내 시장에 상장된 모든 종목에 대해 공매도를 금지한다"라고 밝혔다.

- press release: 보도 자료

silver lining 밝은 희망/전망, 구름의 흰 가장자리

Is the EV Revolution Still Happening?
With demand for EVs slower than expected by forecasters, a thin silver lining has appeared; raw material costs for some of the materials that go into an EV have declined.

전기차 혁명은 여전히 일어나고 있는가?
전기차에 대한 수요가 예상보다 느리게 증가하면서 전기차에 들어가는 일부 원자재의 원자재 비용이 하락하는 등 한 가지 희망이 나타나고 있습니다.

- **silver lining:** 구름의 흰 가장자리, 밝은 희망/전망 → all bright side
  ☞ Every cloud has a silver lining. 아무리 안 좋은 상황에서도 한 가지 긍정적인 측면은 있다.

slump 급감하다, 폭락하다, 급감, 불황, 경기 침체

Apple stock slumps toward lowest close in 18 months, worst yearly performance since 2008.

애플 주가가 18개월 만에 최저치로 하락하며 2008년 이후 최악의 연간 실적을 기록하였다.

- slump: 급감/급락/폭락하다, 털썩 앉다, 푹 쓰러지다, 급감/급락/폭락
  * a slump in profits: 수익 급감 the slump of 2010s: 2010년대의 불황

- yearly: 연례의, 1년마다 하는 (annual)
  - * half-yearly: 반년마다 하는, 반기의 biyearly: 2년에 한 번(의), 1년에 두 번(의)
  - ☞ biennial(ly): 2년에 한 번, 2년마다, biannual(ly): 연 2회의, 1년에 두 번(의)

smartphone bank run 스마트폰 뱅크런

Silicon Valley Bank's online banking system and mobile services are currently unavailable.

Silicon Valley Bank의 온라인 뱅킹 시스템과 모바일 서비스는 현재 사용할 수 없습니다.

On March 10, 2023, Silicon Valley Bank (SVB), a global financial institution specializing in startups, went bankrupt due to a bank run. SVB was the 16th largest financial institution in the United States and approximately 44% of its clients were tech and healthcare venture companies. However, it shocked many people that such a large bank collapsed just 36 hours after the bank run, which was the second largest in history, following the collapse of Washington Mutual during the 2008 global financial crisis. So why did such a financial institution collapse so quickly? It is a result of digital bank run, so-called smartphone bank run.

2023년 3월 10일, 스타트업 전문 글로벌 금융기관 실리콘밸리은행(SVB)이 뱅크런으로 파산했습니다. SVB는 미국에서 16번째로 큰 금융기관이었으며 고객의 약 44%가 기술 및 의료 벤처기업이었습니다. 그러나 2008년 글로벌 금융 위기 때 워싱턴 뮤추얼(Washington Mutual)이 파산한 데 이어 역사상 두 번째로 큰 규모의 뱅크런이 발생한 지 불과 36시간 만에 이 같은 대형 은행이 무너졌다는 사실은 많은 이들에게 충격을 안겼습니다. 그렇다면 왜 그러한 금융기관이 그렇게 빨리 무너졌습니까? 일명 스마트폰 뱅크런으로 불리는 디지털 뱅크런의 결과입니다.

- **bank run**: 예금 인출 사태, 예금 인출이 일시에 대량으로 이루어져 은행이 도산하는 것을 bank run이라 하는데, 요즘은 스마트폰으로 은행 예금을 인출하니 예금 인출이 초단시간에 이루어진다. 이를 smartphone bank run, digital bank run이라고 한다.

soaring 치솟는, 급등하는

While the domestic stock market is not gaining strength due to the soaring U.S. government bond rates, individual investors are buying low-priced leveraged index-listed market funds (ETFs).

미국 국채 금리 급등으로 국내 주식 시장이 힘을 얻지 못하고 있는 가운데 개인 투자자들은 저가의 레버리지 상장지수펀드(ETF)를 매수하고 있습니다.

- soar: (가치·물가 등이) 급증/급등하다, 치솟다, 날아오르다 * soaring: 치솟는, 급등하는
- ETF(exchange traded fund, 상장 지수 펀드): a mutual fund traded on a stock exchange
  주식처럼 거래할 수 있으며 특정 주가 지수의 움직임에 따라 수익률이 결정되는 펀드

step 걸음, 발자국, 계단, 단계

The U.S. Federal Reserve has taken a giant step by raising key interest rates by 0.75 percentage points for a second month. The base interest rate in the U.S., which stands at 2.25-2.5 percent, is now higher than that of South Korea (2.25 percent), bringing back the interest rate reversal in two years and five months since February 2020. Against this backdrop, the Fed's rate hike is likely to cause a ripple effect in the Korean economy, including the possibility of capital outflows.

미국 연방준비제도이사회가 기준금리를 두 달째 0.75%포인트 인상하는 큰 걸음을 내디뎠습니다. 이로써 미국의 기준금리는 2.25~2.5%로 한국(2.25%)보다 높아져 2020년 2월 이후 2년 5개월 만에 금리 역전 현상이 재현됐습니다. 이런 상황에서 연준의 금리 인상은 자본 유출 가능성 등 한국 경제에 파급 효과를 일으킬 것으로 보입니다.

- giant step: 금리 대폭 인상, 위대한 발걸음, 큰 걸음, 약진, 위대한 발걸음
  a giant step towards establishing democracy: 민주주의 확립을 위한 위대한 발걸음

- **base interest rate**: 기준금리
- **interest rate reversal**: 금리 역전
- **backdrop**: 배경, 환경 * against a/the backdrop of: ~을 배경으로, 의 상황에서
- **ripple**: 잔물결, 파문, a gradually spreading effect or influence * ripple effect: 파급 효과

  That kind of policy tends to have a ripple effect throughout the economy as a whole.

  그런 종류의 정책은 경제 전체에 파급 효과를 미치는 경향이 있습니다.

  ☞ butterfly effect: 나비 효과(→ 나비의 작은 날갯짓처럼 미세한 변화, 작은 차이, 사소한 사건이 추후 예상하지 못한 엄청난 결과나 파장으로 이어지게 되는 현상을 말한다.)
- **capital outflow**: 자금 유출 ↔ **capital inflow**: 자금 유입

미국 금리 인상 용어

명 칭	의 미	비 고
baby step	FRB의 금리 0.25% 인상	FRB: Federal Reserve Board 연방 준비 제도 이사회
big step	FRB의 금리 0.50% 인상	
giant step	FRB의 금리 0.75% 인상	

TACO Trade 타코 트레이드

Trump Always Chickens Out

트럼프는 항상 겁에 질려 물러선다.

Stock market investors don't have much to cheer about in the second Trump term, except perhaps for a new and almost flawless trading strategy — the TACO trade.

트럼프의 두 번째 임기 동안 주식 시장 투자자들은 크게 기뻐할 일이 없습니다. 다만 새롭고 거의 완벽한 거래 전략인 TACO 거래가 있을 뿐입니다.

- **flawless**: 흠/티 하나 없는, 나무랄 데 없는 → unflawed, perfect, impeccable, faultless, spotless, unblemished, unsullied ⇔ flawed, damaged, defective, imperfect, blemished, broken, cracked, chipped, faulty

  ☞ FL(flawless): 다이아몬드 clarity (투명도) 최상위 등급
  다이아몬드 등급은 clarity (투명도), color (색상), cut (커트), carat (중량) 으로 분류하는데, 품질/중량에 따라 가격이 큰 차이가 있다. 일반적으로 cutting은 64면 cutting을 한다.
- **TACO**: **Trump Always Chickens Out**의 줄임말로 '트럼프는 항상 겁먹고 물러선다'는 뜻. 트럼프가 관세 위협을 무섭게 해놓고, "좀 봐줄게~"라며 한발 물러서는 경우가 많았다는 비판적 시선을 반영한 표현으로, 월스트리트 분석가들이 '타코 트레이드'라고 말한 데에서 비롯되었다. 트럼프가 강경하게 관세 위협을 할 때는 주식 시장이 하락하다가 관세 위협을 철회하면 주식 시장이 반등하는 현상을 의미한다.

The acronym, coined by Financial Times columnist Robert Armstrong, stands for "Trump Always Chickens Out."("Acronyms are very powerful, especially when they remind people of foodstuffs," Armstrong told his colleague Katie Martin on an FT podcast.)

파이낸셜 타임스 칼럼니스트 로버트 암스트롱이 만든 이 약어는 "Trump Always Chickens Out(트럼프는 항상 겁에 질려 물러선다)"를 뜻합니다. (암스트롱은 파이낸셜 타임스 팟캐스트에서 동료 케이티 마틴에게 "약어는 매우 강력한 힘을 발휘합니다. 특히 사람들에게 식료품을 떠올리게 할 때 더욱 그렇습니다."라고 말했다.)

- **chicken out**: 겁을 먹고 그만두다, 꽁무니를 빼다, ~에서 물러나다, 손을 떼다, 물러서다, 후퇴하다 → bow out, back off, back down, pull out * chicken: 겁쟁이, chicken-hearted: 겁많은
  He chickened out at the last minute. 그는 막판에 꽁무니 뺐다.
  She has finally decided it's time to bow out of the party. 그녀는 마침내 정당에서 물러날 때가 되었다고 결심을 했다.
- **pod cast**: 팟캐스트, 인터넷 말을 통해 다양한 콘텐츠를 제공하는 서비스

That his observation points to the way to profit from stock trades in an uncertain environment was underscored by the market's response over the last few trading days to Trump's threat to levy a 50% tariff on imports from the European Union. The tariffs were to begin on June 1, or nine days later.

불확실한 환경에서 주식 거래를 통해 수익을 내는 방법을 제시하는 그의 통찰력은 트럼프가 유럽 연합 수입품에 50% 관세를 부과하겠다고 위협했을 때 지난 며칠 동안 시장의 반응에서 더욱 분명해졌습니다. 관세는 9일 후인 6월 1일부터 시행될 예정이었습니다.

Trump issued that threat on Friday, May 23. That day the Standard & Poor's 500 index fell more than 39 points, or 0.67%, and the NASDAQ index fell 188.53 points, or 1

트럼프 대통령은 5월 23일 금요일에 이러한 위협을 발표했습니다. 그날 S&P500 지수는 39포인트(0.67%) 이상 하락했고, 나스닥 지수는 188.53포인트(1%) 하락했습니다.

Two days later, on Sunday, Trump announced that he would defer the tariff increase until July 9. On Tuesday, the first trading day following the Memorial Day holiday, stocks jumped back up. The S&P rose 118.72 points, or 2.05%, and the Nasdaq rose nearly 462 points, or 2.47%.

이틀 후인 일요일, 트럼프 대통령은 관세 인상을 7월 9일까지 연기하겠다고 발표했습니다. 현충일 연휴 다음 날인 화요일, 주가는 다시 급등했습니다. S&P500 지수는 118.72포인트(2.05%) 상승했고, 나스닥 지수는 거의 462포인트(2.47%) 상승했습니다.

See how the TACO trade works? It's a two-step process: Buy the dip — the lowered prices following a Trump tariff announcement — and sell at the higher prices after Trump's inevitable chickening-out pushes stocks back up.

TACO 거래가 어떻게 진행되는지 아시겠습니까? 두 단계로 진행됩니다. 첫째, 트럼프의 관세 발표 이후 하락한 주가를 매수하고, 둘째, 트럼프의 불가피한 회피로 주가가 다시 상승하면 상승한 주가를 매도하는 것입니다.

▶ **buy the dip**: 저점 매수하다, 저점 매수 심리라는 의미로도 사용됨 * dip: 하락, 감소

You'll notice that the fall and rise weren't symmetrical — *the strength of the recovery was greater than that of the decline.* That can't be easily explained, except that it may suggest that hope is a stronger emotion than despair.

하락과 상승이 대칭적이지 않았다는 점을 알 수 있을 것입니다. 회복의 강도가 하락의 강도보다 컸습니다. 이는 희망이 절망보다 더 강한 감정이라는 점을 시사하는 것 외에는 쉽게 설명할 수 없습니다.

- symmetric: 대칭적인, 균형적인 ↔ asymmetric: 비대칭의, 불균형적인

This ride on the Trump tariff roller-coaster wasn't the first, and nowhere near the most violent. That trophy belongs to the period from April 2 through April 9, the "liberation day" tariff carousel.

트럼프의 관세 롤러코스터는 이번이 처음은 아니었고, 가장 격렬했던 것도 아닙니다. 그 트로피는 4월 2일부터 4월 9일까지의 '해방의 날' 관세 회전목마 기간에 속합니다.

- rollercoaster: 기복이 심한, 솟았다 내렸다 하다, 롤러코스터, 롤러코스터 같이 급변하는 상황
- carousel: 회전목마(= merry-go-round), (공항의) 수하물 컨베이어 벨트
  * carousel voting: 유권자를 여러 지역으로 수송하며 1인당 여러 표를 행사하게 하는 부정 투표 방법

It will be recalled that on April 2, Trump announced a raft of "reciprocal" tariffs on every U.S. trading partner, plus a couple of jurisdictions that were not trading partners, including with no human inhabitants at all. The new tariffs were set as high as 50%.

4월 2일, 트럼프가 모든 미국 교역국과 더불어, 인간이 거주하지 않는 지역을 포함하여 교역국이 아닌 몇몇 관할권에 대한 '상호' 관세를 발표했던 것을 기억하실 것입니다. 새로운 관세는 최대 50%까지 책정되었습니다.

- raft: 뗏목, 래프트(공기 주입 작은 비닐 보트), 많은 수/양 * a raft of books/letters: 많은 책/편지

"The markets are going to boom," Trump told reporters. Sadly, no. The stock market crashed upon Trump's announcement, with the S&P falling nearly 5% the next day and the Nasdaq down nearly 6%. It was the worst day on the markets since a pandemic-triggered fall in March 2020.

"시장은 호황을 누릴 것입니다." 트럼프 대통령은 기자들에게 말했습니다. 안타깝게도 그렇지 않았습니다. 트럼프 대통령의 발표 직후 주식 시장은 폭락했고, 다음날 S&P500 지수는 거의 5%, 나스닥 지수는 거의 6% 하락했습니다. 2020년 3월 팬데믹으로 인한 폭락 이후 시장이 최악의 날을 보냈습니다.

Both indices continued to decline in subsequent days, as Commerce Secretary Howard Lutnick promised that "the President is not going to back off."

하워드 루트닉 상무장관이 "대통령은 물러서지 않을 것"이라고 약속함에 따라 두 지수는 이후 며칠 동안 하락세를 이어갔습니다.

- subsequent: 그다음의, 차후의 * subsequent to: 다음에, 뒤에
  subsequent generations: 그다음 세대들

Lutnick's crystal ball was clouded, too. On April 9, Trump did back off, announcing a 90-day pause to provide time for individualized bilateral negotiations. That triggered a TACO relief rally: The S&P gained 474 points, or 9.52% — its third-biggest one-day percentage gain since World War II. The Nasdaq gained 1,857 point or 12.16%, its second-biggest one-day percentage gain ever.

루트닉 장관의 예측도 빗나갔습니다. 4월 9일, 트럼프 대통령은 개별 양자 협상을 위한 시간을 확보하기 위해 90일간의 협상 중단을 발표하며 사실상 협상을 중단했습니다. 이는 TACO(타코) 랠리를 촉발했습니다. S&P 500 지수는 474포인트(9.52%) 상승하며 제2차 세계 대전 이후 세 번째로 큰 일(日) 상승률을 기록했습니다. 나스닥 지수는 1,857포인트(12.16%) 상승하며 역대 두 번째로 큰 일(日) 상승률을 기록했습니다.

- crystal ball: (점칠 때 쓰는) 수정 구슬 * crystal-ball gazer: 장래를 점치는 사람
  cloud: 구름, 자욱한 것, (기억력·판단력 등을) 흐리다, (슬픔·두려움·분노 등의 감정이) 서리다
  Crystal ball was clouded. 판단이 흐려졌다, 예측이 빗나갔다.
  crystal clear, crystal-clear: 수정같이 맑은, 수정 같은, 명명백백한, 아주 분명한 → absolutely clear, obvious, clear, undeniable, inescapable, written all over, axiomatic, incontrovertible
  His instructions were crystal clear. 그의 지침은 아주 분명했다.
- individualized bilateral negotiations: 개별 양자 협상(☞ 미국과 각국의 개별적 협상을 의미)

Neither gain brought those indices back to where they had been on April 2, before Trump's "liberation day" announcement, however. It's also true that the downdraft and updrafts have even inspired suspicions *that White House insiders with advance word of the announcements are trading stocks on the knowledge*, though no such evidence has emerged.

하지만 두 지수 모두 트럼프 대통령의 '해방 기념일' 선언 이전인 4월 2일의 수준을 회복하지는 못했습니다. 또한 하락 기류와 상승 기류로 인해 백악관 내부자들이 발표 내용을 미리 알고 주식을 거래하고 있다는 의심이 제기된 것도 사실이지만, 그러한 증거는 아직 나오지 않았습니다.

- downdraft(downdraught): 하강 기류, (굴뚝 등으로) 불어 내리는 바람
  * updraft(updraught): 상승 기류, 상향 통풍
- inspire: (욕구·자신감·열의를 갖도록) 고무하다, 격려하다, 영감을 주다, 불어넣다, 고취하다
  * inspire suspicion: 의혹을 불어넣다, 의심을 불어 넣다
- advance word: 사전 통지

tax cut 감세, 세금 감면

THE ONE BIG BEAUTIFUL BILL DELIVERS FOR THE AMERICAN WORKER: The One Big Beautiful Bill delivers the largest tax cut for working- and middle-class Americans in history. Put simply, President Trump's One Big Beautiful Bill will unleash our economy and deliver a Blue-Collar BOOM.

미국 근로자를 위한 단 하나의 크고 아름다운 법안: 단 하나의 크고 아름다운 법안은 미국 역사상 근로 계층과 중산층을 위한 최대 규모의 감세 혜택을 제공합니다. 간단히 말해, 트럼프 대통령의 단 하나의 크고 아름다운 법안은 우리 경제를 활성화하고 블루칼라 붐을 가져올 것입니다.

- put simply: 간단히 말해 → to put it simply, simply put
- unleash: 촉발하다, 불러일으키다 → release, let go, let loose, free, untie, unloose, unbridle
  - * unleash an unstoppable attack: 멈출 수 없는 공격을 개시하다
  - * unleash a new arms race on the world: 세계에 새로운 군비 확장 경쟁을 부추기다
  - * unleash our economy: 우리 경제를 활성화하다

Bigger Paychecks: Hardworking Americans and families will see an average increase in take-home pay of OVER $10,000 per year.

더 큰 급여: 근면한 미국인과 그 가족들은 연 평균 1만 달러 이상의 실질 소득 증가를 경험하게 될 것입니다.

- paycheck: 급료, 월급 ☞ 미국은 일반적으로 주 단위로 급료 지급
  - * weekly/monthly paycheck: 주급/월급 * biweekly: 격주로(fortnightly), 주 2회로(semiweekly)
- take-home: 세금 및 기타 공제 후, 숙제용의, 집에서 하는
  - * take-home pay: (세금/기타 공제후) 집에 갖고 가는 급여, 실소득 → after-tax pay, net pay
  - * take-it-with-you: 휴대용의 * **take-it-or-leave-it**: 협상의 여지가 없는, 승낙 여부를 묻는

Historic Tax Relief for Workers: 15% tax cut for Americans earning between $30,000 and $80,000 per year.

근로자를 위한 역사적인 세금 감면: 연 소득 3만 달러에서 8만 달러 사이인 미국인에게 15%의 세금 감면 혜택을 제공합니다.

- tax relief: 세금 경감, 조세 감면 * tax break: 세금 우대 조치, 세금 감세 조치

No Taxes on Overtime or Tips: Saves overtime and tipped workers nearly $2,000 annually.

초과 근무 또는 팁에 대한 세금 면제: 초과 근무 및 팁을 받는 근로자에게 연간 약 2,000달러의 세금 감면 혜택을 제공합니다.

Historic Tax Breaks for Seniors: Introduces unprecedented financial relief for seniors.

노인을 위한 역사적인 세금 감면: 노년층을 위한 전례 없는 재정 지원을 제공합니다.

Made-in-America Tax Breaks: Interest deduction for loans on new American-made vehicles.

미국산 세금 감면: 미국산 신차 대출에 대한 이자 공제.

Large Standard Deduction: Keeps the doubled standard deduction used by 91% of taxpayers, ensuring taxpayers keep more of their money with a simpler tax break.

높은 표준 공제: 납세자의 91%가 사용하는 두 배로 늘어난 표준 공제액을 유지하여, 납세자들이 더 간편한 세금 감면으로 더 많은 세금을 절약할 수 있도록 합니다.

weigh heavily on ~을 크게 짓누르다, ~에게 부담을 주다

Japan's economy shrinks more than expected.

예상보다 더 위축된 일본 경제

New economic data shows stagnant consumption and falling exports are weighing heavily on Japan's economy. And US President Trump's tough trade polices are not expected to make things better.

새로운 경제 지표에 따르면 소비 침체와 수출 감소가 일본 경제에 큰 부담을 주고 있습니다. 그리고 트럼프 미국 대통령의 강경한 무역 정책도 상황을 개선하지 못할 것으로 예상됩니다.

- **weigh (down) on**: 압박을 가하다, 짓누르다, 괴롭히다
  The responsibilities weigh heavily on him. 책임감이 그를 무겁게 짓눌렀다.

Japan has an export driven economy which is faltering amid lower demand from its trade partners. Japan's economy contracted at a higher pace than expected in the first quarter of 2025, according to official data for the January to March period released on Friday.

일본은 무역 파트너의 수요 감소로 인해 수출 주도형 경제가 흔들리고 있습니다. 금요일에 발표된 1월부터 3월까지의 공식 데이터에 따르면 일본 경제는 2025년 1분기에 예상보다 빠른 속도로 위축되었습니다.

- **export driven, export-driven**: 수출 주도형, 수출 위주의
  drive the economy: 경제를 이끌다, 경제를 주도하다
  jump-start the (national) economy: (국가) 경제를 활성화 시동을 걸다, 경제에 활력을 불어넣다
  ☞ 배터리 방전 시 다른 차 배터리로 시동 거는 것을 jump-start

Japan's Gross Domestic Product (GDP) contracted by 0.2% compared to the previous quarter, the first quarterly drop since the January-March period in 2024.

일본의 국내 총생산(GDP)은 전 분기 대비 0.2% 감소했으며, 이는 2024년 1월부터 3월까지 분기별로는 처음으로 감소한 수치입니다.

However, compared with the same quarter in the previous year, Japan's economy shrank by 0.7% — much steeper than the forecast 0.2% contraction.

그러나 전년 같은 분기와 비교하면 일본 경제는 0.7% 위축되어 예상치인 0.2% 위축보다 훨씬 더 가파르게 위축되었습니다.

The decline was largely due to a fall in exports which drive the Japanese economy. Data shows demand for exports was waning *even before US President Donald Trump announced sweeping tariffs.*

이러한 감소는 주로 일본 경제를 견인하는 수출이 감소했기 때문입니다. 데이터에 따르면 도널드 트럼프 미국 대통령이 전면적인 관세를 발표하기 전부터 수출 수요가 줄어들고 있었습니다.

- wane: 약해지다, 줄어들다, 시들해지다, 차츰 작아지다, 이지러지다, 쇠미, 감퇴
  * on the wane: 줄어드는 중인, 시들해지는 중인(= declining)
  * wax and wane: 흥하다가 기울다, 영고성쇠를 거듭하다, 달이 차고 기울다
- **sweeping**: 전면적인, 광범위한, 포괄적인, 일소, 소탕

On April 2, the US imposed a 24% tariff on Japanese goods. It also imposed an additional 25% levy on cars. The US is the largest market for Japan's auto industry.

4월 2일, 미국은 일본 제품에 24%의 관세를 부과했습니다. 또한 자동차에 25%의 추가 관세를 부과했습니다. 미국은 일본 자동차 산업의 최대 시장입니다.

After a reprieve, the tariffs are due to take effect in July, unless Japan can negotiate a deal.

일본이 협상을 타결하지 못하면 관세는 유예 후 7월에 발효될 예정입니다.

- **reprieve**: 형 집행을 취소하다, 유예하다, 형 집행 취소, 유예
  * give/grant a reprieve: 형의 집행을 연기/유예하다

"Uncertainty is greatly heightened by the Trump tariffs, and it is likely that the economic slowdown trend will become clearer from (the second quarter) onward." BNP Paribas chief economist Ryutaro Kono told AFP news agency.

"트럼프 관세로 인해 불확실성이 크게 높아졌으며 (2분기) 이후부터 경기 둔화 추세가 더 분명해질 것"이라고 BNP 파리바의 수석 이코노미스트 고노 류타로는 AFP 통신에 말했습니다.

- **heighten**: 고조되다, 고조시키다 → intensify, elevate, deepen, heat up

---

Tokyo has been trying to negotiate a trade deal with the US, but policymakers have acknowledged its has been difficult to plan a response as Trump keeps changing his mind.

일본은 미국과의 무역 협상을 위해 노력해 왔지만, 트럼프 대통령이 계속 마음을 바꾸면서 정책 입안자들이 대응책을 마련하기 어려웠다고 인정했습니다.

‘Recession cannot be ruled out’
Japan’s economy has been vulnerable for quite some time now, as an aging population balloons welfare spending but limits labor and demand.

‘경기침체 가능성 배제할 수 없다’
일본 경제는 고령화로 인해 복지 지출이 급증하는 반면 노동력과 수요는 제한되면서 꽤 오랫동안 취약한 모습을 보여왔습니다.

- **rule out**: 배제하다, 제외하다, 불가능하게 하다 → winnow out, count out, debar, eliminate, reject, close out, preclude
- **vulnerable**: 취약한, 연약한 → liable, prone, susceptible, assailable, attackable, pregnable
- **balloon**: (열기구) 풍선, 열기구를 타다, **(갑자기) 부풀다, 커지다** → billow, inflate
  The operating income has ballooned to $10 million. 영업 이익이 천만 달러로 급증하였다.

The Japanese central bank had long maintained a policy of negative interest rates to boost the economy but began to gradually hike rates last year.

일본 중앙은행은 경기 부양을 위해 오랫동안 마이너스 금리 정책을 유지해왔지만, 작년부터 점진적으로 금리를 인상하기 시작했습니다.

Japan’s economy “lacks a driver of growth given weakness in exports and consumption. It’s very vulnerable to shocks such as one from Trump tariffs.” said Yoshiki Shinke, senior executive economist at Dai-ichi Life Research Institute, told Reuters news agency.

일본 경제는 “수출과 소비의 약세로 인해 성장 동력이 부족합니다. 트럼프 관세와 같은 충격에 매우 취약합니다.”라고 다이이치 생명연구소의 수석 이코노미스트인 요시키 신케는 로이터 통신에 말했습니다.

"The data may lead to growing calls for bigger fiscal spending." he said, adding that "the possibility of the economy entering a recession cannot be ruled out, depending on the degree of downward pressure caused by the tariff issue."

그는 "이 데이터는 더 큰 재정 지출에 대한 요구로 이어질 수 있다"라며 "관세 문제로 인한 하방 압력의 정도에 따라 경제가 경기 침체에 빠질 가능성을 배제할 수 없다"고 덧붙였습니다

- **lead to~**: ~로 이어지다, 초래하다, ~이 되다 → bring, bring about, bring on, cause, effect, effectuate, generate, induce, ingenerate, make, occasion, result in, secure, set off, stir (up), touch off, trigger. bring to pass, give rise to
  This opportunity will be able lead to a long-term, mutually beneficial business relationship.
  이 기회는 장기적이고 상호 이익이 되는 비즈니스 관계로 이어질 수 있을 것입니다.
- **downward pressure**: 하방 압력

what happens if ~ ~를 하게 되면 어떤 일이 발생될까요?

What happens if the FED holds rates too long? The longer the FED holds rates steady, the more pressure they'll get from consumers and Wall Street.

FED가 금리를 너무 오랫동안 유지하면 어떻게 되나요? FED가 금리를 오랫동안 동결할수록 소비자와 월스트리트로부터 더 많은 압력을 받게 될 것이다.

- What happens if the taxi doesn't reach JFK Airport on time?
  택시가 제시간에 JFK 공항에 도착하지 않으면 어떻게 되나요?
- steady-going: 견실한, 꾸준한, 일정한 * go steady: 고정적으로 사귀다, 꾸준히 사귀다

FED(Federal Reserve System, 연방준비제도)

FED는 미국 특유의 중앙은행 제도로서 1913년에 성립된 연방준비법(Federal Reserve Act)에 의하여 시행된다. 미국 전역을 12개 연방준비구로 나누어 각 지구마다 연방 준비은행을 두고, 이들 12개 준비은행에 은행권 발행의 독점권, 가맹 은행의 법정 지급준비금의 집중 보관, 가맹 은행에 대한 어음의 재할인, 공개시장 조작 등의 역할을 담당하게 한다.
각 준비은행은 워싱턴에 있는 연방준비제도이사회(FRB: Federal Reserve Board)에 의하여 운영/통괄되며, 이 이사회는 연방준비제도 전체의 중추 기관으로서 국회와 직결된 국가 기관이며, 미국 재무성으로부터 독립되어 있다.

FED의 monetary policy(금융 정책)는 commodity price stability(물가 안정)와 money supply control(통화 공급량 조절)이다.

■ **bank rate operation**(금리 조절)
경기의 과열/침체를 막기 위해 적정 금리를 조절한다. 즉, 불경기에는 금리를 인하하여 (come down interest rate, lower interest rate) 금융 완화(monetary easing)하며, 호경기에는 금리를 인상시켜(raise interest rate) 금융 긴축(monetary tightening)하여 경기 과열을 방지한다. 은행 금리가 아닌 FF rate(federal funds rate)가 적용된다.

■ **open market operation**(공개시장 조작)
금리와 유동성(liquidity) 조절을 목적으로 FED가 금융기관(financial institutes)으로부터 T-bond, T-note, T-bill 등을 매입/매도해 cash(현금) 공급량을 조절한다. FED가 금융 기관이 보유하고 있는 T-bond를 매입하면 시중에 cash(현금)가 풀려 유동성이 좋아지며, cash가 많으면 금리가 내려가며, 이는 기업의 투자를 활성화시켜 경기 부양이 된다. 일반적인 이론적인 흐름은 다음과 같으나 경기 부양은 다른 변수들과 맞물려 있어 그리 간단하지 않다.

- FED에서 시중 은행이 보유 중인 국채 매입 → 시중 은행의 현금 증가 → 시장의 유동성 원활 → 금리 인하 기업의 투자 활성화 → 경기 부양
- FED에서 보유 중인 국채를 시중 은행에 매각 → 시중은행에서 국채 매입 → 시중 은행의 현금 감소 → 시장의 유동성 감소 → 금리 인상 → 기업의 투자 감소

■ **reserve requirement**(지급 준비)
시중 은행은 예금의 인출에 대비하여 일정 액수의 현금을 각 은행 관할 지역의 FED에 예치 의무가 있으며, 이러한 reserve(준비금)를 Federal Fund(FF, 연방 자금)라고 하며, 미국 내 은행 간 거래되는 대표적인 단기 금리를 FFR(Federal Fund Rate, 연방 기금 금리)이라고 한다. FFR은 FF의 금액을 조절함으로써 조절한다. 모든 경제 원칙은 수요와 공급에 의해 움직인다.

- FF 금리 상승 ⇒ 시중 자금량 감소 ⇒ 금리 상승
- FF 금리 인하 ⇒ 시중 자금량 증가 ⇒ 금리 인하

CONTENTS

Chapter Ⅱ

비즈니스 무역 외교

최신 시사 뉴스 영어 표현집

360 degree turn 360도 회전, 전환점

Trump announces Boeing secured major Qatar Airways order.

트럼프, 보잉사 카타르 항공 주요 주문 확보 발표

The US president made the announcement on the second stop of his Gulf tour. Earlier, he held a surprise meeting with Syria's interim President Ahmad al-Sharaa.

미국 대통령은 걸프 순방 두 번째 국빈 방문에서 이 같은 발표를 했습니다. 앞서 그는 시리아 임시 대통령 아흐마드 알샤라와 깜짝 회동을 했습니다.

Trump's visit to Qatar is a big 360-degree turn, analyst says.
Laura Blumenfeld, a Middle East analyst at Johns Hopkins University, told that the first state visit by a US president to Qatar was "very significant."

트럼프 대통령의 카타르 방문은 360도 전환점이라고 분석가들은 평가합니다.
존스홉킨스 대학교 중동 분석가 로라 블루멘펠드는 미국 대통령의 카타르 첫 국빈 방문이 "매우 중요하다"라고 말했습니다.

360-degree turn vs 180-degree turn

☞ 360-degree turn은 원상태로 전환하는 것을 의미하며 180-degree turn은 완전 반대로 전환되는 것을 의미한다.

The regime has a choice. It can either do a 180-degree turn from its outlaw course of action and act like a normal country, or it can see its economy crumble … We hope a new agreement with the regime is possible.

그 정권은 선택의 기로에 서 있습니다. 불법적인 행태에서 180도 전환하여 정상 국가처럼 행동하거나 아니면 경제가 무너지는 것을 지켜봐야 합니다. 새로운 합의가 가능하기를 바랍니다.

She stressed that Donald Trump *accused* Qatar *of* being a state funder of terrorism in 2017, so what we have today is “a big 360 (degrees) turn.”

그녀는 도널드 트럼프 대통령이 2017년 카타르를 테러 자금 지원국이라고 비난했던 만큼, 오늘의 상황은 ‘360도 전환점’이라고 강조했습니다.

- funder: 자금 제공자
- self-interest: 사리사욕, 사리 추구

“What we’re looking at is actually what is a good value and self-interest. And by self-interest I mean, yes, good for America… but also good for Trump, the Trump family.” Blumenfeld said.

“우리가 주목하는 것은 무엇이 가치 있고 사리사욕을 충족시키는가입니다. 사리사욕이란 미국에도 좋지만, 트럼프와 트럼프 가문에도 좋은 것입니다.”라고 블루멘펠드는 말했습니다.

According to the analyst, Trump had three priorities, the first of which was investment. “Number two is energy, coordinating pricing with the United States. And finally, number three is stability.” she added.

이 분석가에 따르면 트럼프 대통령은 세 가지 우선순위를 가지고 있었는데, 그중 첫 번째는 투자였습니다. “두 번째는 에너지, 미국과의 가격 조율입니다. 마지막으로 세 번째는 안정성입니다.”라고 그녀는 덧붙였습니다.

“There’s an unstable region out there. We’ve got Libya, Sudan, of course, Gaza. And that’s bad for business.” she said, adding that Trump can coordinate and partner with Qatar and the other Gulf partners to create more stability.

그녀는 “불안정한 지역이 있습니다. 리비아, 수단은 물론 가자 지구도 있습니다. 이는 사업에 좋지 않습니다.”라고 말하며, 트럼프 대통령이 카타르를 비롯한 걸프 국가들과 협력하여 안정성을 강화할 수 있다고 덧붙였습니다.

- partner: 동반자, 애인, (사업) 파트너, 동업자, 파트너가 되다 * partnership: 공동, 협력, 제휴

backpedal 페달을 거꾸로 밟다, 후퇴하다, 철회하다, 행동을 취소하다

Donald Trump Backpedaling on Tariffs Shows Weakness — Economist

도널드 트럼프, 관세 정책 후퇴는 경제 약화 시사 - 이코노미스트

- **backpedal**: 페달을 거꾸로 밟다, 후퇴하다, 철회하다, 행동을 취소하다 → backtrack, back down, fall back, retreat, retrocede, retrograde, retrogress. step backwards, retrace one's steps.
  He said he'd help me, but now he is backpedaling. 도와주겠다고 해놓고 이제 말을 바꾸네요.

President Donald Trump's changing tariffs policy reveals a weakness in the U.S. economy regarding its bond market, according to economist Timothy Ash of the Chatham House think tank.

채텀 하우스 싱크탱크의 이코노미스트 티모시 애쉬는 도널드 트럼프 대통령의 관세 정책 변화는 미국 경제의 채권 시장 관련 약세를 보여준다고 분석했습니다.

Why It Matters

On Wednesday, Trump said he was pausing his sweeping set of 10 percent tariffs on global trading partners that he had announced earlier in the month. The pause will last 90 days. On the same day, he also increased the tariff rate on Chinese imports to 125 percent.

중요한 이유

트럼프 대통령은 수요일, 이달 초 발표했던 세계 무역 상대국에 대한 10% 관세 부과를 일시 중단한다고 밝혔습니다. 이 일시 중단은 90일간 지속될 예정입니다. 같은 날, 그는 중국 수입품에 대한 관세율도 125%로 인상했습니다.

- **sweeping**: 전면적인, 광범위한, 포괄적인 * sweeping economic reforms: 전면적인 경제 개혁
  → all-around, all-inclusive, all-round, broad, broad-spectrum, comprehensive, expansive, extended, extensive, far-ranging, far-reaching, general, global, inclusive, large, overall, wide-ranging, wide-reaching, widespread

After his announcement, the market rebounded and analysts began speculating what might happen next, with some suggesting the decision was sparked by concerns about the bonds market.

트럼프 대통령의 발표 이후 시장은 반등했고, 전문가들은 향후 어떤 일이 일어날지 예측하기 시작했으며, 일각에서는 이번 결정이 채권 시장에 대한 우려에서 비롯된 것이라고 분석했습니다.

- **spark**: 유발하다, 촉발하다 → activate, actuate, set off, spark off, touch off, trigger, trigger off, trigger a reaction, actuate the circuits, kick-start, kindle, animate, rouse

---

What To Know

The U.S. Treasury bonds market, valued at nearly $29 trillion, needs to remain stable for the global financial system to function.

알아 두어야 할 사항

약 29조 달러에 달하는 미국 국채 시장은 세계 금융 시스템이 제대로 기능하기 위해 안정적으로 유지되어야 합니다.

Countries that own U.S. Treasury bonds, like China, which holds around $760 billion in U.S. government debt, could sell them to raise funds. This occurs when there are fears of a recession and a lack of confidence in the U.S. economy. Selling bonds at scale drive down bond prices and increase U.S. borrowing costs, pressuring the global economy.

중국처럼 미국 국채를 보유한 국가들이 약 7,600억 달러 규모의 미국 국채를 보유하고 있어 자금 조달을 위해 국채를 매각할 수 있습니다. 이는 경기 침체에 대한 우려와 미국 경제에 대한 신뢰 부족이 발생할 때 발생합니다. 국채를 대량 매각하면 채권 가격이 하락하고 미국의 차입 비용이 증가하여 세계 경제에 압박을 가할 수 있습니다.

- **at scale**: 대규모로, 대량으로
  on a large scale: 대규모로 on a small scale: 소규모로

The yield on the 10-year U.S. Treasury bond traded at around 4.45 percent on Wednesday, the highest rate since Trump announced tariffs on Mexico and Canada.

10년 만기 미국 국채 수익률은 수요일 약 4.45%에 거래되었는데, 이는 트럼프 대통령이 멕시코와 캐나다에 관세를 발표했던 이후 최고치입니다.

Some analysts have suggested that it is Trump's awareness of foreign countries selling bonds that has caused him to pause his tariffs.

일부 분석가들은 트럼프 대통령이 외국의 국채 매각 가능성을 인지하고 관세 부과를 중단한 것이라고 분석했습니다.

What People Are Saying

Writing on X, Ash, associate fellow at Chatham House, said: "Beijing looking at Trump U-turn yday will see weakness from the US & they will be more determined now to play hardball. Trump revealed *to all* the US vulnerabilities - its bond market, its billionaires around Trump, who are his soft underbelly."

사람들의 의견

채텀 하우스의 부연구원인 애쉬는 X에 기고한 글에서 "어제 트럼프의 유턴을 지켜보는 베이징은 미국의 약점을 목격할 것이고, 이제 그들은 강경책을 더욱 고집할 것입니다. 트럼프는 미국의 모든 취약점, 즉 채권 시장과 트럼프 주변의 억만장자들의 약점을 드러냈습니다."라고 말했습니다.

- at scale: 대량으로
- yday: yesterday
- play hardball: 강력하고 단호하게 행동하다, 힘을 주다, 강경 자세를 취하다, 강경 수단을 쓰다
  Things are getting a little tough. The president has decided to play hardball on the issue of low sales amount. 상황이 좀 어려워지고 있어요. 저조한 매출에 대해 강경 대응 결정하였네요.
- vulnerabilities: 취약점, 취약성 * vulnerable: ~에 취약한, 연약한
- underbelly: 가장 취약한 부분, 아랫배 부분 → soft spot, weak part, weak spot

Fox News commentator Jessica Tarlov said Trump decided to pause the tariffs because of the global bond market.

폭스 뉴스 해설자 제시카 탈로프는 트럼프가 세계 채권 시장 때문에 관세를 유예하기로 결정했다고 말했습니다.

What Happens Next
How countries react to Trump's changing tariff policy remains to be seen. It is also unclear whether Trump will impose more tariffs or extend the pause after the 90-day period.

다음 행보
트럼프의 관세 정책 변화에 각국이 어떻게 반응할지는 아직 미지수입니다. 트럼프가 추가 관세를 부과할지, 아니면 90일 유예 기간 이후 관세 유예를 연장할지 또한 불확실합니다.

- ~ remains to be seen: ~는 두고 볼 일이다 * It remains to be seen whether/how/what ~
- it is unclear whether ~: ~할지 하지 않을지는 확실하지 않다

come into force (법률이) 효력을 발생하다, 시행되다

Trump's 50% steel tariffs come into force

트럼프의 50% 철강 관세 발효

The US administration said the latest escalation in Trump's trade wars will secure the US steel industry and *curb* foreign countries *from* flooding the US market with low-cost metals. DW has the latest.

미국 행정부는 최근 트럼프의 무역 전쟁이 격화되면서 미국 철강 산업을 보호하고 외국산 저가 금속이 미국 시장에 넘쳐나는 것을 억제할 것이라고 말했습니다. DW에서 최신 소식을 전해드립니다.

- **curb**: ① 억제하다, 제한하다, 재갈을 물리다 → restrain, control, check, contain, restrict, moderate, suppress, inhibit, hinder, repress, constrain, retard, impede, muzzle, bridle
  ② 재갈, 고삐, 구속 → restraint, control, check, brake, limitation, rein, deterrent, bridle
  He called for much stricter curbs on illegal immigration.
  그는 불법 이민에 대한 훨씬 더 엄격한 규제를 요구했습니다.
- flood: 홍수, 쇄도, 폭주, 범람하다, 범람시키다

What you need to know
Tariffs on most steel and aluminum imports to increase from 25% to 50%
Trump said the move is to "further secure the [US] steel industry"
British steel is exempt and will remain tariffed at 25%, pending a trade deal
European Union warned of retaliatory measures
Japan has complained it has not be offered a chance to negotiation

알아야 할 사항
대부분의 철강과 알루미늄 수입품에 대한 관세를 25%에서 50%로 인상
트럼프는 이번 조치가 "[미국] 철강 산업을 더욱 보호하기 위한 것"이라고 말했습니다.
영국산 철강은 면제되며 무역 협상이 타결될 때까지 관세가 25%로 유지됩니다
유럽 연합, 보복 조치 경고
일본은 협상 기회를 제공받지 못하였다고 불평했습니다.

- pend: 매달리다, 미해결인 채로 있다, 현안인 채 있다, 의존하다
- pending: (어떤 일이) 있을 때까지, ~을 기다리는 동안, 미결인, 미정인, 계류 중인, 임박한

Here is a roundup of news from the United States on Wednesday, June 4, 2025.

다음은 2025년 6월 4일 수요일 미국발 뉴스를 정리한 것입니다.

- **round-up**: (특히 뉴스의) 종합, 요약 → a round-up of the latest news: 최신 뉴스 요약

countless 셀 수 없는, 무수히 많은

Trump's 'Liberation Day' tariffs halted by Court of International Trade

트럼프의 '광복절' 관세, 국제무역법원, 중단 결정

- **countless**: 무수한, 셀 수 없이 많은 → uncountable, infinite, immeasurable, incalculable, incomputable, inestimable, innumerable, measureless

---

Most of President Trump's tariffs were halted late Wednesday by a US trade court in a sharp rebuke of the president's signature trade war policy.

트럼프 대통령의 관세 대부분에 대한 조치가 수요일 밤 미국 무역법원에 의해 중단되었습니다. 이는 대통령의 대표적인 무역 전쟁 정책을 강력히 비판하는 조치입니다.

- rebuke: 힐책하다, 질책하다, 꾸짖다, 비난, 질책
  - * sharp/pointed rebuke: 날카로운/신랄한 비난
- **signature**: 대표, 서명
  - * **signature song/dish**: 대표곡/대표 요리
  - * **signature trade war policy**: 대표적인 무역 전쟁 정책

A specialized federal court in New York on Wednesday ruled that *most of President Donald Trump's tariffs* — including those on Chinese goods — *are illegal*, upending negotiations with more than a dozen nations and creating fresh uncertainty for countless American businesses that depend upon foreign suppliers.

수요일 뉴욕에 있는 특수 연방법원은 도널드 트럼프 대통령의 관세 대부분(중국산 제품에 대한 관세 포함)이 불법이라고 판결했습니다. 이는 12개국 이상과의 협상을 뒤집고 해외 공급업체에 의존하는 수많은 미국 기업들에 새로운 불확실성을 안겨주었습니다.

- rule: 판결하다
  The court is to rule on the matter next Monday. 법원은 내주 월요일 그 건에 대해 판결 예정이다.
- upend: (위아래를) 거꾸로 하다, 뒤집다 → overturn, tip over, tump over, turn over

The decision by the little-known Court of International Trade neuters the president's signature trade initiative: the comprehensive flurry of import taxes he announced on April 2 under the banner of "Liberation Day."

잘 알려지지 않은 국제무역법원의 이번 결정은 트럼프 대통령의 대표적인 무역 정책, 즉 4월 2일 '광복절'이라는 기치 아래 발표한 포괄적인 수입 관세 부과를 무력화시켰습니다.

- little-known: 거의 알려지지 않은(unknown to most people)
  * an unknown amount/island/source/writer: 알려지지 않은 금액/섬/출처/작가
- **neuter**: 중성의, 거세하다, 무력화시키다 → castrate, emasculate, geld
- flurry: 질풍, 돌풍, 혼란, 소동
- **banner**: 플래카드, 현수막, 기치, 기를 달다 * under the banner of~: ~의 기치 아래
  * banner year: 아주 성공적인 한 해, 번영의 해 * banner headline: 신문 1면의 톱 제목
  형) 일류의, 최상급의, 뛰어난: exceptionally good of its kind → ace, blue-ribbon, brag, capital, champion, excellent, fine, first-class, first-rate, prime, quality, splendid, superb, superior, terrific, tiptop, top, A-one, bully, dandy, great, swell, topflight, topnotch

---

Those tariffs sent the value of U.S. stocks, bonds and the dollar into sharp decline, causing global investors to rethink their habitual faith in the United States and raising questions about the U.S. economic outlook.

이러한 관세 조치로 미국 주식, 채권, 달러화 가치가 급락하면서 세계 투자자들은 미국에 대한 평소의 신뢰를 재고하게 되었고, 미국의 경제 전망에 대한 의문이 제기되었습니다.

The trade court's ruling that Trump exceeded his authority in imposing tariffs on all imported goods brought an immediate, albeit perhaps temporary, halt to his signature trade war policy.

무역법원이 트럼프 대통령이 모든 수입품에 관세를 부과한 것이 권한을 초과했다는 판결을 내리면서, 그의 대표적인 무역 전쟁 정책은 일시적이기는 하지만 즉각 중단되었습니다.

- albeit: 비록 ~일지라도 * albeit illegally: 비록 불법적이기는 하나
  → even though, though, although, even if, notwithstanding
  He reached there on time, albeit heavy snow. 많은 눈에도 불구하고 정해진 시간에 도착하였다.

"The challenged Tariff Orders will be vacated and their operation permanently enjoined," a three-judge panel ruled.

3인 재판부는 "이의가 제기된 관세 명령은 무효화하고 그 효력이 영구적으로 정지된다"라고 판결했습니다.

- **vacate**: (건물·좌석 등을) 비우다, (일자리·직책 등에서) 떠나다, (法) 무효로 하다, 취소하다
- **enjoin**: (무엇을 하도록) 명하다, 이르다, (법령·명령으로) ~가 ~하는 것을 금하다

  enjoin a company from using the dazzling advertisements. 회사에 대하여 과장 광고를 금하다

  → issue an injunction, nix, prohibit, proscribe, disallow, forbid, interdict, veto, injunction

  The judge enjoined the merger of the firms. 판사는 두 회사의 합병을 금지하였다.

Futures contracts on the S&P 500 stock index jumped 1.4 percent on the news. But a few hours later, the Justice Department said *in a federal court filing* that it will appeal.

S&P500 지수 선물은 이 소식에 1.4% 급등했습니다. 그러나 몇 시간 후, 법무부는 연방 법원에 제출한 문서에서 항소할 것이라고 밝혔습니다.

- appeal: 항소하다, 상고하다, 매력, 관심을 끌다, 매력적이다

The trade court's decision in a pair of lawsuits filed last month against the government applies to the 10 percent tariffs Trump imposed on all foreign products as well as the much higher levies applied to goods from several dozen nations. The president invoked a 1977 law that granted him emergency powers over the economy, the International Emergency Economic Powers Act or IEEPA.

지난달 미국 정부를 상대로 제기된 두 건의 소송에서 무역법원이 내린 이번 판결은 트럼프 대통령이 모든 외국 제품에 부과한 10% 관세와 수십 개국의 상품에 적용된 훨씬 더 높은 관세에 적용됩니다. 대통령은 대통령에게 경제 비상 권한을 부여한 1977년 법률인 국제 비상 경제 권한법(IEEPA)을 발동했습니다.

- **invoke**: (법·규칙 등을) 들먹이다, 적용하다, 들다, 언급하다, 부르다, 들먹이다

  invoke martial law: 계엄령을 선포하다 * invoke one's anger: 남을 화나게 하다

The trade court's ruling also freezes separate tariffs on Mexican, Canadian and Chinese goods, which Trump imposed to coerce those governments into taking action to counter human and drug trafficking. But import taxes on specific products such as automobiles, auto parts, steel and aluminum will remain in effect.

무역법원의 판결은 또한 트럼프 대통령이 인신매매 및 마약 밀매에 대응하기 위한 조처를 하도록 해당 정부를 압박하기 위해 멕시코, 캐나다, 중국 제품에 대한 별도의 관세를 동결했습니다. 그러나 자동차, 자동차 부품, 철강, 알루미늄과 같은 특정 제품에 대한 수입세는 계속 유효합니다.

- **coerce**: (협박하여) 강압하다, 강제하다 → force, compel, bully, intimidate, railroad, constrain, bulldoze, dragoon, pressurize, browbeat, press-gang, twist (one's) arm, drive
  The government had coerced him into resigning. 정부는 그에게 사임을 강요했다.
  ☞ ***일반적으로, '동사 A to 동사 원형 ~, 동사 A into ~ing' 하면 A가 ~하도록 하는 것이고, 동사 A from ~ing 하면 A가 ~를 못하게 하는 것으로 사용된다.***
- counter: 계산대, 판매대, 반박하다, 대응하다 → oppose, meet, block, resist, offset, fend off, parry, deflect, repel, rebuff, counteract, ward off, stave off, repulse, obviate, hold at bay
  They discussed a plan to counter the effects of such an ridiculous policy.
  그들은 그런 터무니없는 정책의 영향에 대응할 계획을 논의했습니다.

curated selection 엄선, 엄선한 선택

Trump calls on Walmart to absorb tariffs rather than raise prices

트럼프, 월마트에 가격 인상 대신 관세 흡수 촉구

Walmart CEO Doug McMillon said earlier this week that some prices could rise because of the tariffs imposed by the Trump administration.

월마트 CEO 더그 맥밀런은 이번 주 초 트럼프 행정부가 부과한 관세로 인해 일부 가격이 오를 수 있다고 말했습니다.

Tariffs on imports have already made bananas, avocados, coffee and roses pricier, the Walmart CEO said.

수입품에 대한 관세는 이미 바나나, 아보카도, 커피, 장미의 가격을 더 비싸게 만들었다고 월마트 CEO는 말했습니다.

- pricey, pricy: 값비싼(비교급: pricier) → high-priced, costly, dear

---

President Donald Trump over the weekend admonished Walmart for warning that his tariffs could force a price increase, *urging* the world's biggest retailer *to* simply absorb the consequences of his trade war.

주말에 도널드 트럼프 대통령은 월마트에 관세가 가격 인상을 강요할 수 있다고 경고하면서 세계 최대 소매업체가 무역 전쟁의 결과를 단순히 흡수할 것을 촉구했습니다.

- admonish: 꾸짖다, 충고하다, 주의를 주다 → call down, castigate, chastise, chide, rebuke, dress down, rap, rebuke, reprimand, reproach, reprove, scold, tax, upbraid. alarm, alert, caution, forewarn, warn, call ~ on the carpet * admonish silence: 잠자코 있으라고 하다

Get a curated selection of 10 of our best stories in your inbox every weekend. Walmart CEO Doug McMillon said earlier this week that some prices could rise within weeks because of the tariffs imposed by Trump. The president responded Saturday, posting on his social media platform, Truth Social, that Walmart should "EAT THE TARIFFS" and "not charge valued customers ANYTHING."

매주 주말마다 엄선된 10개의 베스트 스토리를 받은 편지함에서 받아보세요. 더그 맥밀런 월마트 CEO는 이번 주 초 트럼프가 부과한 관세로 인해 몇 주 안에 일부 가격이 오를 수 있다고 말했습니다. 트럼프 대통령은 토요일 자신의 소셜 미디어 플랫폼인 트루스 소셜에 월마트가 "관세를 흡수해야 한다"며 "소중한 고객에게 아무것도 청구하지 말아야 한다"고 글을 올리며 대응했습니다.

- **curated**: 전문적인 식견으로 엄선한 → hand-picked, selected, chosen, recherche
  * curator: 큐레이터(박물관·미술관 등의 전시 책임자)
  * user-curated shopping: 사용자가 엄선한 쇼핑(사용자가 직접 서비스나 물건을 엄선하는 것)
  ☞ **curate's egg**: 장단점이 혼재한 것, 장점도 있지만, 단점도 있는 것, 옥석혼효(玉石混淆)
- inbox: 이메일의 받은 편지함(새로 수신된 이메일이 있는 곳)

Trump wrote, "Walmart should STOP trying to blame Tariffs as the reason for raising prices throughout the chain. Walmart made BILLIONS OF DOLLARS last year."

트럼프는 "월마트는 체인 전체에서 가격을 인상하는 이유로 관세를 비난하는 시도를 중단해야 합니다. 월마트는 작년에 수십억 달러를 벌었습니다."

In its most recently completed fiscal year, Walmart reported operating income of $29.3 billion, about a 4.4 percent profit margin on revenue of $674.5 billion.

가장 최근에 마감된 회계 연도에 월마트는 6,745억 달러의 매출에 4.4%의 이익률인 293억 달러의 영업 이익을 기록했습니다.

Other well-known brands have signaled that the White House's tariff campaign could increase prices, disrupt supply chains and frustrate already beleaguered consumers dealing with inflation. Adidas and McDonald's, among others, have indicated the trade war could affect their businesses.

다른 유명 브랜드들도 백악관의 관세 캠페인이 가격을 인상하고 공급망을 교란하며 이미 인플레이션에 시달리는 소비자들을 좌절시킬 수 있다는 신호를 보냈습니다. 아디다스와 맥도날드 등은 무역 전쟁이 비즈니스에 영향을 미칠 수 있다고 밝혔습니다.

- **beleaguered**: 사면초가에 몰린, 포위된, 잔뜩 지친, 시달리는 → besieged, surrounded, blockaded, encompassed, beset, encircled, assailed, hemmed in, hedged in, environed
  The enemy beleaguered the enclave. 적이 거주지를 포위했습니다.
  The rebels continue to push their way towards the beleagured capital. There have been even attempts against the beleaguered government.
  반군은 포위된 수도를 향해 계속 진격하고 있습니다. 위기에 처한 정부에 대한 공격 시도가 7번 있었습니다.

Walmart boasts upward of 4,000 stores nationwide and says it counts 90 percent of Americans as its customers and has a track record of performing well even in uncertain economic times, such as the 2008 financial crisis and the

2020 coronavirus pandemic. The majority of its revenue comes from groceries, which are largely sourced domestically.

월마트는 전국에 4,000개 이상의 매장을 보유하고 있으며 미국인의 90%를 고객으로 확보하고 있으며 2008년 금융 위기나 2020년 코로나바이러스 팬데믹과 같은 불확실한 경제 상황에서도 좋은 실적을 거둔 전력이 있다고 말합니다. 매출의 대부분은 식료품에서 발생하며, 대부분 국내에서 조달됩니다.

- upward: 위쪽을 향한, (양·가격이) 증가/상승하고 있는(↔ downward)
- track record: (개인·기관의 모든) 실적(accomplishment, achievement)
  The salesman's track record of recent years shows that he will be an able president.
  최근 몇 년간 세일즈맨의 실적을 보면 그가 유능한 사장이 될 것임을 알 수 있습니다.

But tariffs on imports from countries such as Costa Rica, Peru and Colombia have already made bananas, avocados, coffee and roses pricier, McMillon said Thursday on a call with analysts. He also said that high tariffs on goods from China, especially those impacting electronics and toys, pose the biggest price threat.

그러나 코스타리카, 페루, 콜롬비아 등의 수입품에 대한 관세로 인해 바나나, 아보카도, 커피, 장미 가격이 이미 더 비싸졌다고 맥밀런은 목요일 애널리스트들과의 통화에서 말했습니다. 그는 또한 중국산 제품에 대한 높은 관세, 특히 전자제품과 장난감에 영향을 미치는 관세가 가장 큰 가격 위협이 되고 있다고 말했습니다.

- pose: (위협·문제 등을) 제기하다, 질문을 제기하다, 포즈, 자세, 못마땅함, 으스대기(= affectation)
  → present, cause, produce, create, lead to, result in, constitute, give rise to
  His ill health poses serious problems. 그의 건강 악화는 심각한 문제를 야기한다.
  High tariff poses the biggest price threat. 높은 관세가 가장 큰 가격 위협이 되고 있다.

Trump has imposed a 10 percent tariff on many countries globally. Tariffs on China soared to 145 percent last month before the United States agreed this week to lower them to 30 percent for 90 days while the two sides continue trade talks.

트럼프는 전 세계 많은 국가에 10%의 관세를 부과했습니다. 중국에 대한 관세는 지난달 145%까지 치솟았다가 이번 주 미국이 양측이 무역 협상을 계속하는 동안 90일 동안 30%로 낮추기로 합의했습니다.

de-escalate 점감(漸減)시키다, 점감되다, 단계적으로 줄이다, 줄다

US and China seek to de-escalate trade war

미국과 중국, 무역 전쟁 완화 모색

Senior US and Chinese officials have met in Geneva seeking to defuse trade war tensions. Since President Donald Trump's tariff rollout, tariffs on goods imports between the world's two largest economies have soared.

미·중 고위 관리들이 제네바에서 만나 무역 전쟁 긴장 완화를 모색했습니다. 도널드 트럼프 대통령의 관세 발표 이후 세계 최대 경제 대국인 두 나라 간의 수입품 관세가 급등했습니다.

- **defuse**: (긴장·위험 등을) 진정/완화하다, (폭탄의) 뇌관을 제거하다
  → remove, take away, withdraw, take, deactivate, disable, disarm, make safe
  Officials will hold talks of defusing tensions over trade. He has defused a bomb.
  당국자들은 무역 긴장 완화를 위한 회담을 가질 예정입니다. 그는 폭탄을 해체했습니다.
- **roll-out**: ① (기업의) 신상품 발표회, 출시 ② 출시하다, 시작하다

Top officials from the United States and China met in Geneva on Saturday, aiming to cool a trade war *ignited* by President Donald Trump's broad tariff hike and *stoked* by Beijing's fierce retaliation.

미·중 고위 관리들은 토요일 제네바에서 회동을 가졌습니다. 도널드 트럼프 대통령의 광범위한 관세 인상으로 촉발되고 중국의 강력한 보복 조치로 격화된 무역 전쟁을 진정시키기 위한 것이었습니다.

- stoke: 불을 때다, 연료를 더 넣다, (감정을) 더 부추기다, 돋우다

The talks are the first high-level meeting for Beijing and Washington since Trump's steep new levies hit China last month.

이번 회담은 지난달 트럼프 대통령이 중국에 가파른 관세를 부과한 이후 베이징과 워싱턴이 처음으로 갖는 고위급 회담입니다.

What do we know about the meeting?
US Treasury Secretary Scott Bessent and Trade Representative Jamieson Greer sat down for talks with Chinese Vice Premier He Lifeng.

이번 회담에 대해 알려진 바는 무엇일까요?
스콧 베센트 미국 재무장관과 제이미슨 그리어 무역대표부(USTR) 대표는 허리펑 중국 부총리와 회담을 가졌습니다.

Bessent, Greer, and about a dozen US delegates swept through the lobby of Geneva's upscale Intercontinental Hotel, brushing off reporters' questions before slipping into waiting cars and speeding away.

베센트 장관, 그리어 대표, 그리고 약 12명의 미국 대표단은 제네바의 고급 인터콘티넨탈 호텔 로비를 휩쓸고 지나가며 기자들의 질문을 무시한 후, 대기 중인 차에 올라타 급히 자리를 떴습니다.

- sweep: 스쳐 지나가다, 확 지나가다, 휩쓸다
- upscale, upmarket: 상류층/부자들을 대상으로 한, 고급의, 고가의 ↔ downmarket, downscale: 저가의, 대중적인 * downscale merchandising: (저소득층 위주) 저급화 마케팅
- **brush off~**: ~를 물리치다, ~가 한 말을 묵살/일축/무시하다 * brush-off: 싹 무시함
- speed away: 서둘러 달리다

The Chinese team departed from the President Wilson Hotel, flanked by heavy police escorts as both convoys wove through the city, halting traffic along the route.

중국 팀은 경찰의 삼엄한 호위를 받으며 프레지던트 윌슨 호텔에서 출발했습니다. 두 차량 모두 시내를 누비며 이동 경로에 교통 체증을 빚었습니다.

- flank: 측면, ~이 옆에 있다, ~측면에 있다, 옆에 배치되다, 측면을 지키다
- convoy: 호송대, 수송대 * in convoy: 무리를 이뤄, 함께 * under convoy: 호위를 받으며
- weave (wove-woven): 짜다, 뜨다, 사이를 헤집듯 나가다
  The road weaves thru the valleys. 깊은 계곡을 누비듯이 지나가다.

Trade war: Will the US-China tariff talks break the ice?

무역전쟁: 미·중 관세 협상이 막다른 골목을 돌파할 수 있을까?

- break the ice: (회의·파티 등을 시작할 때) 서먹서먹한/딱딱한 분위기를 깨다
  → icebreaker: (처음 만났을 때) 어색함을 누그러뜨리기 위한 말/행동, 붙임성 있는 사람, 쇄빙선

Chinese state media confirmed by late morning that the talks had officially begun. While the exact venue was kept under wraps, AFP tracked the delegations to a discreet location across town.

중국 관영 언론은 오전 늦게 협상이 공식적으로 시작되었음을 확인했습니다. 정확한 장소는 공개되지 않았지만, AFP는 대표단이 시내 반대편의 은밀한 장소에 도착했음을 추적했습니다.

- under wraps: (당분간) 비밀로 해 둔
  The news was kept under wraps for the weekend. 이 소식은 주말 동안 비밀에 부쳐졌습니다.
- discreet: 신중한, 조심스러운 → tactful, diplomatic, politic, reserved, guarded, careful, sensible, cautious, wary, discerning, prudent, considerate, judicious, circumspect
  cf. discrete: 따로의, 별개의 → separate, individual, detached, disconnected, distinct

---

Reduction in tariffs unlikely
While a major breakthrough looks unlikely, hopes remain that the two sides will ease the punishing tariffs they have slapped on each other.

관세 인하 가능성 낮음
큰 돌파구는 보이지 않지만, 양측이 서로에게 부과한 가혹한 관세를 완화할 것이라는 기대는 여전히 남아 있습니다.

Such a move would soothe troubled global markets and reassure companies reliant on US-China trade.

이러한 조치는 어려움에 처한 세계 시장을 진정시키고 미·중 무역에 의존하는 기업들을 안심시킬 것입니다.

Last month, Trump hiked US tariffs on Chinese goods to 145%, prompting Beijing to hit back with a 125% levy on US imports.

지난달 트럼프 대통령은 중국 상품에 대한 관세를 145%로 인상했고, 이에 중국은 미국 수입품에 125%의 맞불 관세를 부과하였습니다.

- **prompt**: 즉각적인, 지체 없는, 신속한, 시간을 엄수하는, 촉발하다, 유도하다, 격려하다
  What prompted him to sign the agreement? What prompted him to that conclusion?
  그가 계약을 체결하게 된 이유는 무엇인가요? 그가 그 결론에 도달한 이유는 무엇인가요?

The sky-high duties have effectively shut down trade between the two economic giants, disrupting flows that *topped* $660 billion (about €590 billion) last year.

엄청난 관세 부과로 두 경제 대국 간의 무역이 사실상 마비되어, 작년 한 해 동안 6,600억 달러(약 5,900억 유로)를 돌파했던 무역 흐름이 차질을 빚었습니다.

- sky-high: 하늘을 찌를 듯한, 아주/너무 높은 → aerial, airy, lofty, soaring, towering. steep
  * sky-high interest rates: 하늘 높은 줄 모르고 치솟는 금리
- disrupt: 방해하다, 지장을 주다 * disrupt communication: 통신을 교란하다
  → interrupt, stop, upset, hold up, interfere with, unsettle, obstruct, cut short, intrude on
- **top**: 최고점을 찍다, 능가하다, 뛰어넘다 → exceed, surpass, go past, pass, transcend
  How can we top last year's sales? 어떻게 하면 작년 매출을 넘을 수 있을까요?

Even before talks kicked off, the US president hinted Friday that the US might ease tariffs on China.

협상이 시작되기도 전에 미국 대통령은 금요일에 중국에 대한 관세를 완화할 가능성을 시사했습니다.

- kick off: ① 경기가 시작되다, 경기를 시작하다 ② 시작, 개시

in the wake of~ ~의 뒤를 좇아, ~에 뒤이어, ~의 결과로서

US' Vance, EU's von der Leyen and Italy's Meloni discuss EU-US trade

미국의 밴스 부통령, EU의 폰 데어 라이엔 집행위원장, 이탈리아의 멜로니 집행위원장이 EU-미국 무역에 대해 논의했습니다.

Relations between the US and EU have been strained since Trump took office. US Vice President JD Vance said on Sunday that Europe remains "an importantally" despite recent trade tensions in the wake of Donald Trump's tariffs.

트럼프 대통령 취임 이후 미국과 EU의 관계는 경색되어 왔습니다. J.D. 밴스 미국 부통령은 일요일 도널드 트럼프 대통령의 관세 부과로 인한 최근 무역 갈등에도 불구하고 유럽은 여전히 '중요한 동맹국'이라고 말했습니다.

- strain: 부담, 중압(감), 압박(감), 압력, (근육 등을) 혹사하다, 무리하게 사용하다, 좌상을 입다
- **in the wake of ~**: ~의 뒤를 좇아, ~에 뒤이어, ~의 결과로서 → following, succeeding, in the aftermath of, as a result of, on account of, as a consequence of
  This move comes in the wake of new regulations brought in by the government.
  이러한 움직임은 정부가 도입한 새로운 규제에 따른 것입니다.
  Dolphins sometimes play in the wake of the boats. 돌고래는 배의 뒤를 따라 놀기도 한다.

Vance met with European Commission President Ursula von der Leyen and Italian Prime Minister Giorgia Meloni in Rome after the Pope's inaugural Mass.

밴스 부통령은 교황 취임 미사 후 로마에서 우르줄라 폰 데어 라이엔 유럽연합 집행위원장과 조르지아 멜로니 이탈리아 총리를 만났습니다.

The US vice president said he hoped the talks — the first time high-level leaders from the US and EU have met since Trump introduced his tariffs this year — would pave the way for "long-term trade negotiations and some long-term trade advantages between both Europe and the United States."

밴스 부통령은 트럼프 대통령이 올해 관세 부과를 발표한 이후 미국과 EU 고위급 지도자들이 처음으로 만나는 이번 회담이 "장기적인 무역 협상과 유럽과 미국 간의 장기적인 무역 이익"을 위한 길을 열어주기를 바란다고 말했습니다.

- **pave the way for~**: ~을 위해 길을 열다, ~을 가능케 하다, 상황을 조성하다, 촉진하다
  → pave the way to, prepare (the way) for, lead up to, make possible, clear the way for

---

The Trump administration has slapped a range of import taxes on European nations, including a 25% tariff on imports of steel, aluminium and cars, as well as a "universal", baseline 10% tariff, which applies to almost all countries.

트럼프 행정부는 철강, 알루미늄, 자동차 수입에 25% 관세를 부과하는 등 유럽 국가에 다양한 수입세를 부과했으며, 거의 모든 국가에 적용되는 '보편적' 기준 관세인 10%도 부과했습니다.

- baseline: ① (비교의) 기준치, 기준점 → criterion, standard, touchstone, measure
  ② (야구·테니스·핸드볼의) 베이스라인 → service line

The EU will face so-called 'reciprocal' tariffs of 20% if trade talks fail to yield a deal during a 90-day pause Trump announced last month.

트럼프 대통령이 지난달 발표한 90일간의 무역 협상을 중단하는 동안 협상 타결에 실패할 경우, EU는 20%의 소위 '상호' 관세에 직면하게 됩니다.

Will Meloni be a bridge between Europe and Trump?

멜로니는 유럽과 트럼프를 잇는 가교 역할을 할 수 있을까요?

"I've said repeatedly that I think Europe is an important ally of the United States, the individual countries within Europe are important allies of the United States," Vance said at the start of the meeting when the cameras were still rolling.

밴스는 카메라가 여전히 촬영 중인 회의 시작 때 "저는 유럽이 미국의 중요한 동맹국이라고 생각한다고 여러 차례 말씀드렸습니다."라고 말했습니다.

"But of course we have some disagreements, as friends sometimes do, on issues like trade, and we also have many agreements and many things that we can work on together, and I'm looking forward to this conversation," he added.

"하지만 물론, 다른 나라들처럼 무역과 같은 문제에 대해서는 의견 차이가 있습니다. 또한, 우리는 많은 협정과 함께 협력할 수 있는 많은 사안들을 가지고 있습니다. 저는 이 대화를 기대하고 있습니다."라고 그는 덧붙였습니다.

Von der Leyen, meanwhile, lauded the "very special and very close" EU-US relations, which she said was the largest in the world and is valued at over $1.5 trillion (€1.34 trillion) per year.

폰데어라이엔 위원장은 EU와 미국 간의 '매우 특별하고 긴밀한' 관계를 극찬하며, 이 관계가 세계 최대 규모이며 연간 1조 5천억 달러(1조 3,400억 유로) 이상의 가치를 지닌다고 말했습니다.

▶ laud: 칭찬하다 * laud/praise ~ to the skies: ~을 극구 찬양하다, 극찬하다
→ praise, celebrate, honour, acclaim, approve, glorify, extol, sing/sound the praises of
They lauded the former president as a hero. 그들은 전 대통령을 영웅으로 칭송하였다.

She said the two sides had outlined topics for future talks on a trade deal and exchanged documents that would allow technical discussions to begin.

그녀는 양측이 향후 무역 협정 협상 주제를 구체화하고 기술적 논의를 시작할 수 있도록 문서를 교환했다고 밝혔습니다.

"Everybody knows that *the devil is in the detail[s]*, but what unites us is that at the end, we want together to have a good deal for both sides." she added.

"모두가 세부 사항에 문제가 있다는 것을 알고 있지만, 우리를 하나로 묶는 것은 결국 양측 모두에게 좋은 합의를 도출하고자 한다는 것입니다."라고 그녀는 덧붙였습니다.

▶ **the devil is in the detail(s)**: (관용구) 악마는 디테일에 있다

☞ '문제점이나 불가사의한 요소가 세부 사항 속에 숨어있다'라는 의미의 속담이며, 어떤 것이 대충 보면 쉬워 보이지만, 제대로 해내려면 예상했던 것보다 더 많은 시간과 노력을 쏟아부어야 한다는 것을 의미한다.

☞ God is in the detail: 신은 디테일(세부 사항)에 있다. 무언가를 할 때는 철저하게 해야 한다. 세부 사항이 중요하다.

☞ **between the devil and the deep sea**: 진퇴양난에 빠지다 → in deep/hot water, in a dilemma, on the horns of dilemma, in a quandary
He found himself on the horns of a dilemma because of a slip of tongue.
말실수로 인해 딜레마에 빠졌습니다.

☞ speak/talk of the devil: 호랑이도 제 말하면 온다더니

Meloni, meanwhile, said she was optimistic the talks would represent a "new beginning" in EU-US relations, which she said were vital for a "strong West, for our civilization."

멜로니는 이번 회담이 EU와 미국 관계의 '새로운 시작'을 의미할 것이라고 낙관하며, 이 관계가 '강력한 서구, 우리 문명'에 필수적이라고 말했습니다.

The right-wing populist Meloni, who enjoys a good relationship with Donald Trump, has tried to position herself as a possible bridge between Brussels and Washington.

도널드 트럼프와 좋은 관계를 유지하고 있는 우익 포퓰리스트 멜로니는 브뤼셀과 워싱턴을 연결하는 다리 역할을 하려고 노력해 왔습니다.

- **right wing**: 우익 ↔ **left wing**: 좌익 * far/extreme right: 극우 ↔ far/extreme left: 극좌
  * center-right: 중도 우파 ↔ center-left: 중도 좌파

ineligible 자격이 없는, 부적격의

implication of an FEOC designation under the inflation reduction act

인플레이션 감축법에 따른 FEOC 지정의 의미

- FEOC(Foreign Entity of Concern): 해외 우려 집단, 외국 우려 실체

Vehicles will be ineligible for the US$7,500 consumer tax credit if the batteries contain:
▶ Any "applicable critical materials" that were extracted, processed, or recycled by an FEOC (Foreign entity of concern)
▶ Any component manufacture or assembled by an FEOC

다음과 같은 것이 포함된 배터리를 사용하는 차량은 7,500달러의 소비자 세액 공제 혜택을 받을 수 없습니다.
▶ FEOC에서 추출, 가공 또는 재활용한 것으로 '적용 가능한 중요 재료'
▶ FEOC에서 제조 또는 조립한 모든 부품

- **ineligible**: 자격이 없는, 부적격의 → unqualified, unacceptable, disqualified, ruled out, unfit,

incompetent, unfitted, unsuitable, undesirable ↔ eligible: 가질 수 있는, 할 수 있는, 적격의
He was ineligible to remain in Korea because of criminal records.
그는 범죄 기록으로 인해 한국에 머물 수 없었습니다.

The Biden administration issued on Friday its long-awaited guidance on clean vehicle credits, with the proposed rules gradually curbing China's role within the US battery and EV supply chain.

바이든 행정부는 금요일, 오랫동안 기다려온 친환경 차량 세액 공제에 대한 지침을 발표했으며, 제안된 규칙은 미국 배터리 및 전기차 공급망에서 중국의 역할을 점진적으로 제한합니다.

- **long-awaited:** 사람들이 오래 기다리던 * long-awaited news: 고대하던 뉴스
- **curb**: 억제하다, 제한하다, 억제/제한하는 것 * put a curb on: 제한/억제하다
  Sky-high interest rates put a curb on spending. 높은 이자율은 지출을 억제한다.

Starting in 2024, US-made EVs which contain battery components manufactured or assembled by a "foreign entity of concern" (FEOC) will be ineligible for full Inflation Reduction Act-linked subsidies. Furthermore, in 2025, these vehicles must not contain any critical minerals that were extracted, processed or recycled by an FEOC.

2024년부터 '관심 대상 외국 기관'(FEOC)에서 제조 또는 조립한 배터리 부품을 사용하는 미국산 전기차는 인플레이션 감축법에 따른 보조금 전체를 받을 수는 없습니다. 또한, 2025년부터 이러한 차량에는 FEOC에서 추출, 가공 또는 재활용한 중요 광물이 포함되어서는 안 됩니다.

However, the government has proposed a temporary transition rule, under which critical minerals and associated constituent materials may be allocated to a particular set of battery cells. The plan is to exempt critical minerals tracing for two years. Battery cells would then have to be physically tracked to batteries and EVs using a serial number or other identification system, similar to the proposed EU battery passport, Kallanish notes.

그러나 정부는 중요 광물 및 관련 구성 재료를 특정 배터리 셀 세트에 할당할 수 있는 임시 전환 규칙을 제안했습니다. 이 계획은 중요 광물 추적을 2년간 면제하는 것입니다. 이후 배터리 셀은 EU에서 제안하는 배터리 패스포트와 유사한 일련 번호 또는 기타 식별 시스템을 사용하여 배터리 및 전기차까지 물리적으로 추적해야 한다고 칼라니쉬는 지적합니다.

- **constituent**: ① ~을 구성하는, 이루는: component, basic, essential, integral, elemental
  ② 구성 성분/요소: component, element, ingredient, part, unit, factor, principle
  ③ 주민, 유권자: voter, elector, member of the electorate

The US Department of Energy currently defines an FEOC as a foreign entity that is "owned by, controlled, or subject to the jurisdiction or direction of a government of a foreign country that is a covered nation." These covered nations are China, Russia, North Korea and Iran. In its statement outlining the guidance, the Department of Treasury claims these rules will "strengthen the security of America's supply chains."

미국 에너지부는 현재 FEOC를 '외국 정부가 소유, 통제하거나 관할권 또는 지시를 받는' 외국 기관으로 정의하고 있습니다. 적용 대상 국가에는 중국, 러시아, 북한, 이란이 포함됩니다. 재무부는 지침을 설명하는 성명에서 이러한 규칙이 '미국 공급망의 보안을 강화할 것'이라고 주장합니다.

To allow compliant EVs already in US dealerships and currently being manufactured to qualify for the credit, while the rulemaking proceeds, the proposed rules would provide a transition rule to expedite certification for new EVs that do not contain battery components manufactured or assembled by an FEOC. This would be in place from 1 January 2024 until 30 days after the rules are finalised, the Department of Treasury explains.

규칙 제정이 진행되는 동안, 이미 미국 판매점에 있고 현재 생산 중이며 규정을 준수하는 전기차가 세액 공제 자격을 갖출 수 있도록 제안된 규칙은, FEOC에서 제조 또는 조립한 배터리 구성 요소가 포함되지 않은 신규 전기차에 대한 인증을 신속하게 처리하기 위한 전환 규칙을 제공합니다. 재무부는 이 조치가 2024년 1월 1일부터 규정이 확정된 후 30일까지 시행될 것이라고 설명했습니다.

"The proposed rules would also create an upfront review system starting in 2025 that would provide additional oversight of FEOC compliance, as well as certainty to manufacturers," it adds. "For new vehicles placed in service in 2025 or later, the IRS would track FEOC compliance via a compliant-battery ledger."

재무부는 "이번 제안된 규정은 2025년부터 시행되는 사전 검토 시스템을 구축하여 FEOC 준수에 대한 추가적인 감독과 제조업체에게 확실성을 제공할 것입니다."라고 덧붙였습니다. "2025년 이후에 운행되는 신차의 경우, IRS는 규정 준수 배터리 원장을 통해 FEOC 준수 여부를 추적할 것입니다."

- upfront: 솔직한, 미리, 사전에, 선불의 → straightforward, frank, in advance
- oversight: 감독, 감시 → supervision, superintendence, control, care, management, custody
- compliant: 순응하는, 따르는, 준수하는, 부응하는 * compliance: (법·명령 등의) 준수, 따름

In addition to requiring assembly in North America, the government will move the goalposts on battery components and critical mineral requirements each year. For instance, in 2024 and 2025, batteries will only be eligible for a $3,750 credit if they are comprised of 60% North American-manufactured or assembled battery components. That increases by 10% each year, reaching 100% in 2029.

북미 지역에서의 조립을 의무화하는 것 외에도, 정부는 배터리 구성 요소 및 주요 광물 요건에 대한 기준을 매년 변경할 것입니다. 예를 들어, 2024년과 2025년에는 배터리 구성 요소의 60%가 북미에서 제조 또는 조립된 경우에 3,750달러의 세액 공제를 받을 수 있습니다. 보조금을 받기 위한 배터리 구성 요소 비율은 매년 10%씩 증가하여 2029년에는 100%에 도달합니다.

- goalpost: 골대, 골포스트 *** move/shift the goalpost**: (규칙등을) 형편에 따라 마음대로 바꾸다
  ☞ change the aims of an activity to ensure the desired results

To receive the full $7,500 credit, EVs would have to have 60% of their battery components and 50% of their critical minerals coming from North America or a free trade partner next year. Critical minerals could still be processed by China in 2024, but from 2025, that would no longer be allowed.

7,500달러의 세액 공제를 모두 받으려면 전기차는 배터리 부품의 60%와 핵심 광물의 50%를 내년에 북미 또는 자유 무역 파트너국에서 조달해야 합니다. 2024년에는 중국에서 핵심 광물을 가공할 수 있지만, 2025년부터는 더 이상 허용되지 않습니다.

Commenting on the guidance, Alliance for Automotive Innovation says the guidance recognises the transformation of the US industrial base "won't happen overnight." It notes the temporary exemption in trace materials for two years is "significant and well-advised... Otherwise the EV tax credit may have only existed on paper."

자동차 혁신 연합(Alliance for Automotive Innovation)은 이 지침에 대해 언급하며, 이 지침이 미국 산업 기반의 변화가 '하룻밤 사이에 이루어지지 않을 것'임을 인정한다고 밝혔습니다. 극미량 물질에 대한 2년간의 임시 면제는 '중요하고 현명한 조치'라고 강조하며, '그렇지 않았다면 전기차 세액 공제는 서류상으로만 존재했을 것'이라고 덧붙였습니다.

- trace: 극미량, 조금, 자취, 흔적, 추적하다, 찾아내다
- well-advised: 분별 있는, 현명한, 신중한 ↔ ill-advised: 무분별한

John Bozzella, ceo of the alliance, believes the guidance provides clarity for automakers, although further details on the impact of US-China partnerships are still needed. For now, he understands companies operating in China are considered FEOC, but Chinese entities with specific ownership or governance structures might be permitted in certain circumstances.

자동차 혁신 연합의 존 보젤라 CEO는 이 지침이 자동차 제조업체들에게 명확한 정보를 제공하지만, 미·중 파트너십의 영향에 대한 더 자세한 내용이 아직 더 필요하다고 밝혔습니다. 현재로서는 중국에서 운영되는 기업은 FEOC로 간주되지만, 특정한 소유권이나 거버넌스 구조를 갖춘 중국 기업은 특정 상황에서 허용될 수 있다는 것을 그는 알고 있습니다.

- governance: 통치, 관리, 통치/관리 방식
  ☞ **corporate governance(기업 거버넌스)**는 기업의 의사 결정 시스템, 이사회와 경영진의 역할, 주주와의 관계 등 기업 운영과 관련된 전반적인 구조와 체계를 의미한다.

long-pending 오래 끌어온, 해묵은, 질질 끄는

Trump announces U.S. Steel, Nippon 'partnership'

트럼프, US 스틸과 일본제철 '파트너십' 발표

The deal for the Pittsburgh-based company had faced a national security review.

피츠버그에 본사를 둔 이 회사의 거래는 국가 안보 검토를 받았습니다.

U.S. Steel's Clairton Coke Works plant along the Monongahela River in Clairton, Pennsylvania, on Dec. 17. President Donald Trump announced a deal Friday for Nippon Steel to enter a "partnership" for the company, with few details.

12월 17일, 펜실베이니아주 클레어턴의 모논가헬라 강변에 있는 US 스틸의 클레어턴 코크스 공장. 도널드 트럼프 대통령은 금요일, 닛폰제철이 US 스틸과 '파트너십'을 체결한다고 발표했지만, 구체적인 내용은 공개되지 않았습니다.

President Donald Trump appeared to approve a long-pending deal between U.S. Steel and its Japanese rival Nippon Steel on Friday, posting on his Truth Social account that there will be a "planned partnership" between the companies.

도널드 트럼프 대통령은 금요일, 자신의 트루스 소셜(Truth Social) 계정에 두 회사 간에 '계획된 파트너십'이 있을 것이라고 게시하며 US 스틸과 일본 경쟁사인 닛폰제철 간의 오랫동안 계류 중이던 거래를 승인한 것으로 보입니다.

- **long-pending**: 오래 끌어온, 해묵은, 질질 끄는 * long-pending negotiations: 질질 끄는 협상
  → long-drawn-out (long-drawn, drawn-out, protracted)

But no details of the transaction were made public. Neither the companies nor the White House would say whether the Japanese company was acquiring U.S. Steel or simply making an investment in it.

하지만 거래의 세부 사항은 공개되지 않았습니다. 양사나 백악관 모두 일본 기업이 US 스틸을 인수하는 것인지, 아니면 단순히 투자하는 것인지 밝히지 않았습니다.

- make public: (대중 매체를 통해) 일반에게 알리다, 공표하다, 공간하다

Nippon proposed to buy the U.S. company for about $14.9 billion in 2023, but the takeover quickly faced political backlash. Former president Joe Biden moved to block the sale, calling the deal "prohibited" because of its alleged impact on U.S. national security. At the time, an administration spokesperson said he acted to safeguard the domestic steel industry.

닛폰은 2023년에 약 149억 달러에 미국 기업을 인수하겠다고 제안했지만, 이 인수는 곧바로 정치적 반발에 부딪혔습니다. 조 바이든 전 대통령은 미국 국가 안보에 영향을 미칠 수 있다는 이유로 이 거래를 '금지'한다고 주장하며 매각을 저지했습니다. 당시 행정부 대변인은 미국 철강 산업을 보호하기 위한 조치였다고 밝혔습니다.

- **backlash**: (사회 변화 등에 대한 대중의) 반발, 역풍 → reaction, response, resistance, resentment, retaliation, repercussion, counterblast, counteraction, retroaction
- safeguard: 보호하다, 보호 장치, 안전 장치

The acquisition also faced a second investigation by the interagency Committee on Foreign Investment in the United States (CFIUS) for potential national security implications.

이 인수는 또한 미국 외국인투자위원회(CFIUS)의 국가 안보 관련 잠재적 영향에 대한 두 번째 조사를 받았습니다.

- interagency: 중간적/중개 (정부) 기관, 관계 부처 간의, 각 기관 간의, 관계 부처 합동의

"I am proud to announce that, after much consideration and negotiation, U.S. Steel will REMAIN in America, and keep its Headquarters in the Great City of Pittsburgh," Trump wrote Friday afternoon on Truth Social, his social media network.

트럼프 대통령은 금요일 오후 자신의 소셜 미디어 네트워크인 트루스 소셜(Truth Social)에 "오랜 검토와 협상 끝에 US 스틸이 미국에 남고, 위대한 도시 피츠버그에 본사를 두게 되어 자랑스럽게 생각합니다."라고 게시했습니다.

Follow live updates on the Trump administration. We're tracking Trump's progress on campaign promises and legal challenges to his executive orders and actions.

트럼프 행정부의 실시간 업데이트를 확인하세요. 트럼프 대통령의 대선 공약과 행정 명령 및 조치에 대한 법적 이의 제기 현황을 추적하고 있습니다.

The president's celebratory declaration skirted the central question about U.S. Steel's fate: Will it remain American-owned, as Biden and the steelworkers union had insisted, or will it become part of a Japanese rival?

대통령의 축하 선언은 US 스틸의 운명에 대한 핵심 질문을 피했습니다. 바이든과 철강 노조가 주장했던 것처럼 US 스틸은 미국 소유로 남을 것인가, 아니면 일본 경쟁사의 일부가 될 것인가?

skirt: (특히 곤란한 주제에 대해) 언급을 피하다, 치마, 옷자락, (가장자리를) 두르다, 둘러가다
 * skirt the central question: 핵심 질문을 피하다
 → evade, hedge, sidestep, parry, fudge, circumvent, dodge, elude, duck, put off

---

In separate statements, the two companies referred to their unspecified "partnership." Nippon Steel called it a "game changer," while U.S. Steel vowed to "grow bigger and stronger."

두 회사는 별도의 성명을 통해 구체적으로 명시하지 않은 '파트너십'을 언급했습니다. 신일본제철은 이를 '게임 체인저'라고 칭했고, US 스틸은 '더 크고 더 강하게 성장'하겠다고 다짐했습니다.

- **unspecified**: 명시되지 않은, 지정되지 않은 → undefined, unstated, unidentified, unnamed, unknown, uncertain, mysterious, obscure, vague, arbitrary, undecided, indefinite

---

The American company also lavished praise on the president, calling him "a bold leader and businessman who knows how to get the best deal for America, American workers and American manufacturing."

US 스틸은 또한 대통령을 "미국, 미국 노동자, 그리고 미국 제조업을 위해 최고의 거래를 이끌어내는 방법을 아는 용감한 지도자이자 사업가"라고 극찬했습니다.

- lavish~ on~: ~에게 ~을 많이 주다, 지나치게 주다
- bold: 용감한, 대담한, 선명한, 굵은

The lack of detail about a transaction that has been in the works for nearly two years left key stakeholders, including investors and the affected union, frustrated.

거의 2년간 진행되어 온 거래에 대한 세부 정보가 공개되지 않아 투자자와 관련 노조를 포함한 주요 이해관계자들은 좌절감을 느꼈습니다.

"We cannot speculate about the impact of today's announcement without more information," said David McCall, the president of the United Steelworkers union. "Our concern remains that Nippon, a foreign corporation with a long and proven track record of violating our trade laws, will further erode domestic steelmaking capacity and jeopardize thousands of good, union jobs."

미국 철강 노조(United Steel Workers) 위원장인 데이비드 맥콜은 "더 많은 정보 없이는 오늘 발표의 영향을 추측할 수 없습니다."라고 말했습니다. "우리의 우려는 오랫동안 우리 무역법을 위반해 온 외국 기업인 니폰(Nippon)이 국내 제철 생산 능력을 더욱 약화시키고 수천 개의 노조 일자리를 위협할 것이라는 점입니다."

- **erode**: 침식시키다, 풍화되다, (서서히) 약화시키다, 무너뜨리다, 약화되다, 무너지다

Trump did announce that the company would retain its U.S. headquarters, which Nippon had already agreed to keep, saying that the deal between the companies would create 70,000 jobs and add billions of dollars to the economy. It was unclear Friday afternoon whether the "partnership" between Nippon and U.S. Steel constituted a takeover.

트럼프 대통령은 니폰이 이미 유지하기로 합의한 미국 본사를 유지하겠다고 발표하며, 양사 간의 합의가 7만 개의 일자리를 창출하고 수십억 달러의 경제 효과를 가져올 것이라고 말했습니다. 금요일 오후, 니폰과 US 스틸 간의 '파트너십'이 인수에 해당하는지는 불분명했습니다.

The Steelworkers union opposed the Nippon deal, preferring a rival bid by Cleveland Cliffs, an American steelmaker based in Cleveland. But U.S. Steel rejected its $7.3 billion offer four months before Nippon Steel weighed in.

스틸노조는 클리블랜드에 본사를 둔 미국 철강업체 클리블랜드 클리프스의 경쟁 입찰을 선호하며 니폰의 인수 제안에 반대했습니다. 그러나 US 스틸은 니폰 스틸이 참여하기 4개월 전에 73억 달러 규모의 제안을 거부했습니다.

- **weigh in**: (논의 · 언쟁 · 활동 등에) 끼어들다, 관여하다, 거들다, 의견을 내다, 체중 측정을 받다
  He weighs in at 72 kg. 그의 몸무게는 72kg이다.
  She weighed in with some pertinent facts. 그녀는 관련 사실에 대해 말하였다.

"My Tariff Policies will ensure that Steel will once again be, forever, MADE IN AMERICA," Trump posted Friday.

트럼프 대통령은 금요일에 "나의 관세 정책은 철강이 다시 한번, 영원히, 미국에서 제조될 수 있도록 보장할 것입니다."라고 게시했습니다.

Trump has imposed 25 percent tariffs on all steel imports.

트럼프 대통령은 모든 철강 수입품에 25%의 관세를 부과했습니다.

Earlier in the day, he had also threatened to impose steep tariffs against goods from the European Union and the Apple iPhone.
U.S. Steel's stock price surged after Trump posted about the deal, closing the day up more than 20 percent.

이날 트럼프 대통령은 유럽연합(EU)과 애플 아이폰에 높은 관세를 부과하겠다고 위협하기도 했습니다. 트럼프 대통령이 이 합의에 대한 글을 올린 후 US스틸 주가는 급등하며 20% 이상 상승 마감했습니다. 합의에 대한 글을 올린 후 US스틸 주가는 급등하며 20% 이상 상승 마감했습니다.

- surge: (재빨리) 밀려들다, (강한 감정이) 휩싸다, 휘감다, 급증, 급등

month-over-month 전월 대비

Trump's Tariffs Aren't Showing Up In Economic Data Yet

트럼프의 관세는 아직 경제 데이터에 나타나지 않고 있습니다.

For all the talk of tariffs impacting the economy, we're not seeing it in the data yet. We will no doubt see it soon, but for the moment, the inflation data is reflecting one thing loud and clear: *an energy-friendly policy driving down oil and gas prices* is easing pressures on Americans.

관세가 경제에 미치는 영향에 대한 모든 이야기는 아직 데이터에서 나타나지 않고 있습니다. 곧 확인할 수 있겠지만, 현재로서는 인플레이션 데이터가 한 가지 분명한 사실을 반영하고 있습니다. 바로 에너지 친화적인 정책이 석유와 가스 가격을 낮추면서 미국인들의 부담을 덜어주고 있다는 점입니다.

- no doubt: 아마, 틀림없는 → doubtlessly, without doubt, certainly, without question
- loud and clear: 아주 이해하기 쉽게, 분명하게

The latest inflation report shows cooling numbers, with month-over- month inflation declining for the first time in five years. Another way to read this is that month-over-month inflation has been declining for the first time since 2020.

최근 인플레이션 보고서에 따르면 전월 대비 인플레이션이 5년 만에 처음으로 하락하는 등 수치가 낮아지고 있습니다. 이를 읽는 또 다른 방법은 2020년 이후 처음으로 전월 대비 인플레이션이 감소하고 있다는 것입니다.

* month-over-month: 월간 대비

- week-over-week: 전주 대비, 주간 대비
  year-over-year: 연간 대비

mount 시작하다, (서서히) 증가하다

The global costs of the US-China tariff war are mounting. And the worst may be yet to come.

미 · 중 관세 전쟁으로 인한 세계적 비용이 고조되고 있습니다. 그리고 최악의 상황은 아직 오지 않았을지도 모릅니다.

The United States and China remain in a standoff in their tariff war. Neither side appears willing to budge.

미국과 중국은 관세 전쟁에서 여전히 교착 상태에 빠져 있습니다. 양측 모두 양보할 의지가 없어 보입니다.

- **stand-off**: 교착 상태 → deadlock, stalemate, impasse, draw, tie, standstill, gridlock
  This could lead to another diplomatic stand-off. 이는 또 다른 외교 교착 상태로 이어질 수 있다.
- **budge**: 약간 움직이다, 의견을 바꾸다 → yield, change, compromise, bend, concede, urrender, comply, give way, capitulate, acquiesce, change one's mind
  Both sides stick to their original position and say they will not budge at all.
  양측 모두 원래 입장을 고수하며 전혀 양보하지 않을 것이라고 밝혔습니다.

After US President Donald Trump imposed massive 145% tariffs on Chinese imports in early April, China retaliated with its own tariffs of 125% on US goods.

도널드 트럼프 미국 대통령이 4월 초 중국 수입품에 145%의 고율 관세를 부과하자 중국 역시 미국산 제품에 125%의 관세를 부과하며 보복했습니다.

US Treasury Secretary Scott Bessent said this week it's up to China to de-escalate tensions. China's Foreign Ministry, meanwhile, said the two sides are not talking.

스콧 베센트 미국 재무장관은 이번 주 긴장 완화는 중국의 책임이라고 말했습니다. 한편, 중국 외교부는 양측이 아직 대화에 나서지 않고 있다고 밝혔습니다.

The prospect of economic decoupling between the world's two largest economies is no longer speculative. It is becoming a hard reality. While many observers debate who might "win" the trade war, the more likely outcome is that everyone loses.

세계 양대 경제 대국 간의 경제적 디커플링(탈동조화) 전망은 이제는 추측이 아닙니다. 이는 냉혹한 현실이 되어가고 있습니다. 많은 전문가가 무역 전쟁에서 누가 '승리'할지 논쟁을 벌이고 있지만, 더 큰 가능성은 모두가 패배하는 결과입니다.

▶ speculative: 추측에 근거한, 뭔가를 가늠하려는　　* speculate: 추측하다, 짐작하다, 투기하다

China's comparative advantage lies in its vast manufacturing base and tightly integrated supply chains. This is especially true in high-tech and green industries such as electric vehicles, batteries and solar energy. These sectors are deeply dependent on open markets and predictable demand.

중국의 비교 우위는 방대한 제조업 기반과 긴밀하게 통합된 공급망에 있습니다. 특히 전기 자동차, 배터리, 태양광 에너지와 같은 첨단 기술 및 친환경 산업에서 더욱 그렇습니다. 이러한 부문은 개방된 시장과 예측 가능한 수요에 크게 의존합니다.

New trade restrictions in Europe, Canada and the US on Chinese electric vehicles, in particular, have already caused demand to drop significantly.

특히 유럽, 캐나다, 미국에서 중국산 전기차에 대한 새로운 무역 제한 조치가 이미 수요를 크게 감소시켰습니다.

China's GDP growth was higher than expected in the first quarter of the year at 5.4%, but analysts expect the effect of the tariffs to soon bite. A key measure of factory activity this week showed a contraction in manufacturing.

중국의 1분기 GDP 성장률은 5.4%로 예상을 상회했지만, 분석가들은 관세의 영향이 곧 나타날 것으로 예상합니다. 이번 주 주요 공장 활동 지표는 제조업 위축을 나타냈습니다.

- bite: 물다, 물어뜯다, 자극하다, 부식하다, 걸려들다 * biting: 쏘는 듯한, 날카로운, 신랄한
  * bite the bullet: 이를 악물고 견디다

China's economic growth has also been weighed down by structural headwinds, including industrial overcapacity (when a country's production of goods exceeds demand), an ageing population, rising youth unemployment and persistent regional disparities. The property sector — once a pillar of the country's economic rise — has become a source of financial stress. Local government debt is mounting and a pension crisis is looming.

중국의 경제 성장은 산업 과잉(국가의 상품 생산량이 수요를 초과하는 상태), 인구 고령화, 청년 실업률 증가, 그리고 지속적인 지역 격차 등 구조적인 역풍으로 인해 저해되었습니다. 한때 국가 경제 성장의 핵심 동력이었던 부동산 부문은 재정적 스트레스의 원인이 되었습니다. 지방 정부 부채는 증가하고 있으며 연금 위기가 다가오고 있습니다.

- weigh down: ~을 (마음 · 기분을) 짓누르다(=burden)
- headwind: 역풍
- persistent: 끈질긴, 집요한, 끊임없이 지속/반복되는 → relentless, unrelenting, never-ceasing

Negotiations with the US might be desirable to end the tariff war. However, unilateral concessions on Beijing's part are neither viable nor politically palatable.

관세 전쟁을 종식하기 위해 미국과의 협상이 바람직할 수 있습니다. 그러나 중국 정부의 일방적인 양보는 실현할 수 있지도 않고 정치적으로도 수용할 수 있지도 않습니다.

- unilateral: 일방적인, 단독의 * bilateral: 쌍방의, 쌍무적인, 2개국의
  * trilateral: 3자의, 3개국의 * multilateral: 다자간의, 다국가 간의, 다각적인
- **palatable**: ① 맛있는, 맛 좋은 → delicious, tasty, luscious, savoury, mouthwatering, appetizing ↔ unpalatable: 맛없는, 입에 맞지 않는 → uneatable, unsavoury, inedible, unappetizing
  ② 마음에 드는, 구미에 맞는 → acceptable, pleasant, agreeable, satisfactory, fair, attractive, enjoyable ↔ unpalatable: 불쾌한, 받아들이기 쉽지 않은 → unpleasant, distasteful, disagreeable, bitter, offensive, unattractive, horrid, unsavoury, displeasing, repugnant

decoupling (탈동조화)

한 나라 경제가 특정 국가 혹은 세계 전체의 경기 흐름과 독립적으로 움직이는 현상. Morgan Stanley가 처음으로 사용한 용어로, 경기 침체에도 불구하고 강한 성장을 지속하는 경우는 하드 디커플링(Hard Decoupling), 경기 둔화의 영향을 받지만, 그 정도가 상대적으로 작은 경우는 소프트 디커플링(Soft Decoupling)으로 구분된다.

주가가 하락하면 환율은 상승하고 주가가 상승하면 환율은 하락하는 것이 일반적인 현상인데, 이와 달리 주가가 하락하는 데도 환율이 상승하지 않고 제자리에 머무르는 현상, 수출이 증가하는 데도 소비는 감소하는 현상, 서구의 증시는 상승하는데 아시아 증시는 전체적으로 하락하는 현상 등도 디커플링에 속한다.

반대로 한 나라 또는 일정 국가의 경제가 다른 국가나 보편적인 세계 경제 흐름의 영향을 받는 것은 커플링(동조화, coupling)이라고 한다.

narrowly pass 간신히 통과하다

Trump's tax and immigration bill clears hurdle after late-night vote. GOP leaders worked through the weekend to win over fiscal conservatives who voted last week to block Trump's Big Beautiful Bill in committee

트럼프의 세금 및 이민법안, 심야 표결 끝에 장애물 넘는다.
공화당 지도자들은 지난주 위원회에서 트럼프의 '아름다운 법안'을 막기 위해 투표한 재정 보수주의자들의 마음을 얻기 위해 주말 내내 노력했습니다.

- **hurdle**: ① 허들, 장애물 → obstacle, block, difficulty, barrier, handicap, hindrance
  She jumped over the last hurdle. 그녀는 마지막 장애물을 극복하였습니다.
  ② **뛰어넘다, 극복하다** → overcome, beat, master, conquer, surmount
  The company is helping its supply chain hurdle tough challenges of deflation.
  그 기업은 공급망이 디플레이션이라는 어려운 장애를 극복하는 데 도움을 주고 있습니다.

The House Budget Committee narrowly passed President Donald Trump's big tax and immigration package on May 18.

하원 예산위원회는 5월 18일 도널드 트럼프 대통령의 대규모 세금 및 이민 패키지를 가까스로 통과시켰습니다.

The House Budget Committee passed a massive tax and immigration package central to President Donald Trump's agenda late Sunday, overcoming opposition from hard-line conservatives over spending.

하원 예산위원회는 일요일 늦게 도널드 트럼프 대통령의 핵심 의제인 대규모 세금 및 이민 패키지를 통과시키며 지출에 대한 강경 보수파의 반대를 극복했습니다.

- **central**: 중심되는, 가장 중요한, 중앙의 → cardinal, fundamental, key, primal, main, chief, essential, primary, principal, focal * central cause of a problem: 문제의 근본 원인
- **hard-line**: 강경한, 강경 노선, hard-liner: 강경파 ↔ soft-line: 온건한, soft-liner: 온건파

Four fiscal conservatives — all deficit hawks aligned with the ultraconservative House Freedom Caucus — changed their vote to "present," allowing the legislative package to be recommended "favorably" to the House, 17-16. But their hesitance to vote the One Big Beautiful Bill Act out of committee is a reminder that the far-right flank of the Republican conference remains skeptical.

극보수 성향의 하원 자유 코커스와 연계된 재정 보수주의자 4인(모두 적자 매파)은 표결을 '찬성'으로 변경하여 이 법안을 17대 16으로 하원에 '찬성'으로 권고할 수 있었습니다. 그러나 이들이 '하나의 큰 아름다운 법안'의 위원회 표결을 주저한 것은 공화당 회의의 극우파가 여전히 회의적이라는 사실을 상기시켜 줍니다.

- flank: 측면 * right flank: 우익(right wing) ↔ left flank: 좌익 (left wing)
  far-right flank: 극우 ↔ far-left flank: 극좌

Speaker Mike Johnson(R-Louisiana) told reporters as he left the markup that he would count Sunday's vote as a "big win," but acknowledged that there's "a lot more work to do."

마이크 존슨 하원의장(R-루이지애나)은 표결을 마친 후 기자들에게 일요일 표결을 '큰 승리'로 간주할 것이라고 말했지만, '해야 할 일이 더 많다'라는 점을 인정했습니다.

- markup: 가격 할증(↔ markdown: 가격 인하), 법안의 최종 절충(단계)
  mark something up: 가격을 인상하다(↔ mark down), (법안을 위원회 단계에서) 손질하다

The four fiscal conservatives — Reps. Chip Roy(Texas, Ralph Norman(South Carolina), Josh Brecheen(Oklahoma), and Andrew Clyde(Georgia) — had blocked the bill on Friday in a rebuke of Johnson and Trump, who had urged lawmakers to "STOP TALKING, AND GET IT DONE!" The four joined with Democrats on the budget panel to prevent the measure from advancing to the House floor, arguing that it would balloon annual budget deficits. A fifth Republican changed their vote Friday, allowing it to be reconsidered Sunday.

네 명의 재정 보수주의자 - Reps. 칩 로이(텍사스), 랄프 노먼(사우스 캐롤라이나), 조쉬 브레친(오클라호마), 앤드류 클라이드(조지아) 의원은 금요일에 의원들에게 "대화를 중단하고 일을 처리하라!"고 촉구했던 존슨과 트럼프에 대한 비난으로 법안을 저지하였습니다. 네 사람은 예산위원회에서 민주당 의원들과 함께 이 법안이 하원으로 넘어가는 것을 막기 위해 연간 적자 예산을 부풀릴 것이라고 주장했습니다. 다섯 번째 공화당 의원이 금요일 투표를 변경하여 일요일에 재검토할 수 있게 되었습니다.

- in a rebuke of~: ~에 대한 비난으로/힐책으로
- advance: 다가가다, 진전하다, 진격하다
- **balloon: 부풀리다, 급속히 증대하다** → expand, rise, increase, extend, swell, mushroom, blow up, enlarge, inflate, bulge, billow, dilate, be inflated, puff out, become larger, distend

  The budget deficit has ballooned to $30 million. 예산 적자가 3천만 달러로 불어났습니다.

  Losses ballooned to $10 million. 손실은 천만 달러로 불어났습니다.

notch 급수, 등급

Moody's downgrades U.S. credit as Congress considers bill that could add to deficits. Moody's knocked the government's credit rating down a notch as the country's debt soars.

무디스는 의회가 적자를 가중시킬 수 있는 법안을 검토함에 따라 미국의 신용 등급을 강등했습니다. 무디스는 국가 부채가 급증함에 따라 정부의 신용 등급을 한 단계 낮췄습니다.

- notch: 급수, 등급, 표시, 올리다, 달성하다, V 자 모양을 새기다
  - * top-notch: 최고의, 아주 뛰어난 * down a notch: 한 등급 아래로
  - * be a notch above the others: 남들보다 한 단계 위이다, 한 수 위다

Moody's Ratings downgraded the United States' credit rating Friday as the country's debt soars and a Republican budget bill is projected to add trillions of dollars to the balance.

무디스는 금요일 미국의 부채가 급증하고 공화당 예산 법안이 수조 달러를 추가할 것으로 예상됨에 따라 미국의 신용 등급을 강등했습니다.

Moody's *blamed* the downgrade *on* more than a decade of increasing government debt and interest payment ratios, and the failure of U.S. administrations and Congress "to agree on *measures to reverse the trend of large annual fiscal deficits and growing interest costs.*"

무디스는 10년 이상 지속된 정부 부채와 이자 지급 비율의 증가, 미국 행정부와 의회가 "대규모 연간 재정 적자 및 이자 비용 증가 추세를 되돌리기 위한 조치에 합의하지 못한 것"을 신용 등급 강등의 원인으로 꼽았다.

- **blame A on B, blame B for A**: A의 책임을 B에게 지우다, A의 죄를 B에게 씌우다
  The company blamed business failure on marketing manager's poor planning.
  The company blamed marketing manager's poor planning for business failure.
  회사는 사업 실패의 책임을 마케팅 매니저의 부실한 계획으로 돌렸다.
  → cast/lay/put/place the blame on A for B: B의 책임을 A에게 씌우다 * blame: 비난, 책임

The downgrade, from the highest rating to one notch below, comes as the president's budget bill suffered a blow in Congress. Republican budget hawks joined Democrats earlier Friday to block the package — known as the One Big Beautiful Bill Act.

최고 등급에서 한 단계 낮은 등급으로 강등된 것은 대통령의 예산안이 의회에서 타격을 입었기 때문입니다. 공화당 예산 매파들은 금요일 초 민주당과 함께 '원 빅 뷰티풀 빌 법안'으로 알려진 이 패키지를 저지하기 위해 민주당에 합류했습니다.

- suffer a blow: 서리 맞다, 타격을 입다 → be (hard) hit, be socked, be frustrated, take the knock, receive a setback, be frosted, be nipped/shriveled/touched by frost

"While we recognize the U.S.' significant economic and financial strengths, we believe these no longer fully counterbalance the decline in fiscal metrics," Moody's said in a statement explaining the downgrade.

무디스는 등급 강등을 설명하는 성명에서 "우리는 미국의 상당한 경제 및 재정적 강점을 인정하지만, 이러한 강점이 더는 재정 지표의 하락을 완전히 상쇄하지 못한다고 믿습니다."라고 말했습니다.

- counterbalance: 균형을 잡아 주다, 상쇄하다, 평행 추, 균형을 잡아 주는 것 → offset, balance out, even off, even out, even up, compensate, correct, make up, counterpoise, countervail
  Add sugar to counterbalance the acidity of the sauce. 소스의 신맛 중화는 설탕을 첨가하세요.

The country's credit rating had already been downgraded in previous years by Fitch Ratings and S&P Global Ratings, the other major credit agencies.

미국의 신용 등급은 이미 다른 주요 신용 평가 기관인 피치 레이팅스와 S&P 글로벌 레이팅스에 의해 지난 몇 년 동안 강등된 바 있습니다.

All major stock indexes appeared to be trending down in premarket trading.

모든 주요 주가 지수는 개장 전 거래에서 하락세를 보였습니다.

- trend: (사태 여론 따위가) 특정 방향으로 기울다, 향하다, 방향, 추세, 경향
- premarket: (주식) 프리마켓(주식 시장이 정식으로 개장하기 전에 이루어지는 거래), 프리마켓의

The White House pointed the finger at Democrats in a statement Friday night.

백악관은 금요일 밤 성명에서 민주당을 겨냥했습니다.

- point a/the finger at~: ~을 손가락질하다, ~을 공공연하게 비난하다 → accuse, blame

"The Trump administration and Republicans are focused on *fixing* Biden's mess by slashing the waste, fraud, and abuse in government and *passing* The One, Big, Beautiful Bill to get our house back in order," spokesman Kush Desai said in an emailed statement. "If Moody's had any credibility, they would not have stayed silent as the fiscal disaster of the past four years unfolded."

쿠시 데사이 대변인은 이메일 성명에서 "트럼프 행정부와 공화당은 정부의 낭비, 사기, 남용을 줄이고 우리 정부를 다시 정리하기 위한 크고 아름다운 법안을 통과시켜 바이든의 혼란을 해결하는 데 집중하고 있다"라고 말했습니다. "무디스가 조금이라도 신뢰성이 있었다면 지난 4년간의 재앙적인 재정이 펼쳐지는 동안 침묵을 지키지 않았을 것입니다."

- slash: (날카로운 것으로 길게, 특히 폭력적으로) 긋다, 베다, 대폭 줄이다, 낮추다, 긋기, 베기
- credibility: 신뢰성 * credibility gap: (정부/정치가 등의) 언행 불일치, 신빙성의 결여, 불신감, 단절감
- unfold: (접혀 있는 것을) 펴다, 펼치다, (어떤 내용이 서서히) 펼쳐지다, 밝혀지다

The U.S. is facing a massive debt balance, which continues to grow as interest builds and the country keeps borrowing. The downgrade from Moody's comes as it became clear that the Republican tax proposal emerging in the House would add more than $2.5 trillion to the federal deficit over the next decade, according to nonpartisan estimates and budget experts.

미국은 막대한 부채에 직면해 있으며, 이자가 늘고 차입을 계속하면서 부채가 계속 증가하고 있습니다. 초당파적 추정치와 예산 전문가들에 따르면, 하원에서 거론되고 있는 공화당의 세제안이 향후 10년간 연방 재정 적자를 2조 5천억 달러 이상 증가시키리라는 것이 분명해지면서 무디스의 신용 등급 강등이 결정된 것입니다.

- nonpartisan: 초당파의, 객관적인, 공정한, 공평한, 무소속의(사람), 초당파의 사람

※ 미국 3대 신용 조사 기관: Standard & Poors (S&P), Moody's, Fitch

reciprocal tariffs 상호 관세

President Donald Trump on Wednesday *dropped* new tariff rates on imports from most U.S. trade partners *to* 10% for 90 days to allow trade negotiations with those countries.

도널드 트럼프 대통령은 수요일 대부분의 미국 무역 파트너국으로부터의 수입품에 대한 새로운 관세율을 90일 동안 10%로 낮춰 해당 국가들과의 무역 협상을 허용했습니다.

Trump announced the pause hours after goods from nearly 90 nations became *subject to* stiffer, so-called reciprocal tariffs imposed by the United States.

트럼프 대통령은 거의 90개국의 상품이 미국이 부과하는 더 엄격한 상호 관세의 대상이 된 지 몇 시간 후에 일시 중단을 발표했습니다.

- ***subject to~*: ~을 조건으로, ~이 우선하다, ~에 따른다**

  ☞ 영어에서 아주 중요한 표현으로 '문장이 있고, subject to~'로 되어 있으면 **【subject to 의 내용이 전체 문장 내용을 결정, 즉 전체 문장의 의미는 subject to~에 달려 있다.】**는 것을 잊지 말아야 함. 일반 영어, 상거래, 계약 영어에서 신중히 사용하고 이해하여야 한다. The company agrees to supply 100 tons of Li, subject to government approval. 리튬 100톤 공급에 동의하나 이는 정부의 승인이 있어야 가능하다. 즉, "정부 승인하에 100톤 공급할 수 있다"라는 의미이므로 정부가 허락하지 않으면 공급이 안 된다는 것이다. 'Subject to government approval, the company agrees to supply 100 tons of Li.'와 같이, subject to ~ 를 문장 앞 부분에 사용할 수도 있다.

The president also said in a social media post that he was *raising* the tariffs imposed on imports from China *to* 125% "effective immediately" due to the "lack of respect that China has shown to the World's Markets." China, which is the U.S.'s third-largest trading partner, earlier Wednesday said it would increase its tariff rate for imports from the U.S. to 84%.

트럼프 대통령은 또한 소셜 미디어 게시물에서 '중국이 세계 시장에 보여준 존중 부족'으로 인해 중국산 수입품에 부과되는 관세를 '즉시 효력이 발생'하는 125%로 인상한다고 말했습니다.

미국의 세 번째로 큰 무역 상대인 중국은 수요일 초 미국산 수입품에 대한 관세율을 84 %로 인상할 것이라고 밝혔다.

- **effective immediately**: 즉시 효력이 발생하는(☞ 법 조항, 계약서, 회사 업무 등에서 자주 사용됨)

Trump said "more than 75 countries" contacted U.S. officials to negotiate after he unveiled his new tariffs last week.

트럼프는 지난주 새로운 관세를 발표한 후 '75개 이상의 국가'가 협상을 위해 미국 관리들과 접촉했다고 말했다.

- **unveil**: (그림·동상 등을 공개하기 위해) 덮개를 벗기다, 제막식을 하다, 발표하다, 밝히다, 털어 놓다
  → bare, disclose, display, expose, reveal, show, unclothe, uncover, unmask. let out

---

Stock market indices rocketed sharply higher Wednesday on Trump's announcement, *reversing four days of losses*. The benchmark S&P 500 index leapt by 7%, which puts it on track for its largest single-day gain in five years.

수요일 트럼프의 발표로 주식 시장 지수는 급등하며 나흘간의 손실을 반전시켰습니다. 벤치마크 S&P500 지수는 7% 상승하여 5년 만에 최대 하루 상승률을 기록했습니다.

- **reverse**: (정반대로) 뒤바꾸다, 반전시키다, 역전시키다, 뒤집는다
  ☞ change to the opposite position, direction, or course, implying a complete turning about to a contrary position
  Mommy reversed the arrangement of the sofa and chairs to get a better view of mountain.
  엄마는 산을 더 잘 볼 수 있도록 소파와 의자의 배열을 바꾸었습니다.

When asked later about the reason for his decision, Trump told reporters, "Well, I thought that people were jumping a little bit out of line."

나중에 결정의 이유를 묻는 기자들의 질문에 트럼프는 "사람들이 약간 선을 넘고 있다고 생각했다"라고 답했습니다.

- out of line(with somebody/something): ~와 줄이 안 맞는, ~와 다른, 일직선이 안 되는
  * *step/jump out of line*: 그릇된 행동을 하다, 규칙을 어기다, 선을 넘다
  * jump the line/queue: 새치기하다

"They were getting yippy, you know, they were getting a little bit yippy, a little bit afraid," Trump said at the White House.

트럼프는 백악관에서 "그들은 작은 개처럼 되고 있어, 개처럼 불평하고, 조금은 두려워하고 있었다"라고 말했습니다.

- yippy: 작은 개, 불평하는

Treasury Secretary Scott Bessett claimed to reporters that Trump had always intended to put the brakes on the wide-ranging tariffs the president announced last week.

스콧 베셋 재무장관은 기자들에게 트럼프 대통령이 지난주 발표한 광범위한 관세에 대해 항상 제동을 걸 계획이었다고 주장했습니다.

- put the brake on: ~에 브레이크를 걸다, 제동을 걸다
  House put a brake on the bill. 하원은 법안에 제동을 걸었다.
- wide-ranging: 광범한, 폭넓은 → far-reaching, far-ranging, wide-reaching, widespread, sweeping, broad, broad-spectrum, extensive, pervasive, significant, all-around, overall all-inclusive, all-round, expansive, comprehensive, extended, general, global, inclusive
  * a wide-ranging discussion: 다방면에 걸친 토론
  a package of wide-ranging economic reforms: 광범위한 경제 개혁 패키지

"This was his strategy all along," Bessent said at the White House, where officials, including him, had denied for days that the tariffs would be suspended.

베셋은 백악관에서 "이것이 그의 전략이었다"라며 자신을 포함한 관리들이 며칠 동안 관세 부과가 중단될 것이라는 사실을 부인했다고 말했습니다.

보편관세(universal tariff)

특정 국가를 가리지 않고, 모든 국가로부터 수입되는 물품에 동일한 세금을 부과하는 방식이다. 이는 수입 국가가 자국 산업 보호를 위해 일괄적으로 적용한다. 예를 들어, 미국이 자동차를 수입하는데, 일본 자동차, 한국 자동차, 독일 자동차 상관없이 동일 세율을 적용하는 것을 의미한다.

상호관세(reciprocal tariff)

상호관세는 교역 상대국이 제품에 부과하는 관세만큼 동일한 세율을 적용하는 방식이다. 예를 들어, 한국이 미국 자동차 수입 시 관세를 10% 부과한다면, 한국 자동차가 미국으로 수입될 때 10% 관세를 부과하며, 일본이 미국 자동차에 20% 관세 부과하면, 미국도 일본 자동차 수입 시 20% 관세를 부과하는 것을 의미한다.

scrap 폐기하다, 버리다

Trump threatens China with additional 50% tariff if Beijing doesn't scrap its retaliation

트럼프, 베이징이 보복 조치 철회하지 않으면 중국에 50% 추가 관세 부과 위협

- scrap: ① 버리다, 폐기하다 → junk, trash, chuck out, discard, cast aside, cast away, throw/toss/put away, toss/throw/cast out, put away, dispose, fling
  ② 조각, 폐품: chip, fleck, bit, flake, rubbish, trash, waste, waste material/matter/product

---

President Trump threatened Monday to hit China with an additional 50% tariff if Beijing doesn't lower its 34% retaliatory tariff on the US by Tuesday.

트럼프 대통령은 월요일 중국이 화요일까지 미국에 대한 보복 관세 34%를 낮추지 않으면 추가로 50%의 관세를 부과하겠다고 위협했다.

- retaliatory tariff: 보복 관세

"If China does not withdraw its 34% increase above their already long term trading abuses by tomorrow, April 8th, 2025, the United States will impose ADDITIONAL Tariffs on China of 50%, effective April 9th," Trump posted on Truth Social.

트럼프는 트루스 소셜에 올린 글에서 "중국이 이미 장기적으로 무역에 해를 끼쳐 오고 있음에도 추가로 부과한 34% 관세를 2025년 4월 8일 내일까지 철회하지 않으면 미국은 4월 9일부터 중국에 50%의 추가 관세를 부과할 것"이라고 밝혔다.

- **abuse**: 남용, 오용, 학대, 남용하다, 오용하다, 학대하다 → misuse, mistreat, ill-treat, maltreat, mishandle, misapply, pervert, revile, malign
  - * abuse of alcohol/drug/privilege/authority: 알코올/약물/특권/권한 남용
  - * self-abuse: 자학 child abuse: 아동 학대 elder abuse: 노인 학대
  - * abusive: 모욕적인, 욕하는, 폭력적인, 학대하는

  The greater the power, the more dangerous the abuse. 권력이 클수록 남용 위험이 더 크다.

The president imposed an additional 34% tariff on China during his reciprocal duty announcement April 2, adding to an already-imposed 20% levy earlier in his administration. With the 50% additional tariff, the total rate on imports from the Asian power would reach 104% of its pre-Trump level.

트럼프 대통령은 4월 2일 상호 관세 발표에서 중국에 34%의 관세를 추가로 부과했는데, 이는 그의 행정부 초기에 이미 부과된 20%의 관세에 추가된 것이다. 50%의 추가 관세가 부과되면 아시아 강대국(중국)으로부터의 총수입 세율은 트럼프 이전 수준의 104%에 도달하게 된다.

slash 대폭 줄이다, 낮추다

US, China to slash tariffs for 90 days

미 · 중, 90일간 관세 인하

- slash: 대폭 줄이다, 낮추다 → cut drastically, reduce, cut back, cut/trim/bring down
  Prices of imported goods were slashed. 수입품의 가격이 대폭 하락했습니다.

Washington's top trade representative said the two superpowers had agreed to halt new import levies for at least 90 days. The trade war between the two countries had made economic repercussions around the world.

워싱턴 무역대표부(USTR) 수석 대표는 양국이 최소 90일간 신규 수입 관세 부과를 중단하기로 합의했다고 밝혔습니다. 양국 간 무역 전쟁은 전 세계에 경제적 파장을 불러일으켰습니다.

- repercussion: (어떤 사건이 초래한, 보통 좋지 못한, 간접적인) 영향, 반향, 파문
  * unexpected, serious repercussions: 예기치 못한 심각한 상황
  → reverberation, consequence, effect, result, upshot, outcome, event, issue

---

The United States and China have agreed to significantly reduce tariffs in the next 90 days, top US officials said on Monday.

미국 고위 관리들은 월요일, 미국과 중국이 향후 90일 동안 관세를 대폭 인하하기로 합의했다고 밝혔습니다.

The move comes after President Donald Trump signaled that trade talks with Beijing were going well over the weekend.

이번 조치는 도널드 트럼프 대통령이 주말 동안 베이징과의 무역 협상이 순조롭게 진행되고 있음을 시사한 데 따른 것입니다.

- signal: 시사하다, 암시하다, 신호를 보내다, 신호
  ☞ signalize, sign, gesture, wave, indicate, nod, motion, beckon, gesticulate

"We have reached an agreement on a 90-day pause." US Treasury Secretary Scott Bessent told journalists, adding that "both sides will move their tariffs down" 115%.

스콧 베센트 미국 재무장관은 기자들에게 "90일간 관세 인하에 합의했다"라며 "양국 모두 관세를 115% 인하할 것"이라고 덧붙였습니다.

Bessent continued: "We both have an interest in balanced trade, the US will continue moving toward that."

베센트 장관은 이어서 "양국 모두 균형 잡힌 무역에 관심이 있으며, 미국은 이를 위해 계속 노력할 것"이라고 말했습니다.

Beijing, for its part, announced "substantial progress" in trade talks with Washington.

중국은 워싱턴과의 무역 협상에서 '상당한 진전'이 있었다고 발표했습니다.

What led to the US-China trade talks?
Tariffs launched by Trump against Beijing *prompted* the latter *to* retaliate, resulting in major price increases for basic goods across the US.

미 · 중 무역 협상은 어떻게 진행되었습니까?
트럼프 대통령이 베이징에 관세를 부과하자 중국은 보복 조치를 했고, 그 결과 미국 전역에서 생필품 가격이 크게 상승했습니다.

- **prompt A to B**: A가 B를 하도록 격려/고무/촉구/유발하다
- **A results in B = B results from A:** A로 인해 B가 되다, A의 결과로 B가 되다
  This kind of meeting will result in nothing fruitful.
  이런 종류의 미팅은 아무런 성과도 거두지 못할 것이다.
  ☞ Nothing fruitful will result from this kind of meeting.

The news saw the US dollar, which has dipped significantly since Trump began his second term in January, rebound somewhat against the yen and the euro.

소식에 따라 트럼프 대통령이 1월 두 번째 임기를 시작한 이후 크게 하락했던 미국 달러는 엔화와 유로화 대비 다소 반등했습니다.

Despite warnings from economists on the deleterious effect *tariffs hikes would have on ordinary Americans*, Trump has forged ahead with his trade war.

경제 전문가들이 관세 인상이 일반 미국인에게 미칠 악영향에 대해 경고했음에도 불구하고 트럼프 대통령은 무역 전쟁을 강행했습니다.

- deleterious: 해로운, 유해한 → harmful, damaging, injurious, destructive, detrimental
- forge: 구축하다, 위조하다 * forge ahead (with something): 빠르게 나아가다, 빠른 진전을 보이다

Targeting rivals like China and allies alike, the tariffs have caused billions of dollars of losses to the US economy and sent stock markets tumbling.

미국 등 경쟁국과 동맹국 모두를 겨냥한 관세는 미국 경제에 수십억 달러의 손실을 초래했고 주식 시장은 폭락했습니다.

- tumble: ① 폭삭 무너지다, 크게 추락하다 → fall steeply or sharply, decline, crash, slide, slump, decrease, plummet, nosedive, take a dive, drop rapidly
  ② 폭락, 빠른 하락 → fall, drop, roll, trip, collapse, plunge, spill, toss, stumble, flop
  House prices have tumbled by almost 50% for three months. 주택 가격 3개월 동안 50% 하락

Following the tariff announcements, the Trump administration has sought to create new trade deals with its top partners, including the UK last week.

관세 발표 이후 트럼프 행정부는 지난주 영국을 포함한 주요 파트너국들과 새로운 무역 협정을 체결하기 위해 노력했습니다.

stunning 아주 아름다운, 멋진, 너무나 충격적인, 전혀 뜻밖의

Trump announces 100% tariffs on movies made overseas, surprising studios

트럼프, 해외 영화 100% 관세 발표…스튜디오들 충격

Looking to boost the production of Hollywood movies in the U.S., President Trump on Sunday announced a new 100% tariff applied on films produced overseas.

미국 내 할리우드 영화 제작 활성화를 위해 트럼프 대통령은 일요일 해외 제작 영화에 100% 관세를 부과한다고 발표했습니다.

But studio executives on Sunday were surprised by the announcement, saying they had no advance notice of the tariffs plan and didn't know the details of how it would be applied.

하지만 스튜디오 관계자들은 일요일 발표에 놀라움을 표하며, 관세 부과 계획에 대한 사전 통보도 받지 못했고 적용 방식도 자세히 알지 못했다고 밝혔습니다.

For more than two decades, major studios have shifted movie production to cheaper countries, including Canada, U.K., Bulgaria, New Zealand, Australia and other countries that offer generous tax benefits to build their local economies, luring films away from Hollywood.

20년 넘게 주요 스튜디오들은 캐나다, 영국, 불가리아, 뉴질랜드, 호주 등 지역 경제 활성화를 위해 관대한 세제 혜택을 제공하는 국가들로 영화 제작을 옮겨왔고, 이로 인해 할리우드 영화계는 큰 타격을 입었습니다.

Behind the stunning job losses in Hollywood: 'The audience has moved on' June 10, 2024. The migration of high-paying jobs has become a critical issue for Los Angeles, which has seen a dramatic loss in film production and jobs in recent years.

할리우드의 놀라운 일자리 감소 이면: '관객의 이동'
2024년 6월 10일, 최근 몇 년간 영화 제작과 일자리가 심하게 감소한 로스앤젤레스에서는 고소득 일자리의 이탈이 심각한 문제로 대두되었습니다.

- **stunning**: 아주 아름다운, 멋진, 너무나 충격적인, 전혀 뜻밖의
  → staggering(충격적인, 믿기 어려운), astounding, surprising, shocking, astonishing, startling, extraordinary, unexpected, sensational, astounding, jaw-dropping(입이 떡 벌어질 정도)
  The announcement was a stunning piece of news. 그 발표는 놀라운 소식이었습니다.

The industry hasn't fully recovered from shutdowns because of the COVID-19 pandemic, labor strikes and a retrenchment by legacy entertainment companies, many of which overspent to build streaming services to compete with Netflix. January's wildfires in the Pacific Palisades and Altadena dealt another blow.

코로나19 팬데믹, 파업, 그리고 넷플릭스와 경쟁하기 위해 스트리밍 서비스 구축에 과도한 투자를 한 기존 엔터테인먼트 기업들의 구조 조정으로 업계는 셧다운에서 완전히 회복되지 못했습니다. 1월에 발생한 퍼시픽 팰리세이즈와 알타데나 산불은 또 다른 타격을 입혔습니다.

- shutdown: (공장·사업체 등의) 폐쇄, 방송/방영 종료 → closedown, closing, closure
- retrenchment: 절감, 긴축 * a need for economic retrenchment: 경제적 긴축의 필요성
  → cutback, cuts, reduction, pruning, contraction, cost-cutting, rundown, curtailment
- wildfire: 들불, 산불 * run/spread like wildfire: 삽시간에 번져 나가다, 삽시간에 퍼지다
  The disease spread nationwide like wildfire. 그 질병은 전국적으로 급속히 퍼졌습니다.
- *deal a major blow to ~*: ~에 큰 타격을 주다 * *deal another blow*: 또 다른 타격을 주다
  The rumor over senator's tax evasion will no doubt deal him a blow in the coming election.
  상원의원의 탈세에 대한 소문은 의심할 여지 없이 다가올 선거에서 그에게 타격을 입힐 것입니다.
- *deal-breaker*: (정치·상업에서 일의) 성사 장애 요인, 관계 단절 요인
  ☞ a specific issue or thing that will cause an agreement, deal, hope or relationship to fail or be terminated.

The rebellion's insistence on maintaining a political presence was a deal-breaker for the truce negotiations between the two countries.
반군의 정치적 존재 유지 주장은 양국 간 휴전 협상의 걸림돌이었습니다.
It is desirable to eliminate a deal-breaker then and there, if you want to win the election.
선거에서 승리하고 싶다면 그 자리에서 즉시 방해 요소를 제거하는 것이 바람직하다.
☞ **then and there**: 즉시, 즉석에서, 그때 그 자리에서 → there and then, on the spot
She told me she never wanted to have kids, which is a deal-breaker for me, so I decided to end the relationship with her then and there. 그녀는 나에게 아이를 갖고 싶지 않다고 말하였으며, 이는 나에게 관계의 종결 사유였기 때문에, 그 자리에서 바로 관계를 끝내기로 하였다.

"I am authorizing the Department of Commerce, and the United States Trade Representative, to immediately begin the process of instituting a 100% Tariff on any and all Movies coming into our Country that are produced in Foreign Lands," Trump said late Sunday in a post on his Truth Social platform. "WE WANT MOVIES MADE IN AMERICA, AGAIN!"

트럼프 대통령은 일요일 늦게 자신의 트루스 소셜 플랫폼에 올린 글에서 "상무부와 미국 무역대표부(USTR)가 외국에서 제작되어 미국으로 들어오는 모든 영화에 100% 관세를 부과하는 절차를 즉시 시작하도록 승인합니다."라고 밝혔습니다. "우리는 다시 한번 미국에서 제작된 영화를 원합니다!"

- institute: 기관, 협회, (제도·정책 등을) 도입하다, (절차를) 시작하다
  * institute wage and price controls — 임금 및 가격 통제를 시행하다
  * institute a search for the missing children — 실종 아동 수색을 실시하다

The proposal is the latest in a series of tariffs that Trump has imposed on trading partners worldwide, causing turmoil in global markets.

이번 제안은 트럼프 대통령이 전 세계 무역 상대국에 부과한 일련의 관세 중 가장 최근의 것으로, 세계 시장에 혼란을 야기했습니다.

sweatshop 노동력 착취의 현장, 열악한 환경의 저임금 작업장

The Chinese Communist Party is attacking Americans with AI-generated videos *depicting* them *as* overweight slobs working in sweatshops in the wake of President Donald Trump introducing tariffs on China.

중국 공산당은 도널드 트럼프 대통령이 중국에 관세를 부과한 이후 미국인들을 과체중 덩어리로 묘사한 AI 제작 동영상으로 미국을 공격하고 있습니다.

- slob: (지저분한) 게으름뱅이
- in the wake of: 의 뒤를 쫓아, ~에 뒤에, ~의 결과로서

In a desperate attempt to attack the United States, China appeared to inadvertently admit *it forces its own people to* slave away in sweatshops — where workers make low wages for long hours under poor conditions — by sharing AI-generated videos depicting Americans working in those conditions.

미국을 공격하기 위한 필사적인 시도로, 중국은 열악한 환경에서 장시간 저임금으로 일하는 미국인들의 모습을 담은 AI 제작 동영상을 공유함으로써 자국민을 노예로 부려 먹는다는 사실을 실수로 인정하는 것처럼 보였습니다.

- taunt: 놀리다, 비웃다, 조롱하다 → jeer, mock, tease, ridicule, provoke, insult, torment, sneer, deride, revile, twit
- inadvertently: 무심코, 우연히, 부주의로 → unknowingly, unwittingly, unintentionally, accidentally, by accident, mistakenly, by mistake, unwittingly, involuntarily
- slave away: 노예처럼 일하다, ~을 위해 뼈빠지게 일하다

The videos show AI-generated Americans — who the Chinese fantasize about being all overweight — making products like Nike shoes while they drink soda and eat potato chips.

이 동영상에는 중국인들이 과체중이라고 상상하는 AI가 만든 미국인들이 탄산음료를 마시고 감자 칩을 먹으면서 나이키 신발 같은 제품을 만드는 장면이 담겨 있습니다.

- fantasize: 공상하다, 환상을 갖다 → conceive, envisage, envision, fancy, image, imagine

sweeping 전면적인, (지나치게) 광범위한, 포괄적인. 파죽지세의

Many Americans might not have felt major effects from President Donald Trump's sweeping tariffs — until now.

많은 미국인이 도널드 트럼프 대통령의 광범위한 관세 부과로 인한 큰 영향을 지금까지는 느끼지 못했을지도 모릅니다.

- sweeping tariff: 전면 관세

That's because a major shipping loophole expired at one minute past midnight on Friday. The de minimis exemption, as it's known, allowed shipments of goods worth $800 or less to come into the United States duty-free, often more or less skipping time-consuming inspections and paperwork.

금요일 자정 1분 만에 주요 운송 허점이 만료되었기 때문입니다. 이른바 '최소 관세 면제'로 불리는 이 조항은 800달러 이하의 상품은 미국에 면세로 입국할 수 있도록 허용했으며, 시간이 많이 소요되는 검사와 서류 작업을 거의 건너뛸 수 있었습니다.

- **loophole**: (법률 · 계약서 등의 허술한) 구멍, 빠져나갈 구멍 → let-out, escape, excuse, plea, avoidance, evasion, pretence, pretext, subterfuge
  He exploited some loophole in the law to avoid prosecution.
  기소를 피하려고 법의 허점을 이용하였다.
- **de minimis**: (외교 통상) 최소 허용 보조, 무시 가능한 * minimus: 최소의 것, 가장 하찮은 것
  * de minimis shipment: 소액 배송 (미국에서 일인당 하루 800달러 이하의 물품을 무관세로 통관하여 배송하는 것) * de minimus risk: 무시 가능한 위험
  * de minimis non curat lex: 외교통상 법률은 사소한 사항에 대해 관여치 않는다는 원칙
- time-consuming: (많은) 시간이 걸리는
  ☞ asking up or involving a great deal of time

The loophole helped reshape the way countless Americans shop, allowing ultra-low-cost Chinese e-commerce sites like Shein, Temu and AliExpress to pour everything from yarn to patio furniture, clothes to photography equipment and more into US homes.

이 허점은 수많은 미국인의 쇼핑 방식을 변화시켰고, Shein, Temu, Ali Express와 같은 초저가 중국 전자 상거래 사이트들이 실부터 파티오 가구, 의류, 사진 장비 등 온갖 물건을 미국 가정에 들여올 수 있게 했습니다.

- ultra-low-cost: 초저비용, 아주 낮은 비용 * ultra-high-tax: 초고율세금, 아주 높은 세금
- patio: 파티오(집 뒤쪽 테라스)

Its impending end has rung alarm bells across social media, with a baseline tariff as high as 145% depending on the carrier set to take effect on Chinese imports, potentially more than doubling the cost for all those cheap products *deal-hungry Americans scooped up.*

허점이 곧 보완될 것이라는 소식은 소셜 미디어 전반에 경고음을 울렸습니다. 운송업체에 따라 중국 수입품에 최대 145%에 달하는 기본 관세가 부과될 예정이어서, 싼 물품에 열광하는 미국인들이 구매하는 모든 제품의 가격이 두 배 이상 오를 가능성이 있습니다.

- **impending**: 곧 닥칠, 임박한 → imminent, hovering, upcoming, looming, coming, near, nearing, approaching, threatening, forthcoming, brewing, on the horizon, in the pipeline
  * impending retirment/doom/end/marriage: 임박한 사퇴/종말/종결/결혼
- ring alarm bell: 경보음을 울리다, 경종을 울리다 → tocsin, warning signal, alert
- baseline: (야구·테니스의) 베이스라인, (비교의) 기준치, 기준점
- **deal-hungry**: 거래에 굶주린, 거래를 갈망하는
  ☞ 어떤 조건이나 거래 성사에 대한 강한 욕구나 집착을 의미한다. 비즈니스나 협상 상황에서 자주 사용되며, 자신이 원하는 거래를 성사시키기 위해 적극적으로 노력하거나 때로는 무리한 요구를 하는 사람 또는 상황을 묘사한다.
  His deal-hungry approach made the acquisition difficult.
  그가 거래를 갈망하는 느낌을 풍겨, 기업 인수를 어렵게 하였다. (☞ 상대방에게 패를 읽히면 유리한 조건의 거래는 어려움)
- scoop up: 퍼 담다, 주워 담다

And the end of the de minimis exemption for Chinese goods will also *distill* abstract, complicated, messy, hard-to-follow trade policy *into* something much easier to understand: a receipt.

중국산 제품에 대한 최소 요건 면제가 종료됨에 따라 추상적이고 복잡하며 난잡하고 준수하기 어려운 무역 정책이 훨씬 이해하기 쉬운 방식, 즉 영수증 기준으로 바람직하게 될 것입니다.

- hard to follow: 따르기 어려운
- *distill*: 증류하다, 증류하여 ~으로 만들다, (불순물을) 제거하다 → make pure, purify, sublimate

---

Major carriers like UPS, FedEx, DHL and the United States Postal Service say they're prepared for the changes. The government says it, too, is set; a US Customs and Border Protection spokesperson told CNN that "We are prepared and equipped to carry out enhanced package screenings and enforce orders effectively."

UPS, FedEx, DHL, 그리고 미국 우정국(USPS)과 같은 주요 운송업체들은 이러한 변화에 대비하고 있다고 밝혔습니다. 정부 또한 준비되어 있다고 밝혔습니다. 미국 세관국경보호국(CBP) 대변인은 CNN과의 인터뷰에서 "우리는 강화된 소포 검사를 시행하고 효과적으로 명령을 집행할 준비가 되어 있으며, 관련 장비도 갖추고 있습니다."라고 밝혔습니다.

tariff war 관세 전쟁

The market is discounting a potentially long drawn out tariff war. What if this leads to better trade terms for the U.S. throughout the world at a time when the market has corrected and the Fed starts easing?

시장은 장기화할 수 있는 관세 전쟁 가능성을 미리 반영하고 있다. 그런데 만약 시장이 조정을 마치고 연준이 완화 정책에 들어가는 시점에, 이 관세 전쟁이 미국에 더 유리한 글로벌 무역 조건으로 이어진다면 어떻게 될까?

- at a time when ~: ~하는 때에, ~하는 시간에
  ☞ Can you describe a time when your business encountered a big obstacle?
  귀하의 사업이 큰 난관에 부딪혔던 적이 있습니까?
- ease: 덜어주다, 덜해지다, 완화하다, 쉬움, 용이성, 편의성

upheaval 격변, 대변동

Trump threatens tariffs on Apple, European Union in trade war escalation

트럼프, 애플과 유럽연합에 대한 관세 위협으로 무역 전쟁이 격화되고 있습니다.

Stock markets declined after the president's early-morning threats of 25 percent import taxes on iPhones and 50 percent on goods from Europe.

트럼프 대통령이 이른 아침 아이폰에 25%, 유럽산 제품에 50%의 수입세를 부과하겠다고 위협한 후 주식 시장은 하락했습니다

President Donald Trump threatened Friday to impose steep new tariffs on the Apple iPhone and all goods from the European Union, *in a move that* could put additional pressure on consumer prices and trigger new financial market upheaval if he carries it out.

도널드 트럼프 대통령은 금요일 애플 아이폰과 유럽연합의 모든 상품에 대해 가파른 새 관세를 부과하겠다고 위협했으며, 이를 실행할 때 소비자 물가에 추가적인 압력을 가하고 새로운 금융 시장 격변을 촉발할 수 있습니다.

- move: 행동, 조처, 동작, 운동
  What's the next move? 다음 조처는?
- **upheaval**: 격변, 대변동 → turbulence, turmoil, cataclysm, convulsion, revolution
  Sturm und Drang(☞ 질풍노도: 18세기 말 독일 낭만주의 문학 운동)

Before 8 a.m. in Washington, the president fired off a pair of social media posts *criticizing* Tim Cook, Apple's chief executive, and European trade practices. Trump said if Apple refused to shift iPhone production from India and other nations to the United States, "a tariff of at least 25% must be paid by Apple to the U.S."

워싱턴에서 오전 8시 이전에 트럼프 대통령은 애플의 최고 경영자인 팀 쿡과 유럽의 무역 관행을 비판하는 두 개의 소셜 미디어 게시물을 올렸습니다. 트럼프는 애플이 아이폰 생산을 인도와 다른 국가에서 미국으로 이전하는 것을 거부하면 "애플이 최소 25%의 관세를 미국에 내야 한다"라고 말했습니다.

▶ fire off: ~을 발사하다, (화가 나서 말·글을) 급히 하다/쓰다

He also criticized European diplomats as being "very difficult to deal with" and said trade talks were "going nowhere!"

그는 또한 유럽 외교관들이 "매우 다루기 어렵다"라고 비판하고 무역 협상이 "진전이 없다!"라고 말했습니다.

▶ *go nowhere*: 성공하지 못하다, 아무 성과를 못보다 → *get nowhere*

As a result, Trump said he was "recommending a straight 50% tariff on the European Union, starting on June 1." Speaking to reporters in the Oval Office later in the day, he said the new smartphone taxes would take effect at the end of June and would apply to Samsung and other companies, as well as Apple.

그 결과 트럼프는 "6월 1일부터 유럽연합에 대해 50%의 관세를 부과할 것을 권고한다"라고 말했습니다. 그는 이날 오후 집무실에서 기자들과 만나 새로운 스마트폰 세금이 6월 말부터 시행될 것이며 삼성과 다른 기업들뿐만 아니라 애플에도 적용될 것이라고 말했습니다.

After several weeks of relative calm on the trade front, Trump's social media outburst risked *sending* financial markets *into* a renewed decline. But Wall Street *took* the news *in stride*, with the S&P 500 index closing down less than 1 percent, as analysts from Barclays Bank and Capital Economics suggested the latest tariff threats were just a negotiating tactic.

몇 주 동안 비교적 평온했던 무역 전선에서 트럼프의 소셜 미디어 폭발로 인해 금융 시장이 다시 하락할 위험이 있었습니다. 하지만 Barclays Bank와 Capital Economics의 애널리스트들이 최근의 관세 위협이 협상 전술일 뿐이라는 의견을 제시하면서 S&P500 지수는 1% 미만의 하락세로 마감하는 등 월가는 이 소식을 태연하게 받아들였습니다.

- outburst: (감정의) 폭발, 분출, (특정 활동·태도의) 급격한 증가 → ebullition, effusion, gush, blowup, flare-up, burst, eruption, outpouring, paroxysn
  * an outburst of anger/rage/tears: 분노/격노/눈물의 폭발
- risk: 위험에 내맡기다, 위태롭게 하다, 위험을 무릅쓰고 하다, 감행하다
  ☞ to venture upon, take the chance of, take a risk, run a risk
  He risked his life to save his wife from fire. 아내를 화재에서 구하기 위해 목숨을 걸었습니다.
  He risked investing in a venture company. 벤처 기업에 투자하는 위험을 감수하였다.
- stride: 성큼성큼 걷다, (발)걸음, 걸음걸이 * strides: 진보, 발달
  ☞ take~ in (one's) stride, deal or cope with~ easily, think nothing of~: 쉽게 해내다, 냉철하게 대처하다, 무난히 해결하다
  She took the driving test in stride. 운전 시험을 무사히 치렀다
  * not bat an eyelid/eyelash: 눈도 깜작하지 않다, not be fazed by~: ~에 대해 당황하지 않다
  She didn't bat an eyelid when they told her she'd be fired. She just calmly walked out.
  I was much struck by how she took the unexpected dismissal in her stride.
  해고될 거라는 말을 들었을 때 그녀는 눈 하나 깜빡이지 않았습니다. 그냥 침착하게 걸어 나갔습니다.
  그녀가 예상치 못한 해고를 어떻게 아무렇지도 않게 받아들이는지 정말 놀라웠습니다.
  ☞ make great/rapid/big/tremendous strides: 장족의 진보/발전을 하다
  He's making great strides in his guitar-playing. 기타 연주 실력이 크게 향상되고 있습니다.

NEWS war-torn 전쟁에 짓밟힌, 전쟁으로 피폐해진

No more US sanctions: What does Syria's future look like?

더 이상 미국의 제재는 없습니다: 시리아의 미래는 어떻게 될까요?

- war-torn: 전쟁에 짓밟힌, 전쟁으로 피폐해진 → war-worn

US President Donald Trump's decision to lift sanctions on Syria could stabilize Syria on many levels. But there are still a lot of unanswered questions.

도널드 트럼프 미국 대통령의 시리아 제재 해제 결정으로 시리아는 여러 측면에서 안정될 수 있습니다. 하지만 아직 해결되지 않은 의문점이 많이 남아 있습니다.

- **unanswered**: 해답이 나오지 않은, 답장을 못 쓴, 답을 못한, 미해결의 → unresolved, open, unsettled, undecided, disputed, in doubt, vexed, up in the air, unreciprocated, unrequited
  Some of the most important questions remain unanswered.
  가장 중요한 질문 중 일부는 아직 답이 나오지 않은 상태입니다.
  * unanswered/unrequited love: 짝사랑
  ☞ one-sided love라고 하기도 한다. one-sided는 일방적인, 한쪽에 치우친 등의 의미로 자주 사용된다. one-sided view (편견), one-sided game(일방적인 게임), one-sided judgement(편파 판결)

The end of the US sanctions on Syria were widely celebrated but details and any conditions for their removal are unknown.

시리아에 대한 미국의 제재 해제는 널리 환영받았지만, 제재 해제의 세부 사항과 조건은 알려지지 않았습니다.

This week, Syrians, full of hope and joy, once more took to the streets across the country to celebrate. Following the announcement by US President Donald Trump that he wanted to completely lift crippling sanctions on the country after 45 years of international isolation, the future of the war-torn country appears much brighter.

이번 주, 희망과 기쁨으로 가득 찬 시리아인들은 다시 한번 시리아 전역의 거리로 나와 이를 축하했습니다. 도널드 트럼프 미국 대통령이 45년간의 국제적 고립 끝에 시리아에 대한 제재를 완전히 해제하겠다고 발표하면서 전쟁으로 폐허가 된 시리아의 미래는 훨씬 더 밝아 보입니다.

- cripple: 불구자, 불구로 만들다, 심각한 손상을 주다, 제 기능을 못 하게 만들다 → incapacitate, immobilize, paralyze, prostrate, disable, lame, debilitate, mutilate, maim, enfeeble, weaken
  The typhoon crippled the air service. 태풍으로 항공 서비스가 마비되었다.

* crippling: 주체할 수 없는, 큰 타격을 주는, 큰 손해를 끼치는 → disabling, incapacitating
* crippling debts: 주체할 수 없는 부채 crippling injury: 심각한 부상

"It's their time to shine. We're taking them all off," Trump announced in Saudi Arabia on Tuesday during his three-day visit to several Gulf states. "Good luck Syria, show us something very special."

"이제 그들이 빛날 때입니다. 우리는 모든 제재를 해제할 것입니다."라고 트럼프는 화요일 걸프만 여러 국가를 방문하는 사흘간의 일정 중 사우디아라비아에서 발표했습니다. "행운을 빌어 시리아, 우리에게 아주 특별한 것을 보여줘라."

- take~ off: 옷을 벗기다, 해제하다, 중단하다

Syria's Foreign Ministry called the announcement a "pivotal turning point" and a "vital opportunity for Syria to pursue stability, self-sufficiency and meaningful national reconstruction, led by and for the Syrian people."

시리아 외무부는 이번 발표를 '중요한 전환점'이자 '시리아가 시리아 국민에 의해 그리고 시리아 국민을 위해 안정, 자급자족, 의미 있는 국가 재건을 추구할 중요한 기회'라고 평가했습니다.

- **pivotal**: 중심(축)이 되는 → crucial, central, determining, vital, critical, decisive, focal
  * a decision that was pivotal to our success. 성공에 결정적인 역할을 한 결정
- pivot: 중심점, 중심축, (축을 중심으로) 회전하다, 달려있다, 의존하다
  * **pivot/hinge/depend/rely/hang on ~**: ~에 달려 있다
  The success of our business pivots on his investment. 사업의 성공은 그의 투자에 달려 있다.

최신 시사뉴스
영어 표현집

CONTENTS

Chapter Ⅲ

전 쟁

최신 시사 뉴스 영어 표현집

a flurry of diplomacy 외교의 혼란/폭풍/소용돌이

Trump, Putin to talk as Ukraine, Europe push for immediate ceasefire

트럼프-푸틴, 우크라이나-유럽, 즉각 휴전 추진에 회담 예정

European leaders spoke with Trump on Sunday to urge him to take a tough line and pressure Putin to agree to a 30-day ceasefire in Ukraine.

유럽 지도자들은 일요일 트럼프 대통령과 회담을 하고 푸틴 대통령이 우크라이나에서 30일간의 휴전에 동의하도록 압박하고 강경한 견해를 밝힐 것을 촉구했습니다.

- take a tough line: 강경한 입장/태도/노선을 취하다

Ahead of a highly anticipated Monday phone call between President Donald Trump and Russian President Vladimir Putin to discuss ending the war, Russia bombarded Ukraine with nearly 400 drones over the weekend, in what many say is a sign of Russia's hard-line approach.

도널드 트럼프 미국 대통령과 블라디미르 푸틴 러시아 대통령이 전쟁 종식 방안을 논의하기 위해 월요일로 예정된 전화 회담을 앞두고, 러시아는 주말 동안 우크라이나에 무려 400대의 드론을 우크라이나에 쏟아 부었다. 이 상황이 러시아의 강경 노선을 보여주는 신호라고 분석하는 사람들이 많다.

Monday's planned conversation follows a flurry of diplomacy over the weekend, as Ukrainian and European officials sought to *convince* the Trump administration *of* the need for an immediate, unconditional ceasefire and to ramp up pressure on Russia to take serious steps toward peace.

월요일 예정된 회담은 주말 동안 우크라이나와 유럽 관계자들이 트럼프 행정부에 즉각적이고 조건 없는 휴전의 필요성을 이해시키고 러시아가 평화를 향한 진지한 조처를 하도록 압력을 강화하는 등 외교적 공방이 이어진 데 따른 것입니다.

- **flurry**: ① (잠시 한바탕 벌어지는) 소동, 부산, 휑하니 움직임 → commotion, stir, bustle, flutter, to-do, excitement, hurry, fuss, disturbance, flap, whirl, furore, ferment, agitation, fluster, ado, tumult, burst, spell, bout, outbreak, spurt
  * a flurry of diplomacy: 외교의 혼란, 외교의 소용돌이 * in a flurry: 허겁지겁, 허둥지둥
  There was a flurry of excitement. 흥분의 소용돌이가 일었습니다.
  ② 한차례 흩뿌리는 눈/비 등 → gust, shower, gale, swirl, squall, storm
  A flurry of snowflakes was scudding by the bus window. 눈송이가 버스 창문으로 흩날리고 있었다.
- **unconditional**: 무조건의, 조건 없는 * unconditionally: 무조건적으로, 절대적으로
  → absolute, full, complete, total, positive, entire, utter, explicit, outright, unlimited, downright, unqualified, unrestricted, out-and-out, plenary, categorical, unreserved
  The new president made an unconditional surrender. 새 대통령은 무조건 항복했습니다.
- **ramp up**: ~을 늘리다, 증가시키다, 강화하다 → bolster, strengthen, increase, progress, build, build up, make bigger or more, work up * ramp up courage/confidence: 용기/자신감을 키우다
  * ramp up security in the airports: 공항 보안을 강화하다

Trump has framed the peace agreement as a negotiation primarily between Moscow and Washington, raising concerns that the two leaders could agree on a deal that suits Russia but fails to protect Ukrainian security and independence, setting the scene for a future Russian invasion.

트럼프 대통령은 평화 협정을 주로 모스크바와 워싱턴 간의 협상으로 규정하며, 두 정상이 러시아에 유리한 합의에 도달할 수 있지만, 우크라이나의 안보와 독립을 보장하지 못하면 향후 러시아의 침공으로 이어질 수 있다는 우려를 제기했습니다.

- **set the scene for ~**: ~을 위한 분위기/상황을 조성해 주다, 배경지식을 제공하다

On Friday, Russia and Ukraine held their first direct talks since the early weeks of the war, but aside from a prisoner swap, they agreed only to continue negotiating over a possible ceasefire. Trump endorsed the talks but then diminished their importance before they began, declaring that nothing would be resolved until he and Putin spoke directly.

금요일, 러시아와 우크라이나는 전쟁 초기 이후 처음으로 직접 회담을 했습니다. 하지만 포로 교환을 제외하고는 휴전 가능성에 대한 협상만 계속하기로 합의했습니다. 트럼프 대통령은 회담

을 지지했지만, 회담 시작 전에는 중요성을 축소하며 푸틴 대통령과 직접 대화하기 전까지는 아무것도 해결되지 않을 것이라고 선언했습니다.

- prisoner swap: 포로 교환
- endorse: (공개적으로) 지지하다, 보증하다, 홍보하다, (수표에) 배서하다, 이서하다
- diminish: 줄어들다, 약해지다, 줄이다, 약화하다, (중요성을) 깎아내리다, 폄하하다(→ belittle)

air strike 공습, 군용기로 특정한 목표 공격

Massive Gaza on slaughter as Israel warns air strikes are "just the beginning"

이스라엘이 공습은 "(이제) 시작일 뿐"이라고 경고하면서 대규모 학살이 벌어지고 있습니다.

- massive: 거대한, 엄청나게 큰 * massive clear-up operation: 대대적인 청산 작전
- slaughter: 대학살 → massacre, carnage
- beginning: 시작, 출발, 발단, 기원 → start, opening, chance, source, opportunity, birth, origin, introduction, outset, starting point, onset, overture, initiation, inauguration, inception, commencement, opening move * the beginning of the end: 종말의 시작
  What was the beginning of the dispute/quarrel/war? 논쟁/싸움/전쟁의 발단은?

More than 400 Palestinians, many of them children, were killed as Israel resumed the full-fledged bombing of Gaza, *plunging* the Strip *into* uncertainty and *shattering a fragile ceasefire with Hamas* that Israel had routinely violated over several weeks.

이스라엘이 가자지구에 대한 전면적인 폭격을 재개하면서 400명 이상의 팔레스타인인, 그중 상당수가 어린이들이 사망했으며, 가자지구는 불확실성에 빠졌고 이스라엘이 몇 주 동안 일상적으로 위반했던 하마스와의 취약한 휴전 협정은 깨졌습니다.

- plunge: ~에 뛰어들다, 던져 넣다, 떨어지다, 돌입, 하락, 투기
  * take the plunge: 과감히 뛰어들다, 큰 도전을 하다, 위험을 감수하다, 모험하다

- shatter: 산산이 부서지다/부수다, 산산조각 나다/내다, 엄청난 충격을 주다
  → smash, break, burst, split, crack, crush, explode, demolish, shiver, implode, pulverize, destroy, ruin, wreck, blast, disable, overturn, demolish, impair, blight, torpedo, crush to smithereens
  * smithereens (smithers): pl. 산산조각, 작은 파편
  Auto glass won't shatter even if it's broken. 자동차 유리는 깨져도 산산조각이 되지 않는다.
  Business failure shattered her confidence. 사업 실패로 그녀의 자신감이 산산조각났다.

Netanyahu said the strikes were "just the beginning" and that Israel would pursue its goals of destroying Hamas and rescuing all of the remaining captives still held in Gaza.

네타냐후는 이번 공습은 "시작에 불과하다"라며 이스라엘은 하마스를 파괴하고 가자지구에 남아 있는 모든 포로를 구출하겠다는 목표를 추구할 것이라고 말했습니다.

Protesters across Israel *accused* Netanyahu *of* sacrificing the remaining captives by resuming the war rather than advancing to the second stage of negotiations with Hamas.

이스라엘 전역의 시위대는 네타냐후가 하마스와 협상의 2단계로 나아가지 않고 전쟁을 재개함으로써 남은 포로들을 희생시켰다고 비난했습니다.

- protester: 시위자, 항의자 → protestor, demonstrator
- captive: 사로잡힌, 억류된, 달리 어쩔 도리가 없는, 그 자리를 뜰 수가 없는, 포로

at the expense of ~ ~을 희생하면서, ~의 희생으로

Macron open to deploying French nuclear weapons in Europe

마크롱, 유럽에 프랑스 핵무기 배치 가능성 열어

French President Emmanuel Macron stressed that any shared nuclear deterrence would not come at the expense of France's own defense capabilities.

에마뉘엘 마크롱 프랑스 대통령은 공동 핵 억지력이 프랑스 자체의 방어 능력을 희생시키지 않을 것이라고 강조했습니다.

- deterrence: 제지, 저지, 전쟁 억제(력) * nuclear deterrence: 핵 억지력
  ☞ 핵 억지력은 핵무기 보유를 통해 상대방의 핵 공격을 억제하는 전략적 개념으로, 핵무기 자체 또는 핵무기 사용 위협을 통해 적의 도발을 방지하는 것을 목표로 한다.
- **at the expense/cost of, at one's expense/cost**: ~희생하면서, ~의 희생으로
  He took a job at SH company at the expense of a bigger income.
  그는 더 큰 수입을 희생하고 SH 회사에서 일자리를 얻었습니다.

France is the only nuclear power in the EU, and the fourth-largest in the world in terms of its nuclear arsenal.

프랑스는 EU 내 유일한 핵 보유국이며, 핵무기 보유 규모는 세계 4위입니다.

- nuclear arsenal: 핵무기, 핵병기 저장량 * arsenal: 무기, 무기 공장, 무기고

French President Emmanuel Macron said on Tuesday that he was open to discussing the potential deployment of his country's nuclear weapons elsewhere in Europe.

에마뉘엘 마크롱 프랑스 대통령은 화요일, 유럽 다른 지역에 자국 핵무기를 배치하는 방안을 논의할 의향이 있다고 밝혔습니다.

The comments came in an interview with French broadcaster TF1 on Tuesday evening.

이는 화요일 저녁 프랑스 방송 TF1과의 인터뷰에서 나온 것입니다.

Macron noted that the United States already stations nuclear-armed aircraft in Europe.

마크롱 대통령은 미국이 이미 유럽에 핵무장 항공기를 배치하고 있다고 언급했습니다.

- station: (군인을) 배치하다, 주둔시키다, (무엇을 기다리기 위해 어느 곳에) 가 있다, 보내다

"The Americans have the bombs on planes in Belgium, Germany, Italy, Turkey," Macron said. "We are ready to open this discussion."

"미국은 벨기에, 독일, 이탈리아, 터키의 항공기에 핵무기를 배치했습니다."라고 마크롱 대통령은 말했습니다. "우리는 이 논의를 시작할 준비가 되어 있습니다."

"I will define the framework in a very specific way in the weeks and months to come." he said.

"앞으로 몇 주, 몇 달 안에 구체적인 틀을 정할 것입니다."라고 그는 말했습니다.

- **in a specific way**: 특정한 방식으로, 명확히, 분명히 → specifically, precisely, exactly, explicitly, unambiguously, unequivocally

---

Macron lists conditions for sharing France's nuclear umbrella
In the interview, Macron made clear that any expansion of France's nuclear deterrence to other European countries would be subject to conditions.

마크롱 대통령은 프랑스의 핵무장 공유에 대한 조건을 제시
마크롱 대통령은 인터뷰에서 프랑스의 핵 억지력을 다른 유럽 국가로 확대하는 데는 조건이 따를 것이라고 분명히 했습니다.

France, the European Union's only nuclear power, wouldn't pay for the security of others, and its own defense capabilities must remain fully intact, he stressed.

유럽연합의 유일한 핵 보유국인 프랑스는 다른 국가들의 안보에 비용을 내지 않을 것이며, 자국의 방위 능력은 온전히 유지되어야 한다고 강조했습니다.

- intact: (하나도 손상되지 않고) 온전한, 전혀 다치지 않은 → undamaged, complete, unviolated, sound, perfect, entire, virgin, untouched, unscathed, unbroken, flawless, unhurt, faultless, unharmed, uninjured, unimpaired, undefiled, all in one piece, together, scatheless, whole
  Even after the typhoon, most of the houses was left intact.
  태풍이 지나간 뒤에도 대부분의 집은 손상되지 않고 그대로 남아 있었습니다.

Ultimate control over the use of the weapons would also remain solely with the French president, Macron said.

마크롱 대통령은 또한 무기 사용에 대한 최종 통제권은 전적으로 프랑스 대통령에게 있다고 덧붙였습니다.

- solely: 오로지, 단지, 단독으로
  → only, completely, entirely, exclusively, alone, singly, merely, single-handedly

---

France held around 280 nuclear warheads in 2024, according to figures from the Stockholm International Peace Research Institute.

스톡홀름 국제 평화 연구소의 통계에 따르면, 프랑스는 2024년 기준 약 280개의 핵탄두를 보유하고 있습니다.

- warhead: 탄두 * nuclear warhead: 핵탄두

Its military has the power to launch these independently from its own submarines or use jets to drop them from the sky.

프랑스군은 자국 잠수함에서 핵탄두를 독립적으로 발사하거나 제트기를 이용하여 하늘에서 투하하는 힘을 보유하고 있습니다.

Britain also has nuclear weapons, some 225 of which are stockpiled. But the country's Trident nuclear submarine program is closely linked to the US system and relies on the US for maintenance.

영국 또한 핵무기를 보유하고 있으며, 그중 약 225개가 비축되어 있습니다. 그러나 영국의 트라이던트 핵잠수함 프로그램은 미국의 시스템과 긴밀히 연계되어 있으며, 유지 보수를 위해 미국에 의존하고 있습니다.

- **stockpile**: ① (많은) 비축량 → backlog, cache, hoard, inventory, nest egg, reserve, reservoir, stock, store, treasure
  ② (대량으로) 비축하다: store up, hoard, put away, save, collect, gather, accumulate, garner, amass, buy up, cache, lay up, put by, stash away
  People are stockpiling food for the coming earthquake.
  사람들은 다가오는 지진에 대비해 식량을 비축하고 있습니다.

This raises "concerns about [Trident's] independence," according to UK think tank Chatham House. UK's military power makes it an important partner for Europe

영국 싱크탱크 채텀 하우스는 이러한 점이 '[트라이던트의] 독립성에 대한 우려'를 불러일으킨다고 지적했습니다. 영국의 군사력은 유럽의 중요한 파트너가 되게 합니다.

- trident: 삼지창, 세 개의 이빨, 세 갈래의. 세 개로 갈라진
  ☞ 트라이던트 미사일 (Trident missile)은 미국 록히드사가 개발한 잠수함 발사 탄도 미사일 (SLBM)이다. 미국 해군에서는 함대 탄도 미사일(FBM: Fleet Ballistic Missile)이라고도 불린다. 사양이 다른 트라이던트 I과 II가 있다.

backfire 역효과를 낳다, 폭발음을 내다, 역풍

Ex-US president Obama warns Israel's actions may backfire

오바마 전 미국 대통령, 이스라엘의 행동이 역효과 낼 수 있다고 경고

- **backfire**: 역효과를 낳다, 폭발음을 내다, 역화, 역풍, 반발 → backlash, headwind

---

Some of Israel's actions in its war against Hamas, like cutting off food and water for Gaza, could "harden Palestinian attitudes for generations" and weaken international support for Israel, former US President Barack Obama said on Monday.

버락 오바마 전 미국 대통령은 월요일, 하마스와의 전쟁에서 이스라엘이 가자지구 식량과 물 공급을 차단하는 등 일부 조치를 한 것은 '팔레스타인인들의 태도를 여러 세대에 걸쳐 경직시키고' 이스라엘에 대한 국제 사회의 지지를 약화할 수 있다고 경고했습니다.

- **cut off**: 중단/차단/절단/분리하다 * **cutoff**: 중단, 차단, 절단, 마감 기한, 결산일
- harden: 굳다, 경화되다, 굳히다, 경화시키다, 단호/확고해지다, 단호/확고하게 만들다
- for generations: 몇 대에 걸쳐서

In rare comments on an active foreign policy crisis, Obama said any Israeli military strategy that ignores the human costs of the war "could ultimately backfire."

현행 외교 정책의 위기에 대해 이례적으로 언급하며, 오바마 대통령은 전쟁의 인적 비용을 무시하는 이스라엘의 군사 전략은 "궁극적으로 역효과를 낼 수 있다"라고 경고했습니다.

"The Israeli government's decision to cut off food, water and electricity to a captive civilian population (in Gaza) threatens not only to worsen a growing humanitarian crisis; it could further harden Palestinian attitudes for generations, erode global support for Israel, play into the hands of Israel's enemies, and undermine long-term efforts to achieve peace and stability in the region," Obama said.

오바마 대통령은 "이스라엘 정부가 (가자지구에서) 포로로 잡힌 민간인들에게 식량, 물, 전기 공급을 차단하기로 한 결정은 심화하는 인도적 위기를 악화시킬 뿐만 아니라 팔레스타인인들의 태도를 여러 세대에 걸쳐 경직시키고, 이스라엘에 대한 국제 사회의 지지를 약화하며, 이스라엘 적들의 손에 놀아나고, 이 지역의 평화와 안정을 위한 장기적인 노력을 저해할 수 있다"라고 말했습니다.

erode: 침식/풍화시키다, 침식/풍화되다, 약화하다, 무너뜨리다, 약화되다, 무너지다
→ disintegrate, crumble, deteriorate, corrode, break up, grind down, waste away, wear down, destroy, consume, spoil, crumble, eat away, corrode, grind down, abrade, weaken, destroy, undermine, diminish, impair, lessen
☞ Several beaches had all but totally eroded. Once exposed, soil is quickly eroded by wind and rain. His fumbling of the issue of rapidly worsening beaches has eroded his authority.
몇몇 해변은 거의 완전히 침식되었습니다. 일단 노출된 토양은 바람과 비에 의해 빠르게 침식됩니다. 급격히 악화되는 해변 사안에 대한 그의 미숙한 대응으로 그의 권위는 약화되었습니다.
* fumble an attempt: 어설프게 시도하다 fumble an announcement: 더듬거리며 발표하다
I'd hate to fumble a chance like this. 이런 기회를 놓치면 정말 아쉽겠어요.

Israel has heavily bombarded Gaza with air strikes since Hamas' Oct. 7 assault on Israel left over 1,400 people dead. Israel's air strikes have killed more than 5,000 Palestinians, Gaza officials say.

이스라엘은 10월 7일 하마스의 이스라엘 공격으로 1,400명 이상이 사망한 이후 가자지구에 대해 집중적으로 공습했습니다. 가자지구 관리들은 이스라엘의 공습으로 5,000명 이상의 팔레스타인인이 사망하였다고 밝혔습니다.

bombard: (폭격·공격을) 퍼붓다, (질문·비난을) 퍼붓다, 쏟아 붓다 * bombardment: 포격, 폭격
He was bombarded with questions at press conference. 기자회견에서 수많은 질문을 받았다.
* bombard ~ with air strikes: 공습하다 * air strike: 공습

blitzkrieg 기습 공격, 급습, 전격전

Hamas blitzkrieg: A thunderbolt that shook every piece on the chessboard.

하마스 급습: 체스판의 모든 말을 뒤흔드는 벼락.

- thunderbolt: 벼락 (lightning) * thunder: 천둥
  * a thunderbolt from the clear sky: 청천벽력

This war managed to shock and surprise all parties; it is something no one expected. Even Mossad, the formidable spy agency of Israel, failed to predict that such a plan was brewing in Gaza.

이 전쟁은 모든 당사자에게 충격을 주고 놀라게 했습니다. 누구도 예상하지 못한 일입니다. 이스라엘의 막강한 정보 기관인 모사드조차 가자에서 이런 계획이 이뤄지고 있다는 것을 예측하지 못했습니다.

- **brew**: 끓이다, 양조하다, 음모 따위를 꾸미다, 일으키다 → concoct, devise, think/cook/make up
  The opposition party brewed a plot to overthrow the government.
  야당은 정부 전복 음모를 꾸몄다.

break down 나누다, 분류하다, 부수다, 허물어뜨리다

Military analyst breaks down Israeli evidence in Gaza hospital blast. US assesses Israel not responsible for Gaza hospital blast.

군사 분석가, 가자 지구 병원 폭발 사건에서 이스라엘의 증거를 분석합니다. 미국은 가자지구 병원 폭발에 이스라엘이 책임 없다고 평가합니다.

- break down: 고장 나다, 실패하다, 아주 나빠지다, 부수다, 분류하다, 분석하다
  * breakdown: 고장, 실패, 와해, 결렬, 명세(서)

- blast: 폭발 → blowup, detonation, explosion
- **asses**: 재다, 가늠하다, 사정하다, 평가하다 → appraise, evaluate, valuate, value, measure

breakthrough 돌파구

Cairo peace summit seeks to foster unity on Gaza conflict, hoping for turn of events. Leaders and officials from more than a dozen countries gathered in the Egyptian capital, Cairo, Saturday for a hastily arranged summit *aimed at producing a roadmap* for humanitarian relief in the Gaza Strip and *reviving hopes* of Israeli-Palestinian peace. French Foreign Minister Catherine Colonna told leaders at the summit that a humanitarian corridor was needed to deliver aid to civilians in Gaza and its establishment could lead to a ceasefire. Cairo summit, however, ended without a breakthrough.

카이로 평화 정상회의에서 가자지구 분쟁에 대한 단합을 도모하며 국면 전환을 기대합니다. 가자지구의 인도주의적 구호 로드맵을 마련하고 이스라엘-팔레스타인 평화에 대한 희망을 되살리기 위해 토요일 이집트 수도 카이로에서 12개국 이상의 지도자와 관리들이 모여 급히 마련된 정상 회담에 참석했습니다. 캐서린 콜로나 프랑스 외무장관은 가자지구의 민간인들에게 구호품을 전달하기 위해 인도주의 통로가 필요하며, 이 통로가 개설되면 휴전으로 이어질 수 있다고 정상들에게 말했습니다. 그러나 카이로 정상 회담은 돌파구를 찾지 못하고 끝났습니다.

- **turn of events**: 사태 전환, 국면 전환
- **aim at ~ing:** ~하는 것을 목표로 하다

  ☞ aim to ~ 동사 원형: (in order) to ~ 동사 원형, for the purpose of ~ing, with a view to ~ing

  He flied to Paris, aiming at participating in the tender.

  He flied to Paris, aiming to participate in the tender.

  He flied to Paris (in order) to participate in the tender.

  He flied to Paris for the purpose of participating in the tender.

  He flied to Paris with a view to participating in the tender.

- road map, roadmap: 도로 지도, (일 · 계획 등에 일목요연하게 정리한) 지침, 계획, 로드맵
  * road map for peace: 평화를 위한 로드맵 * technology roadmap: 기술 로드맵
- humanitarian: 인도주의적인, 인도주의의
  ☞ humanitarian relief: 인도주의적 구호 * humanitarian corridor: 인도주의적 통로
- **lead to~**: ~로 이끌다, ~로 이어지다
  ☞ All roads lead to Rome. 모든 길은 로마로 통한다.
  ☞ I hope today's discussion will lead to a productive conclusion.
  오늘 논의가 생산적인 결론으로 이어지길 바랍니다.
- **breakthrough**: 돌파구 * **break through**: 뚫고 나가다, 돌파하다, 타개하다, 돌파구를 찾다
  We need a brilliant breakthrough to overcome this economic recession. We need to break through this economic recession brilliantly. 우리는 이 경제 침체를 훌륭하게 극복해야 합니다.

bulk up 부피가 늘다, 키우다, ~을 더 크게/두껍게/무겁게 만들다

Germany and other EU countries are bulking up militaries.

독일과 다른 EU 국가들이 군대를 증강하고 있습니다.

- military: 군사의, 무력의, 군인들(→ civilian: 민간인), 군대
- I need to make up. Weight training is a must in order to bulk up.
  몸을 만들 필요가 있다. 몸을 만들려면 근력 운동은 필수입니다.

German Chancellor Friedrich Merz plans to make the Bundeswehr the "strongest conventional army in Europe." Other EU countries also have ambitious plans for their armed forces. DW takes a closer look.

프리드리히 메르츠 독일 총리는 독일 연방군을 '유럽에서 가장 강력한 정규군'으로 만들 계획입니다. 다른 EU 국가들도 군대에 대한 야심찬 계획을 세우고 있습니다. DW가 자세히 살펴봅니다.

- Bundeswehr: (독일) 연방군, 독일군
- conventional: 관습적인, 전통적인, 종래의, 재래식의, 비핵의 conventional army: 정규군

Germany wants to have the strongest conventional army in Europe.
US President Donald Trump can feel vindicated: Germany's new foreign minister, Johann Wadephul, said this week that the government had accepted the president's demand to invest 5% of GDP in defense. Speaking at a meeting of NATO foreign ministers in Antalya, Turkey, on Thursday. Wadephul also said Germany would support NATO's proposal to provide 3.5% for classic military purposes and an additional 1.5% for defense-related infrastructure.

독일은 유럽에서 가장 강력한 정규군을 원합니다.
도널드 트럼프 미국 대통령은 당당한 기분을 느낄 수 있습니다: 독일의 새 외무장관 인 요한 바데 풀은 이번 주 정부가 국방에 GDP의 5%를 투자하라는 대통령의 요구를 받아들였다고 말했습니다. 목요일 터키 안탈리아에서 열린 나토 외무장관 회의에서 바데풀은 독일이 정규군 목적에 3.5%를, 국방 관련 인프라에 1.5%를 추가로 제공하겠다는 나토의 제안을 지지할 것이라고 말했습니다.

▶ vindicate: ~의 정당성을 입증하다(=justify), 무죄를 입증하다, 혐의를 벗기다

It will likely only become clear how much all the members of the security alliance plan to invest at a NATO summit scheduled for the end of June in The Hague, Netherlands.

6월 말 네덜란드 헤이그에서 열릴 예정인 나토 정상회의에서 안보 동맹의 모든 회원국이 얼마를 투자할 계획인지 명확해질 것으로 보인다.

Wadephul's comments came a day after German Chancellor Friedrich Merz announced that he wanted to transform the Bundeswehr into the "strongest conventional army in Europe."

바데풀 총리의 발언은 프리드리히 메르츠 독일 총리가 독일군을 '유럽에서 가장 강력한 정규군'으로 탈바꿈시키겠다고 발표한 지 하루 만에 나왔습니다.

Germany plans historic security shift

If Germany goes ahead and increases its defense expenditure to 5% of GDP, it will be making a historic turnaround in security policy. Since the end of the Cold War, it has primarily relied on international cooperation, diplomacy and a culture of strategic military restraint. But former Chancellor Olaf Scholz's Zeitenwende speech on February 27, 2022, three days after Russia launched its full-scale invasion of Ukraine, marked a turning point.

독일, 역사적인 안보 전환 계획

독일이 국방비를 GDP의 5%까지 증액한다면 안보 정책에 있어 역사적인 전환을 이룰 것입니다. 냉전 종식 이후 독일은 주로 국제 협력, 외교, 그리고 전략적 군사적 자제 문화에 의존해 왔습니다. 그러나 러시아가 우크라이나를 전면 침공한 지 3일 후인 2022년 2월 27일 올라프 숄츠 전 총리가 한 '차이텐벤데(Zeitenwende)' 연설은 전환점을 마련했습니다.

- strategic military restraint: 전략적 군비 억제
- mark a turning point: 전환점을 마련하다
  - ☞ **turning point(전환점)**: decisive point, landmark, watershed(분수령, 분기점, 중대한 시기), climacteric, crisis, crossroads, juncture, zero hour(H-hour, 행동 개시 시간, 발사 시간)
  - ☞ **at the crossroads**: (중요한) 기로에 서 있는, 교차로에 있는 → critical point, juncture
    At the crossroads we'll have to decide which road to take.
    교차로에서 우리는 어느 길로 갈 것인지 결정하여야 한다.
- turn around: 회전하다, 회전시키다, 방향을 바꾸다, 공격하다, 적대하다, 호전시키다, 호전하다
  - * turnaround: (상황의) 전환, 선회, 적하와 재적재 시간, 작업을 완료해서 회송하는 데 걸리는 시간
  - ☞ 전환, 선회: inversion, reversal, transposition, turnabout
- **full-scale**: 총력을 기울인, 완전하고도 철저한, 실물 크기의
  - ☞ 총력을 기울인, 완전하고도 철저한: major, extensive, wide-ranging, all-out (all-out war: 총력전, 전면전), sweeping, comprehensive, proper, thorough, in-depth, exhaustive, full-dress, all-encompassing, thoroughgoing
    * a full-scale nuclear war: 대규모 핵전쟁
    * a full-scale attack: 총공격
  - ☞ 실물 크기의: full-size, full-sized, life-size working, full-scale prototypes, full-scale model

camouflage 위장

Israel enters "second stage" of war
What difficulties Israeli troops face in ground war against Hamas? Terror HQ under hospital? Gaza's hospitals camouflage for Hamas or AMMO for Israel? Israel claims Hamas hoarding fuel, using civilians as human shields.

이스라엘은 전쟁의 '2단계'에 돌입
이스라엘 군대가 하마스와의 지상전에서 직면하는 어려움은 무엇입니까? 테러본부가 병원 밑에 있다고요? 가자 병원은 하마스를 위한 위장인가, 아니면 이스라엘을 위한 AMMO인가? 이스라엘은 하마스가 민간인을 인간 방패로 삼아 연료를 비축하고 있다고 주장합니다.

- camouflage: ① 위장, 기만, 속임 → disguise, front, cover, screen, blind, mask, cloak, guise
  Her joining the party was only a camouflage to disguise her grief.
  그녀가 파티에 참여한 것은 단지 그녀의 슬픔을 숨기기 위한 위장일 뿐이었습니다.
  ② 위장하다, 속이다, 감추다 → disguise, cover, screen, hide, mask, conceal, obscure, veil
  This is a clever attempt to camouflage wealth. 이것은 부를 위장하는 교묘한 시도입니다.
- second stage: 2단계, 2기 * multistage: 다단식의, 여러 단계의 → multistage sale: 다단계 판매
- face: 직면하다, 닥쳐오다, 마주 보다, 향하다, 얼굴
  The start-up faced funding shortage because of unexpected financial crisis.
  그 스타트업은 예상치 못한 금융 위기로 자금 부족에 직면했습니다.
  ☞ face off: 경기를 시작하다. 대결할 준비를 하다 * face up to ~: ~에 직면하다
  * in the face/teeth of~: 직면하여, 마주보고, ~에도 불구하고 → in spite of, notwithstanding
  In the face of mommy's disapproval, he and I decided to get married.
  엄마의 반대에도 불구하고, 그와 나는 결혼하기로 하였다.
- ground war: 지상전 * air battle/combat: 공중전
- AMMO: ammunition, 탄약, (언쟁에서 무기가 될 수 있는) 정보
- hoard: 비축, 저장, 비축하다, 저장하다
- human shield: 인간 방패 (적의 공격을 저지하기 위해 사람의 무리를 일렬로 세운)

ceasefire 휴전

Israel Continues Ground Operation In Gaza
No Ceasefire "Until Hamas Returns Hostages"

이스라엘, 가자지구 지상 작전 계속
"하마스가 인질을 송환할 때까지" 휴전은 없다.

- ground operation: 지상 작전
- ceasefire: 휴전 → truce, armistice
- return: 송환하다, 돌려보내다 → repatriate, send back, extradite, deport, deliver

---

The war continued to rage in the Gaza Strip between Israel and Hamas on the 30th day. Israeli Prime Minister Benjamin Netanyahu has rejected US calls for a humanitarian pause.

가자지구에서 이스라엘과 하마스 사이의 전쟁이 30일째 계속됐다. 베냐민 네타냐후 이스라엘 총리는 인도주의적 중단을 요구하는 미국의 요구를 거부했습니다.

- rage: 맹렬히 계속되다, (계속) 맹위를 떨치다, 화를 내다, 격렬한 분노, 격노, 폭력 사태
  After a storm raged through the mountains for 7 days. the plague raged for months.
  7일 동안 산에 폭풍이 몰아친 후 전염병은 몇 달 동안 계속되었습니다.

The Israeli troops have further closed in on Gaza City, launching targeted attacks within the city on militant cells. The Palestinian death toll in the Israel-Hamas war has reached 9,227, according to the Hamas-run Health Ministry in Gaza. More than 1,400 people in Israel have been killed, most of them in a Hamas attack, launched on 7 October. Roughly 1,100 people have left the Gaza Strip through the Rafah crossing since Wednesday under an apparent agreement among the US, Egypt, Israel, and Qatar, which mediates with Hamas.

이스라엘군은 가자 시티에 더욱 접근해 도시 내 무장 세력을 대상으로 표적 공격을 가했습니다. 하마스가 운영하는 가자지구 보건부에 따르면 이스라엘-하마스 전쟁으로 인한 팔레스타인 사망자 수는 9,227명에 달했습니다. 이스라엘에서는 1,400명 이상이 사망했으며, 이들 중 대부분은 10월 7일에 시작된 하마스의 공격으로 인해 사망했습니다. 하마스와 중재하는 미국, 이집트, 이스라엘, 카타르 간의 명백한 합의에 따라 수요일 이후 약 1,100명이 라파 검문소를 통해 가자지구를 떠났습니다.

- **launch targeted attacks on ~**: ~에 표적 공격을 하다
- militant: 공격적인, 전투적인, 교전 중인 * militant cells: 무장 조직
  ☞ war-ridden: 전쟁에 시달리는 * warring: 전쟁 중인 * belligerent: 교전 중인, belligerent/warring/war-ridden powers: 교전국
- crossing: 건널목, 교차 지점, 횡단 지점, 횡단, 도항, 방해, 반대
  ☞ The Rafah Border Crossing or Rafah Crossing Point is the sole crossing point between Egypt and Palestine's Gaza Strip and Gaza's sole border point with a country other than Israel.
  라파 국경 검문소 또는 라파 검문소는 이집트와 팔레스타인 가자지구의 유일한 국경 검문소이며, 가자지구가 이스라엘 이외의 다른 국가와 접하는 유일한 국경 지점이다. → 다른 나라로 가기 위해서는 여기를 통과하여야 가능하다.
  ☞ checkpoint: 검문소 * sobriety checkpoint: 음주 운전 검문소 → drunk driver trap

choke 숨이 막히다, 질식시키다, 막다, 저지하다, 억누른다

Gaza Strip put under 'complete siege'
Israel chokes Gaza. There will be no food, no electricity, no fuel. Everything will be closed. Israeli Defence Minister orders full blockade of Gaza.

완전히 포위된 가자 지구
가자지구는 '완전한 봉쇄' 상태에 빠졌습니다. 이스라엘이 가자지구를 봉쇄하였습니다. 식량도 없고, 전기도 없고, 연료도 없고, 모든 것이 폐쇄될 것입니다. 이스라엘 국방부 장관은 가자지구 전면 봉쇄를 명령했습니다.

- **choke**: ① 질식시키다: suffocate, stifle, smother, overpower, asphyxiate

Dense smoke is chocking her. 짙은 연기가 그녀를 질식시키고 있다.
② 목을 조이다, 교살하다: strangle, throttle, asphyxiate
The burglar choked her with a red string. 그 강도는 붉은 끈으로 그녀를 목 졸랐다.
③ 막다, 메우다: block, dam, clog, obstruct, bung, constrict, occlude, congest, stop, bar
The river is choked by sand. 그 강은 모래로 막혀 있다.

- blockade: 봉쇄, 봉쇄하다 * economic blockade: 경제 봉쇄 full blockade: 전면 봉쇄
  ☞ encirclement, encircle, barricade, block, block up, block off, bar, stop

cost (값, 비용이) ~이다. 비용이 들다, 희생시키다, 비용, 경비, 값

This is how much it costs the US to aid Ukraine and Israel.
Pentagon gives update after missile hit Poland. US. Intel says missile that landed in Poland likely fired from Ukraine.

이것이 미국이 우크라이나와 이스라엘을 지원하는 데 드는 비용입니다.
국방부는 미사일이 폴란드를 강타한 후 업데이트를 제공합니다. 미국 인텔은 폴란드에 떨어진 미사일이 우크라이나에서 발사되었을 가능성이 있다고 말합니다.

- cost: (값, 비용이) ~이다. 비용이 들다, 희생시키다, 비용, 경비, 값
  The customer's request for last-minute change of design will cost us extra work.
  It will cost us extra work if the customer asks for last-minute change of design.
  고객이 막판에 디자인 변경을 요청하면 추가 작업 비용이 발생합니다.
- costly: 많이 돈이 드는, 큰 비용이 드는, 대가가 큰, 희생이 큰
  ☞ costly victory, dearly-won victory, hard-won victory: 희생이 큰 우승, 뼈저린 우승 ↔ easily-won victory, easy victory: 쾌승
- at all costs; at any cost: 어떤 희생을 치르더라도, 기어코, 반드시

countdown to invasion 침공 카운트다운

Countdown to Invasion. Israel preparing for next stage of war. Israel prepares for ground invasion of Gaza. What will a GAZA ground invasion be like? Israel increases air strikes as aid enters Gaza.

침공 카운트다운. 다음 단계의 전쟁을 준비하는 이스라엘. 이스라엘은 가자지구 지상 침공을 준비합니다. 가자지구 지상 침공은 어떤 모습일까요? 이스라엘은 가자지구에 구호품이 들어가자 공습을 늘립니다.

- countdown: 초읽기, 카운트다운, 최후 점검
- ground invasion: 지상 공격, 지상 침공, 지상 침입
- air strike: 공습

counteroffensive 반격, 역공

Is the Ukrainian counteroffensive stalling? Hear from military experts.

우크라이나의 반격이 지연되고 있습니까? 군사 전문가들의 의견을 들어보세요.

- counteroffensive: 역공, 반격 → *일반적으로 counterattack(역습, 반격)보다 큰 규모*
  * launch/undertake a counteroffensive: 역습에 들어가다
- **stall**: ① 마구간, 외양간, 매점, 노점 → stable, barn, kiosk, booth, cubicle
  ② (시간을 벌려고 대답 등을) 피하다, 지연 작전을 쓰다, (교묘하게) 속여 지연하다, 시동이 꺼지다, 오도 가도 못하게 하다 → dillydally, dilly-dally, shillyshally, drag one's feet/heels, dawdle
  His new car was stalled in the heavy snow as he dillydallied.
  그가 미적거려 새 차가 폭설에 오도 가도 못했다.

crux (문제나 쟁점의) 가장 중요한 부분, 핵심, 중요점

CRUX is your daily video news guide to the big events that are shaping our world. We track news, geopolitics, diplomacy and defence strategies and explain how they shape national policies. Crux makes sense of global developments, and analyses their impact on daily lives.

CRUX는 세상을 변화시키는 주요 사건에 대한 일일 동영상 뉴스 가이드입니다. 뉴스, 지정학, 외교 및 국방 전략을 추적하고 이러한 전략이 국가 정책을 어떻게 형성하는지 설명합니다. Crux는 전 세계의 발전 상황을 파악하고 일상생활에 미치는 영향을 분석합니다.

- crux: 중요점, 핵심 → **nub, essence, core, heart, crucial/decisive point, alpha and omega**
  The crux of the matter is demand for semiconductor. 문제의 핵심은 반도체 수요
  The crux of an argument is chicken-and-egg problem.
  논쟁의 핵심은 닭이 먼저냐 달걀이 먼저냐의 문제
- shape: 형상 짓다, 모양 만들다, 구체화하다, 모양, 형상, 모습, 상태
  shape one's plan: 계획을 구체화하다 * **shape one's idea into a product**: 생각을 제품화하다
  * **shape up**: 구체화하다, 발전하다, 잘되어 가다
  All is shaping up well. 만사가 잘되어 간다
  The plan is shaping up. 계획이 구체화되고 있다
- geopolitics: 지정학 * geostrategy: 전략 지정학, 지정학에 입각한 전략
- make sense of: 이해하다 → It will be a long time before we can begin to make sense of side effects of new bills. 새로운 법안들의 부작용을 이해하기까지는 오랜 시간이 걸릴 것입니다.

dangerous escalation 위험한 긴장 고조(군사적 행동 가능성이 큰)

UK says no caveats on weapons supplied to KYIV. Ukraine has the right to strike back at Russia. Russia slams "Dangerous Escalation" as UK defends Ukraine right to strike back. In terms of what the Ukrainians do, in our view, it is their decision about how to use these weapons they are defending their country which they were illegaly invaded by Putin and they must take those steps. We don't discuss any caveats that we put on these things. But let's be absolutely clear: Russia has launched an attack into Ukraine and Ukraine absolutely has the right to strike back at Russia.

영국, 키예프에 공급되는 무기 사용에 대한 제한은 없다고 밝혔습니다. 우크라이나는 러시아에 반격할 권리가 있습니다. 영국이 우크라이나의 반격권을 옹호하자 러시아는 '위험한 에스컬레이션'이라고 비난했습니다. 우크라이나가 푸틴에 의해 불법적으로 침략당한 자국을 방어하기 위해 이 무기를 어떻게 사용할지는 우크라이나가 결정할 문제이며, 우크라이나는 그러한 조처를 해야 합니다. 우리는 이러한 사항을 제한하는 논의는 하지 않습니다. 하지만 분명한 것은 러시아가 우크라이나를 공격했고 우크라이나는 러시아에 반격할 권리가 있다는 점입니다.

- caveat: 통고, 경고, 제지, 억제 → warning, caution, admonition, qualification, proviso, reservation, condition
  The senateor added the caveat that all the figures in the report were suspect.
  상원의원은 보고서의 모든 수치가 의심스럽다는 경고를 덧붙였다.
- **strike back at/against~**: ~에게 반격하다, 반격을 가하려 한다 ↔ strike inside: 침략/공습하다
  strike home: 정곡/급소를 찌르다 → hit home, hit the nail on the head
  strike it rich: 일확천금을 하다 * have two strikes against one: 불리한 입장에 처하다
- slam: 혹평하다, 비방하다, (문을) 탕하고 닫다

dangle the possibility of ~ ~의 가능성을 내비치다

Russia takes tough stance in Istanbul talks, threatens Ukraine with long war

러시아, 이스탄불 회담에서 강경한 태도 취하며 우크라이나에 장기전 위협

After dangling the possibility of attending, Trump said he would stay away but wanted to meet with Putin, further weakening the Istanbul talks.

참석 가능성을 내비쳤던 트럼프 대통령은 불참 의사를 밝혔지만, 푸틴 대통령과 만나고 싶다고 밝혀 이스탄불 회담이 더욱 약화하였습니다.

- **dangle**: 내보이다, 제의하다, 매달리다 *** dangle the possibility of** ~: ~의 가능성을 내비치다
- stay away: 떨어져 있다, 거리를 두다, 참가하지 않다
- prisoner swap: 포로 교환

ISTANBUL — The first direct talks between Russia and Ukraine since the early weeks of the war lasted just two hours in Istanbul on Friday, with Russia *taking a hard line* and the two sides *coming to a concrete agreement only on* a prisoner swap — a sign the two sides remain very far apart on ending the conflict.

이스탄불 - 전쟁 초기 이후 러시아와 우크라이나 간의 첫 직접 회담이 금요일 이스탄불에서 단 두 시간 동안 진행되었으며, 러시아는 강경한 견해를 밝히고 양측은 포로 교환에 대해서만 구체적인 합의에 이르렀는데, 이는 양측이 분쟁 종식에 대해 여전히 의견이 크다는 신호입니다.

- take/adopt a hard/tough line: 강경 노선을 취하다

Get concise answers to your questions. Ukraine did *see* that agreement to exchange 1,000 prisoners of war from each side *as* a major achievement — one that Foreign Ministry spokesman Heorhii Tykhyi described as making the talks "worth it, because we will make a thousand Ukrainian families happy."

우크라이나는 양측 포로 1,000명을 교환하기로 합의한 것을 주요 성과로 보았는데, 외무부 대변인 헤오르히 티키히는 "우크라이나 가족 천 명을 행복하게 만들 것이기 때문에 그만한 가치가 있는 회담"이라고 설명했습니다.

- concise: 간결한, 축약한 → brief, short, to the point, compact, summary, compressed, condensed, terse, laconic, succinct, pithy, synoptic, epigrammatic, compendious
  The meeting is concise, informative and productive. 회의는 간결하고, 유익하고, 생산적이다.

But the rest of the talks were *clouded* by a number of demands that Ukrainians found unacceptable, including that Ukraine withdraw from its own territory that Russia only partly controls.

그러나 나머지 회담 사안들은 러시아가 일부만 통제하는 우크라이나 영토에서 우크라이나가 철수할 것을 포함하여 우크라이나가 받아들일 수 없다고 생각하는 여러 요구로 인해 흐려졌습니다.

- **cloud**: 구름, 자욱한 것, (기억력·판단력 등을) 흐리다, 어두워지다, (분노, 감정이) 서리다
  → confuse, obscure, distort, impair, muddle, disorient, darken, overshadow, overcast

---

One official, who was briefed on the talks by a delegate present in the room and who spoke on the condition of anonymity to discuss the sensitive political moment freely, said the head of the Russian delegation, Vladimir Medinsky, told the Ukrainians: "Perhaps someone at this table will lose even more of their loved ones. Russia is ready to wage war forever."

회담장에 참석한 대표단으로부터 회담에 대한 브리핑을 받은 한 관계자는 민감한 정치적 순간에 대해 자유롭게 논의하기 위해 익명을 조건으로, 러시아 대표 단장인 블라디미르 메딘스키가 우크라이나 측에 다음과 같이 말하였다고 전하였습니다. "아마도 이 테이블에 있는 누군가는 사랑하는 사람을 더 많이 잃을 것입니다. 러시아는 전쟁을 영원히 할 준비가 되어 있습니다."

- **brief A on B**: A에게 B에 대해 브리핑을 하다
  * **in brief**: 간단히 말해 → briefly, in short, in a (few) words, in summary, in synopsis, in digest form. in essence, in a nutshell, to sum up, to come to the point, to put it briefly
- **on the condition of anonymity**: 익명의 조건으로
- wage: (전쟁·전투 등을) 벌이다, 계속하다, 임금, 급료

In an interview with state television after the talks, Medinsky explained how he brought up a 21-year-long war between Russia and Sweden that happened three centuries ago to prove the point that Moscow is ready to fight for a long time unless its conditions are met, even as European and U.S. leaders push for renewed sanctions.

메딘스키는 회담 후 국영 텔레비전과의 인터뷰에서 유럽과 미국 지도자들이 새로운 제재를 추진하더라도 조건이 충족되지 않으면 러시아는 오랫동안 싸울 준비가 되어 있다는 점을 증명하

기 위해 3세기 전에 일어난 러시아와 스웨덴 간의 21년간의 기나긴 전쟁을 거론한 이유를 설명했습니다.

- bring up: (화제를) 꺼내다, 기르다, 가르치다, 토하다

"Never try to deceive the Russians and steal something from them, because sooner or later Russians always come to claim what is theirs," Medinsky said, *attributing the quote to* Otto von Bismarck, the legendary 19th-century German statesman, although its authenticity has been called into question by independent Russian news outlets.

메딘스키는 "조만간 러시아인들은 항상 자신의 것을 주장하러 오기 때문에 러시아인을 속이고 러시아인에게서 무언가를 훔치려 하지 말라"고 하면서, 이는 19세기 독일의 전설적인 정치가인 오토 폰 비스마르크의 말이라고 추정하였지만, 러시아 독립 뉴스 매체에서 그 말의 진위 여부에 의문을 제기하고 있습니다.

- **attribute A to B**: A를 B 탓/행위/소치/업적으로 하다, A의 출처/기원 따위를 B로 추정하다
  She attributed the failure of seminar to a lack of preparation.
  그녀는 세미나 실패의 원인을 준비 부족으로 돌렸다.
- call ~ in/into question: ~에 의문을 제기하다, ~에 이의를 제기하다, ~을 의심하다, 의문을 품다
  ☞ in question: 문제의, 논의가 되는, 의심스러운, 불확실한
  ☞ ***out of question***: 틀림없이, 물론, 의심할 여지 없이 → beyond/past question, without question undoubtedly, definitely, undeniably, surely, of course, certainly, doubtless, unquestionably, beyond question, beyond a shadow of (a) doubt
  He was our greatest president, without question.
  그는 의심할 여지 없이 우리의 가장 위대한 대통령이었습니다.
  ☞ ***out of the question***: 불가능한 → impossible, unthinkable, not to be considered, hopeless, inconceivable, unimaginable, unworkable, unattainable, unobtainable, not feasible, impracticable, unachievable, unrealizable
  Is a tax cut/increase still out of the question? 감세/증세는 여전히 불가능한가요?
  ☞ Ask a silly question and you get a silly answer. 우문우답

Despite the heated exchanges, especially when the talks began, Ukrainian delegates Vadym Skibitskyi, deputy director of Ukraine's intelligence directorate, and Serhii Kyslytsia, deputy foreign minister, told The Washington Post the talks eventually became constructive. Attendees spoke in multiple languages, they said, including Russian, Ukrainian and Turkish.

특히 회담이 시작되자마자 열띤 설전이 오갔지만, 우크라이나 대표인 우크라이나 정보국 부국장 바딤 스키비츠키와 외무부 차관 세르게이 키슬리트시아는 워싱턴 포스트와의 인터뷰에서 회담이 결국 건설적인 방향으로 진행되었다고 말했습니다. 참석자들은 러시아어, 우크라이나어, 터키어 등 다양한 언어를 사용했다고 말했습니다.

- exchange: 교환, 주고받음, 맞바꿈, 대화, 말싸움, 언쟁, 얘기를 나눔, 교환하다, 주고받다
  → conversation, talk, word, discussion, chat, dialogue, natter, powwow

deadliest attack 가장 치명적인 공격

Authorities say at least 51 people were killed by a deadliest missile strike on a village near the rubble. It appears to be one of the deadliest attacks on civilians since war began.

돌무더기 잔해 근처 마을에 가장 치명적인 미사일 공격으로 최소 51명이 사망했다고 당국이 밝혔습니다. 이는 전쟁이 시작된 이래 민간인에 대한 가장 치명적인 공격 중 하나로 보입니다.

- deadly: 치명적인, 생명을 앗아가는, 극도의 → terminal, fatal, deathly, dangerous, mortal, devastating, destructive, murderous, poisonous, virulent, pernicious, noxious, lethal
- rubble: (허물어진 건물의) 돌무더기 잔해, 잡석(허드렛돌, 막돌), 깨진 기와 조각

dither 머무적거리다, 망설이다, 얼버무리다

Iran attacks America while Biden dithers. American troops have been under attack by Iranian-backed proxies in both Iraq and Syria as the Biden Administration continues to dither.

이란은 미국을 공격하고 바이든은 망설입니다. 바이든 행정부가 계속해서 머뭇거리면서 미군은 이라크와 시리아에서 이란이 지원하는 대리인의 공격을 받고 있습니다.

- **dither**: ① 머무적거리다, 망설이다, 벌벌 떨다 → hum and haw, hem and haw, vacillate, waver, haver, falter
  ② 머무적거림, 망설임, 초조, 안절부절 → agitation, fluster, flutter, perturbation, tumult, turmoil
  * upset all of a dither: 벌벌 떨며
  ☞ No time for Biden to dither on climate emergency. Climate change is an imminent threat to humanity and the planet, and we are running out of time.
  Biden이 기후 비상사태에 대해 머뭇거릴 시간이 없습니다. 기후 변화는 인류와 지구에 임박한 위협이며, 우리에게는 시간이 부족합니다.

Hamas brought 'sheer evil' to the world. Joe Biden condemns Hamas attacks and pledges support for Israel.

하마스는 세상에 '순전한 악'을 가져왔습니다. 조 바이든은 하마스의 공격을 비난하고 이스라엘에 대한 지원을 약속합니다.

- **sheer**: 순전한, 순수한 → out-and-out, right-down, absolute, downright, rank, unmitigated, downright, unqualified, complete, absolute, utter, pure, unadulterated, thoroughgoing

---

Biden calls for humanitarian pause in Israel-Hamas war. President Biden arrives in Israel amid Israel-Hamas conflict. President Biden was interrupted by a protestor calling for a cease-fire in Gaza.

바이든은 이스라엘-하마스 전쟁에서 인도주의적 중단을 촉구했다. 바이든 대통령은 이스라엘과 하마스의 분쟁 중에 이스라엘에 도착합니다. 바이든 대통령은 가자지구에서 휴전을 요구하는 시위자의 방해를 받았다.

erode 침식시키다, 약화시키다, 침식하다, 약화하다, 부식하다

Ex-US president Barack Obama releases a statement on the Israel-Hamas war. He warns Israel's actions could "erode global support."

버락 오바마 전 미국 대통령이 이스라엘-하마스 전쟁에 대한 성명을 발표합니다. 그는 이스라엘의 행동이 "전 세계적인 지지를 약화시킬 수 있다"고 경고합니다.

- **erode**: 침식시키다, 약해지다, 풍화시키다 → weaken, destroy, undermine, diminish, impair, lessen, wear away

  His fumbling the project has eroded his authority. 그가 프로젝트를 서툴게 처리하여 권위가 약화되었다. * **fumble**; 더듬거리며 발표하다, fumble an attempt: 어슬프게 시도하다

Even as we support Israel, we should also recognize that how Israel prosecutes this fight against Hamas matters. In particular, it matters – as President Biden has repeatedly emphasised – that Israel's military strategy abides by International law including those laws that seek to avoid, to every extent possible, the death or suffering of civilian populations.

우리가 이스라엘을 지원하는 것과 동시에 이스라엘이 하마스에 대한 이 싸움을 어떻게 전개하는지도 중요하다는 것을 인식해야 합니다. 특히 바이든 대통령이 거듭 강조했듯이 이스라엘의 군사 전략이 민간인의 죽음이나 고통을 가능한 한 피하고자 하는 것을 포함, 국제법을 준수하는 것이 중요합니다.

- abide by: 준수하다, ~에 따라 행동하다, 규칙에 따르다 → comply, follow, adhere, carry out, conform, observe, toe the line, toe the mark
- to every extent possible: 가능한, 최대한 * to a great/large extent: 대부분은, 크게

  * to a certain extent, to some extent: 어느 정도까지 → partly but not completely

flipboard 플립보드

U.S. close to deal with Israel and Hamas to pause conflict, free some hostages

A five-day pause in fighting, monitored by aerial surveillance, could see dozens of women and children freed from captivity in Gaza, according to people familiar with the terms of an emerging agreement. Israel and Hamas are close to agreement on a U.S.-brokered deal that would free dozens of women...

미국, 이스라엘 및 하마스와 분쟁을 일시 중지하고 일부 인질을 석방하기 위한 거래에 근접

최근 합의 조건에 정통한 소식통에 따르면, 공중 감시를 통해 5일간 교전이 중단되면 가자지구에서 수십 명의 여성과 어린이가 포로에서 풀려날 수 있을 것으로 예상됩니다. 이스라엘과 하마스는 미국이 중재하는 협상에 곧 동의할 것 같으며, 이 협상을 통해 수십 명의 여성을 석방할 예정입니다.

- flipboard: 플립보드(Flipboard)는 미국 캘리포니아주 팰로앨토에 본사를 두고 뉴욕, 밴쿠버, 베이징에 지사를 두고 있는 news aggregator이자 소셜 네트워크 aggregation 기업이다. 모바일 어플리케이션, 소셜 네트워크 서비스와 웹 사이트들을 잡지 형태로 편집해서 보여 주는 어플리케이션이다. 사용자들은 잡지를 보듯이 다양한 SNS와 웹 사이트들을 훑어볼 수 있다.
  ☞ aggregator: 여러 회사의 상품/서비스 정보를 모아 하나의 웹사이트에서 제공하는 인터넷 기업
- aerial surveillance: 항공 감시
- close to ~: 가까운, 대략, 곧 ~할 것 같은 *** close to home**: 정곡을 찔러, 마음에 사무치도록
  Her faithful advice was/came/hit close to home. 그녀의 충실한 조언은 가슴에 와닿았다.
  ☞ **close/narrow/near call/shave/squeak/escape**: 구사일생, 위기일발, 아슬아슬한 상황

global eye news 세계의 눈, 세계의 관점, 세계의 창

Share market news updates. Israel Orders Massive Evacuation In Gaza. Israel's Ultimatum: Leave North Gaza. UN: Mass Relocation Impossible. France condemns Hamas' attack on Israel.

시장 뉴스 업데이트를 공유하세요. 이스라엘, 가자지구에 대규모 대피 명령. 이스라엘의 최후통첩: 북가자 지구를 떠나십시오. UN: 대량 이주 불가능. 프랑스, 하마스의 이스라엘 공격을 규탄하다.

- ultimatum: 최후통첩
- relocation: 이전, 이동
  relocation camp: 강제 수용소, 난민 수용소,
  * relocation cost: (기업, 공장 등의) 이전 비용
  notice of relocation: 이전 통지

ground battle 지상전

US general predicts Israel's strategy for a ground battle in Gaza. Israeli tanks, troops line Gaza border for possible incursion. Israel warns Hamas of ground war "We will enter the Gaza Strip."

미국 장군은 가자지구 지상전을 위한 이스라엘의 전략을 예측했다. 이스라엘 탱크와 군대가 침입 가능성을 위해 가자 국경에 줄을 섰습니다. 이스라엘, 하마스에 '우리는 가자지구에 진입할 것'이라고 지상전 경고를 합니다.

Israeli poll shows change in public opinion on ground offensive. Israel is to carry out more ground operations in Gaza. Israel says over 200 hostages being held in Gaza. Pressure is growing to negotiate hostage release.

이스라엘 여론조사는 지상 공격에 대한 여론의 변화를 보여 줍니다. 이스라엘은 가자지구에서

더 많은 지상 작전을 수행할 예정이다. 이스라엘은 가자 지구에 200명 이상의 인질이 억류돼 있다고 밝혔습니다. 인질 석방 협상 압력이 커지고 있습니다.

- incursion: 급습, 갑작스러운 등장 → foray, raid, invasion, penetration, infiltration, inroad, irruption
  The protesters made armed incursions into downtown.
  시위대가 도심으로 무장 침입을 감행했습니다.
- air battle, air combat: 공중전
- ground operation: 지상 작전
  Israel expands ground operation. 이스라엘이 지상 작전을 확대하다
- *Pressure* is growing *to negotiate hostage release.* ⇨ *Pressure to negotiate hostage release* is growing.의 문장이나, 영어의 대원칙 **'긴 내용은 뒤에 배치한다'**에 따라 *to negotiate hostage release*를 뒤에 배치한 것이다. 이는 가주어 진주어 개념과 같은 맥락이다.

have one's back 지지하다, 편이 되어 주다

Let there be no doubt. The United States has Israel's back.
We stand strong with Israel and its people. President Biden describes Hamas' attack on Israel as 'act of sheer evil'. Israel is to expand ground operation.

의심할 여지가 없습니다. 미국은 이스라엘을 지지합니다. 미국은 이스라엘과 이스라엘 국민과 함께합니다. 바이든 대통령은 하마스의 이스라엘 공격을 '완전한 악의 행위'라고 묘사했습니다. 이스라엘이 지상 작전을 확대할 것입니다.

- **have one's back**; have got one's back: to be prepared or ready to support or vouch for someone, as in a crisis. (위기 상황에서) 도와줄 준비가 되어 있다
- **stand with**: 지지하다, 찬성하다 * **stand against**: 저항하다, 맞서다
- sheer: ① 완전히, 속속들이, 순전히: completely, out-and-out, right-down, absolute, rank downright
  ② 얇은, 순수한, 순전한, 섞이지 않은, 불순물이 없는: unmingled, unmixed, plain
  ③ 급히 방향을 바꾸다, 급선회하다, 피하다: slew, slue, swerve, trend, veer, curve, cut →
  The electric bike sheered to the right. 전기 자전거가 오른쪽으로 급선회하였습니다.
- ground operation: 지상 작전

heavy bombing 대규모 폭격

Gaza city under attack. Heavy bombing on Gaza City. Israle gathers its forces for assault on Hamas. Israel is to rain down hellfire on Hamas. Israel's attack will be huge and immediate.

공격을 받고 있는 가자지구. 가자 시티에 대규모 폭격이 가해졌습니다. 이스라엘은 하마스 공격을 위해 군대를 집결합니다. 이스라엘은 하마스에 지옥의 불길을 퍼부을 예정입니다. 이스라엘의 공격은 크고 즉각적일 것입니다.

- rain down: 퍼붓다, 쏟아붓다 → rain cats and dogs, bucket/pour/pelt down, shower upon, rain in torrents/cataracts
  * (come) rain or shine; 날씨/상황에 관계없이 → regardless of the weather/circumstances
- hellfire: 지옥의 불, 지옥의 괴로움 → perdition, inferno, hell, red/infernal/nether region
- huge and immediate: 크고 즉각적인

hit back 반격하다, 응수하다

The full scale of the brutality of the Hamas terror attack leaves us breathless. Ferocious Israel strikes back at Hamas as Americans killed in the war being identified. Israel launches operation of "Unrelenting attacks" to dismantle Hamas. Residential buildings in Gaza Strip collapses after Israeli strike in response to Hamas attack.

하마스 테러 공격의 만행은 우리를 숨 막히게 만듭니다. 전쟁에서 미국인의 사망이 확인되자 사나운 이스라엘이 하마스에 반격을 가합니다. 이스라엘은 하마스를 해체하기 위해 '무자비한 공격' 작전을 시작했습니다. 하마스 공격에 대한 이스라엘의 공격으로 가자지구의 주거용 건물이 무너졌습니다.

- ferocious: 흉포한, 사나운, 잔인한, 모진, 광포한 → fierce, violent, savage, predatory, cruel, bitter, brutal, vicious, ruthless, barbaric, merciless, brutish, bloodthirsty, barbarous, pitiless, tigerish * ferocity: 사나움, 잔인성, 광포한 행동, 만행
- **strike/hit/fight back**: 반격하다, 응수하다
- **unrelenting**: 가차 없는, 수그러들 줄 모르는, 거침없는, 무자비한, 달랠 수 없는 → inexorable, relentless, unappeasable, unforgiving, never-ceasing, persistent
- dismantle: 분해하다, 해체하다 → break apart/up, disassemble, take apart
- in response to: 에 응하여, 대응하여 * make no response: 응답하지 않다

Hamas hits back against Israeli forces. Palestines watches as UN votes on Gaza war. Arabs propose resolution calling for ceasefire.

하마스가 이스라엘군에 반격을 가하고 있다. 팔레스타인은 UN의 가자 전쟁 투표를 지켜보고 있습니다. 아랍인들은 휴전을 요구하는 결의안을 제안했습니다.

humanitarian pause 인도주의적 휴전

Growing calls for humanitarian pause in fighting.

인도주의적 전투 중단을 요구하는 목소리가 커지고 있습니다.

UN warns fuel could run out in Gaza on Wednesday. Gaza hospitals stop some services as UN warns fuel runs out tonight. Israel uses Arrow Defences to take down Hamas rocket.

유엔은 수요일 가자 지구의 연료가 고갈될 수 있다고 경고했습니다. UN이 오늘 밤 연료 부족을 경고함에 따라 가자 병원은 일부 서비스를 중단했습니다. 이스라엘, 하마스 로켓을 격추하기 위해 애로우 디펜스를 사용합니다.

- take down: 분해/해체하다, 내리다, 코대를 꺾다 * takedown: 분해식의, 창피, 굴욕

Turkey *vows to bring* Israel *to* international Criminal Court. US reaffirms support for "Humanitarian Pauses" in Israel-Hamas War. Qatar slams Israel strikes for blocking hostage release efforts. US Special Envoy rejects claims of Hamas on Israeli preventing aid into Gaza.

터키는 이스라엘을 국제형사재판소에 제소하겠다고 공언했습니다. 미국은 이스라엘-하마스 전쟁에서 '인도주의적 휴전'에 대한 지지를 재확인했습니다. 카타르는 인질 석방 노력을 차단한 이스라엘의 공습 규탄했습니다. 미국 특사는 이스라엘이 가자지구에 대한 지원을 막는다는 하마스의 주장을 일축했습니다.

- vow: 맹세하다, 서약하다, 단언하다, 공언하다
  He vowed that he would take the issue to the court. He vowed to take the issue to the court.
  그는 그 사안을 재판에 부치겠다고 공언했다.
- slam: 비방하다, 혹평하다, 문을 쾅 닫다 → criticize harshly and devastatingly, blister, drub, excoriate, flay, lash, rip into, scarify, scathe, scorch, score, scourge, slap, slash

kamikaze drone 가미카제 드론, 자살 드론

Ukraine blow up seven Russian vehicles with kamikaze drones

우크라이나, 가미카제 드론으로 러시아 차량 7대 폭파

Ukrainian Kamikaze drones wipe out Russian equipment at abandoned building.

우크라이나 가미카제 드론이 버려진 건물에서 러시아 장비를 파괴한다.

How Russia's 'kamikaze' drones are changing the Ukraine war?
Russia increases use of kamikaze drones to attack Ukrainian cities.
Russia's kamikaze drones rain down on Ukraine.

러시아의 '가미카제' 드론이 우크라이나 전쟁을 어떻게 바꾸고 있을까요? 러시아, 우크라이나 도시를 공격하기 위해 가미카제 드론 사용을 늘리고 있습니다. 러시아의 가미카제 드론이 우크라이나에 폭격을 퍼붓고 있습니다.

- blow up: 폭파하다, 터뜨리다, 터지다, 거세지다 * A strom blew up. 폭풍이 몰아쳤다.
- **kamikaze**: 가미카제식의(죽음을 알면서 적을 향해 돌진하는) → suicidal, self-destructive Kamikaze: (2차 세계 대전 중 폭탄을 실은 채) 자살 공격을 한 (일본) 조종사/비행기
  - ☞ kamikaze mission: 가미카제 임무 * kamikaze attack: 가미카제 공격
  - ☞ kamikaze bomber(→ suicide bomber: a terrorist who blows himself up in order to kill or injure other people): 자기 몸에 폭탄을 설치하는 자살 폭탄 테러범
- wipe out: 파괴하다, 없애버리다, 일소하다, 소탕하다 * wipeout: 전멸, 말살, 완패
- abandoned building: 버려진 빌딩 rain down: 쏟아지다, 퍼붓다

kamikaze pricing

"Kamikaze pricing" refers to the practice of offering goods or services at exceptionally low prices, often below cost, to gain market share or eliminate competitors. It's a high-risk strategy, potentially leading to losses, but it can be effective in the short term for market penetration or forcing rivals out of the market. The term is derived from the Japanese "kamikaze" pilots, who undertook suicidal attacks during World War II.

In financing, the practice of offering loans and transactions at exceptionally low rates to capture a larger share of the corporate banking market. It is used pejoratively to describe the practice of some banks and stockbrokers.

'가미카제 가격 책정'은 시장 점유율을 확대하거나 경쟁사를 제거하기 위해 상품이나 서비스를 매우 낮은 가격, 종종 원가보다 낮은 가격으로 제공하는 관행을 의미한다. 이는 고위험 전략으로 잠재적으로 손실을 초래할 수 있지만, 단기적으로는 시장 침투 또는 경쟁사 퇴출에 효과적일 수 있다. 이 용어는 제2차 세계 대전 중 자살 공격을 감행했던 일본의 '가미카제' 조종사에게서 유래되었다.

금융 시장에서는 더 많은 점유율을 확보하기 위해 매우 낮은 이자율로 대출 및 거래를 제공하는 관행을 의미하며 일부 은행과 증권 중개인의 관행을 경멸적으로 표현할 때 사용된다.

cf. **predatory pricing**: 약탈적 가격 (결정/정책)
다른 회사들이 이제는 경쟁할 수 없어 상품 판매를 중단해야 할 정도로 상품 가격을 인하

- pejoratively: 가치를 떨어뜨리도록, 경멸적으로
pejorative: 경멸적인, 비난투의 → deprecative, deprecatory, depreciative, depreciatory, derogative, derogatory, detractive, disparaging, low, slighting, uncomplimentary

kidnap 납치하다, 유괴하다

Israeli parents describe how they found out their children was kidnapped by Hamas. Families of kidnapped Israelis wait in anguish. Israeli Parents Describe Last Phone Calls With Kidnapped Children.

이스라엘 부모들이 자식들이 하마스에 의해 납치된 사실을 알게 되는 과정을 설명합니다. 납치된 이스라엘인 가족들이 고통 속에서 기다립니다. 이스라엘 부모가 납치된 자녀와의 마지막 통화를 설명합니다.

- kidnap: 납치/유괴하다 → abduct, seize, nobble, snatch, hijack
  * kidnapper; 유괴자　kidnap(p)ee: 유괴된 사람, 피유괴자　kidnap(p)ing: 유괴
- anguish: (극심한) 괴로움, 비통　* in anguish: 슬퍼서, 비통한, 괴로운 나머지, 괴로워
  → suffering, pain, torture, distress, grief, misery, agony, torment, sorrow, woe, heartache, heartbreak, pang, throe

martial law 계엄령

Putin declares martial law in four Urkainian Region which shall be in effect for 4 illegally annexed regions of Ukraine

푸틴 대통령, 우크라이나 4개 지역에 계엄령 선포, 불법 합병된 우크라이나 4개 지역에 적용

- in effect: 시행 중인, 발효 중인, 효력 발생 중인, 사실상, 요컨대 → effective, in essence to the effect that~: ~라는 뜻으로, ~의 취지로
  She said something to the effect that she was sorry. 그녀는 미안하다는 취지의 말을 하였다.
  ☞ to this/that/the same effect: 이러한/그러한/같은 취지로/의미로

militant 공격적인, 전투적인, 군사주의자

Hamas releases US hostage raising hopes of Gaza ceasefire

하마스, 미국인 인질 석방으로 가자지구 휴전 희망 고조

- release: 석방, 석방하다, 풀어주다, 개봉, 발간, 출시

The Palestinian militant group has said it released Edan Alexander, the last living American hostage in Gaza. It *called* the release *part of ceasefire efforts*, following rare direct talks with US officials in Doha.

팔레스타인 무장 단체 하마스는 가자지구의 마지막 생존 미국인 인질인 에단 알렉산더를 석방했다고 밝혔습니다. 이 단체는 도하에서 미국 관리들과 드물게 직접 대화를 나눈 뒤 이번 석방을 휴전 노력의 일환이라고 말했습니다.

- **militant**: 강한 정치적 또는 사회적 이념을 지지하며, 극단적이거나 폭력적인 수단을 사용하는 것을 주저하지 않는 사람을 가리키며, '군사주의자', '투쟁적인', '격렬한' 등으로 번역됨
  take a firm/strong/militant stand: 단호한/강경한/전투적인 태도를 보이다
  The militants were planning a terrorist attack. 무장세력은 테러 공격을 계획하고 있었다.

People holding posters and pictures of Edan Alexander react as they gather to watch a live broadcast in Tel Aviv, Monday, May 12, 2025.

에단 알렉산더의 포스터와 사진을 들고 있는 사람들이 5월 12일 월요일 텔아비브에서 생방송을 보기 위해 모여 반응하고 있다.

A crowd gathered at a plaza known as the hostages square in Tel Aviv to watch a television live stream reporting on Edan Alexander's release.

텔아비브의 인질 광장으로 알려진 광장에 많은 사람이 모여 에단 알렉산더의 석방 소식을 전하는 텔레비전 생중계를 시청하고 있습니다.

- television live stream: TV 생중계

Hamas announced on Monday that it had released Edan Alexander, believed to be the last living US hostage in Gaza, as it strives to restart ceasefire talks.

하마스는 휴전 회담 재개를 위해 노력하는 가운데 가자지구의 마지막 생존 미국인 인질로 추정되는 에단 알렉산더를 석방했다고 월요일에 발표했습니다.

The Palestinian militant group, listed as a terrorist organization by several countries, including the US, announced on Sunday that it had held rare direct talks with US representatives in Doha.

미국을 비롯한 여러 나라에서 테러 단체로 지정된 팔레스타인 무장 단체는 일요일 도하에서 미국 대표와 드물게 직접 회담을 가졌다고 발표했습니다.

Who is Edan Alexander, the American hostage released by Hamas? Edan Alexander — an American-Israeli soldier who was abducted from his military base in southern Israel during Hamas' October 7, 2023, cross-border attack that set off the war in Gaza — had been held hostage in the Gaza Strip for more than 19 months before being turned over to representatives from the International Committee of the Red Cross (ICRC) on Monday according to a Hamas statement.

하마스가 석방한 미국인 인질 에단 알렉산더는 누구인가요? 2023년 10월 7일 가자지구 전쟁을 촉발한 하마스의 국경 간 공격 당시 이스라엘 남부의 군사 기지에서 납치된 미국-이스라엘 군인 에단 알렉산더는 19개월 이상 가자지구에서 인질로 잡혀 있다가 월요일 국제적십자위원회(ICRC) 대표들에게 인계되었다고 하마스 성명이 발표했습니다.

- abduct: 유괴하다, 납치하다 　　* abduction: 유괴, 납치

The group said it had taken the step as a goodwill gesture toward the Trump administration *in hopes that* it might lay the groundwork for a new ceasefire with Israel.

이 단체는 트럼프 행정부가 이스라엘과의 새로운 휴전을 위한 토대를 마련할 수 있기를 바라며 선의의 제스처로 이 같은 조치를 했다고 밝혔습니다.

- **in hopes that ~, in hopes of ~**: ~의 희망을 가지고, ~의 희망을 품고
  ☞ in hopes that it might lay the groundwork for a new ceasefire with Israel
  in hopes of laying the groundwork for a new ceasefire with Israel
- **lay/prepare the ground for ~**: ~을 위한 사전 준비를 하다, ~의 정리 작업을 하다
  hold/stand/keep/maintain one's ground/position: (지위/위치를) 유지하다, 흔들리지 않다, 물러나지 않다, 자신의 견해를/입장을/뜻을 고수하다

An Israeli official confirmed that Alexander's transfer was *underway*, without providing details.

이스라엘 관계자는 자세한 내용은 밝히지 않은 채 알렉산더의 이송이 진행 중이라고 확인했습니다.

- **underway**: 여행/진행/항행 중인, 움직이고 있는 → afoot, in progress, going on, started, begun, in business, in motion, in operation
  An investigation is underway to find out how the fire happened.
  화재가 어떻게 발생했는지 조사 중입니다.

His release is the first since Israel broke an eight-week ceasefire with Hamas in March, unleashing fierce strikes on Gaza that have killed hundreds of Palestinians.

알렉산더의 석방은 지난 3월 이스라엘이 하마스와 8주간의 휴전을 깨고 가자지구에 대한 맹렬한 공습으로 수백 명의 팔레스타인인이 사망한 이후 처음 있는 일입니다.

- **unleash**: (강력한 반응·감정 등을) 촉발하다, 불러일으키다 * unleash an attack; 공격을 개시하다

Israel nevertheless continues to escalate its offensive, with Prime Minister Benjamin Netanyahu's office saying he would not grant Hamas any concessions for Alexander's release.

그럼에도 불구하고 베냐민 네타냐후 총리실은 알렉산더의 석방을 위해 하마스에 어떠한 양보도 하지 않겠다고 밝히며 이스라엘은 공세를 계속 확대하고 있습니다.

- nevertheless: 그렇기는 하지만, 그럼에도 불구하고, 그런데도 → nonetheless, notwithstanding, even so, still, however, yet, regardless, in spite of that, (even) though, but
  She found him penniless, but she nevertheless agreed to marry him.
  그녀는 그가 무일푼이라는 것을 알았지만 그럼에도 불구하고 그와 결혼하기로 동의했습니다.
- concession: 양보, 양해, 인정 → compromise, agreement, settlement, accommodation, adjustment, trade-off, give-and-take, **half measures(→ 어중간한 조처, 임시변통, 미봉책)**
  The country has made sweeping concessions to China in order to reach a settlement.
  그 나라는 합의에 도달하기 위해 중국에 광범위한 양보를 했습니다.

Alexander's release comes as US President Donald Trump prepares to visit the region this week.

알렉산더의 석방은 도널드 트럼프 미국 대통령이 이번 주 이 지역을 방문할 준비를 하고 있는 가운데 이루어졌습니다.

no doubt 의심의 여지가 없다, 의심 여지없이, 확실히

No doubt the country will make a move on Taiwan.

그 국가가 대만에 대해 행동을 취할 가능성은 의심의 여지가 없습니다.

- no doubt: 아마, 틀림없는 → doubtlessly, undoubtedly, without doubt/question, certainly
- make a move on: 움직이다, 활동하다, 수단을 쓰다, 떠나다, 물러나다
  - * on the move: 움직이고 있는, 활동하고 있는

non-stop 직행의, 멈추지 않고 계속되는, 쉬지 않고

Gaza Under 'Non-Stop' Bombardment
Israel launched series of rockets overnight. Gaza has suffered its deadliest day in 15 years in the wake of *unprecedented attack* by Hamas *into* Israel.

'논스톱' 포격을 받는 가자지구. 이스라엘이 밤새 로켓을 연이어 발사하였습니다. 하마스의 이스라엘에 대한 전례 없는 공격으로 가자지구는 15년 만에 가장 치명적인 하루를 보냈습니다.

- **non-stop, nonstop**: 쉬지 않고 계속되는, 직항의, 직행의, 연속해서, 쉬지 않고, 직행 열차/버스
  → continuous, constant, ceaseless, incessant, endless, steady, uninterrupted, unbroken, interminable, incessant, unending, unremitting, unfaltering
  The bombardment was non-stop and continued for seven days. Is there a non-stop flight to Morocco?(→ nonstop flight, direct flight)
  폭격은 쉬지 않고 7일 동안 계속되었다. 모로코 가는 직항이 있는지요?
  The heavy rain fell non-stop for three days. 3일 동안 쉬지 않고 큰비가 내렸다.
  ☞ **one-stop**: 한곳에서 다 할/살 수 있는 one-stop shopping: 한 곳에서 상품을 모두 살 수 있는
  We provide one-stop service for thermal solutions. 방열 솔루션 원스톱 서비스를 제공합니다.
- ***in the wake of ~***: 의 뒤를 좇아, 에 뒤이어, 의 결과로서
  → following, succeeding, in the aftermath of, as a result of

- **unprecedented**: 전례 없는, 미증유의, 전무후무한, 신기한, 새로운 → unheard-of, unusual, unexampled, unparalleled, exceptional, new, original, novel, abnormal, ground-breaking
  His score is unprecedented. 그의 점수는 전례가 없는 기록입니다.

on edge 흥분하여, 안절부절못하여, 과민하여, 초조해하는

War's impact on gold market
Gold price trajectory. Where are gold price headed? Gold prices: the dollar impact amid Israel-Hamas conflict keeps investors on edge. What's driving gold prices? Price of gold and oil jumps as Israel declares war on Hamas. Key highlights: Hold $1,900 Prices up 5.2% WoW. How the Israel-Hamas war is affecting financial markets?

전쟁 - 금 시장 영향
금 가격의 흐름. 금값은 어디로 향하고 있는가? 금 가격: 이스라엘-하마스 갈등 속 달러 영향으로 투자자들은 불안해하고 있습니다. 금 가격을 주도하는 것은 무엇입니까? 이스라엘이 하마스에 전쟁을 선포하자 금값과 석유 가격이 급등했습니다. 주요 하이라이트: $1,900 유지, 주간 대비 가격 5.2% 상승. 이스라엘-하마스 전쟁이 금융 시장에 어떤 영향을 미치고 있는가?

- trajectory: 탄도, 궤도, 궤적 * a missile's trajectory: 미사일 탄도
- amid: ~의 한가운데에, 에워싸여, 한창 ~하는 중에 → mid, amidst
- *on edge*: 흥분하여, 안절부절못하여, 안달하는, 과민하여, 초조해하는

기간 대비 용어

약 자	풀어 쓰기	의 미	비 고
WoW	week-on-week	주간 대비	월간 대비는 calendar month, 28일, 30일 세 가지 중 하나로 비교
MoM	month-on-month	월간 대비	
QoQ	quarter-on-quarter	분기 대비	
YoY	year-on-year	연간 대비	

operative 첩보원, 정보원, 직공, 가동 준비가 된

Israel to send 10,000 troops into Gaza
Was bombed MOSQUE hiding Hamas operatives?

이스라엘, 가자지구에 10,000명 병력 파견

폭격당한 모스크에 하마스 요원들이 숨어 있었나요?

- mosque: 모스크, 회교 사원
  ☞ 튀르키예(터키) 수도 Istanbul의 쉴레이마니예 모스크는 대표적인 회교 사원이다
- operative: 정보원, 첩보원, 직공, 가동 준비가 된, 가동되는, 이용 준비가 된, 수술의
  The FBI wants to protect its operatives. FBI는 요원들을 보호하려 한다.
  A human operative is rarely seen at an Ai-operated car plant.
  인공지능으로 운영되는 자동차 공장에서는 인간 직공이 거의 보이지 않는다.

oscillate (감정·행동이 양극을) 계속 오가다, 왔다 갔다 하다, 오락가락하다

Trump's frustration with Putin boils over with no Ukraine peace deal in sight.

푸틴 대통령에 대한 트럼프 대통령의 불만은 우크라이나 평화 협정 체결이 불투명해지면서 폭발하고 있습니다.

- **boil over**: 끓어 넘치다, 화가 끓어오르다, 폭발하다 → anger, blow up, bristle, burn, steam, explode, flare up, foam, fume, rage, seethe. blow a fuse/gasket, blow one's stack, lose one's temper, see red, breathe fire, fly off the handle, hit the ceiling
  ☞ ***boil over into ~***: 사태가 폭발하여 ~로 치닫다
  The heated discussion boiled over into a shouting match.
  열띤 토론은 결국 고함치는 싸움으로 번졌다.
  ☞ ***boil down to ~***: 결국 ~이 되다. ~으로 귀결되다, 요약되다

It all boils down to money. What it boils down to is that you have to make a choice between wife and career. 결국 돈 문제죠. 결국 아내와 직업 중 하나를 선택해야 한다는 거죠.

- in sight: 시야의, 보이는 곳에, 기대하에

President Donald Trump lashed out at the Kremlin on Tuesday for its unwillingness to negotiate a ceasefire with Ukraine as he continued to consider increased sanctions against Russia, an escalation from his previously friendly tone toward Vladimir Putin that came as the president appeared to grow gloomier about his ability to broker peace in Ukraine.

도널드 트럼프 대통령은 화요일 우크라이나와의 휴전 협상에 응하지 않는 크렘린을 강하게 비판하며, 러시아에 대한 추가 제재를 검토 중이라고 밝혔습니다. 이는 블라디미르 푸틴 대통령에 대한 이전의 우호적인 태도에서 한 단계 격화된 것으로, 트럼프 대통령이 우크라이나에서 평화를 중재할 수 있는 자신의 능력에 대해 점점 더 우울해짐에 따라 나온 것입니다.

- lash: 후려치다, 휘갈기다, 채찍질 * **lash out**: 공격하다, 혹평하다, 몰아세우다, 비판하다

In perhaps his harshest rhetoric yet against Putin, Trump declared that Putin is "playing with fire" — a reference to Russia's escalating bombardment of Ukraine in recent days despite the U.S. president's efforts to broker a peace agreement between Kyiv and Moscow.

아마도 푸틴 대통령을 향한 가장 가혹한 언사일지도 모르는 발언에서 트럼프 대통령은 푸틴이 "불장난을 하고 있다"라고 비난했습니다. 이는 트럼프 대통령의 키이우와 모스크바 간 평화 협정 중재 노력에도 불구하고 최근 러시아의 우크라이나 폭격이 심해진 것을 언급한 것입니다.

- play with fire: 불장난을 하다, 위험한 짓을 하다 * play with ~: ~을 만지작거리다, ~으로 장난하다
- broker: 중개인, 중개하다 * stockbroker: 증권 중개인

Trump has offered mixed messages about Putin, *oscillating between* praise of a leader with whom he has said he believes he can do business *and* frustration about his inability to bring Russia to the bargaining table.

트럼프는 푸틴에 대해 엇갈린 메시지를 전달해 왔습니다. 그는 푸틴을 '함께 일할 수 있는 지도자'라고 칭찬하는 한편, 러시아를 협상 테이블로 끌어들이지 못하는 데 대한 좌절감을 드러내 왔습니다.

- ***oscillate***: (감정·행동이 양극을) 계속 오가다, 오락가락하다, 왔다 갔다 하다, 진동하다
  - * ***oscillate between A and B***: A와 B 사이에서 동요하다, 왔다 갔다 하다 → hover, vacillate, vibrate, waver, change, swing, shift, vary, sway, alternate, veer, ebb and flow, seesaw
  - * **vacillate between two options** 두 가지 중 어느 것을 선택할지 왔다 갔다 하다

  She oscillated between Harvad and Yale. 그녀는 하버드와 예일대 사이에서 흔들렸다.
  She oscillated between elation and despair. 그녀는 환희와 절망 사이에서 흔들렸다.
- bargaining table: 협상 테이블, 협상 자리

  The labor union and management met at the bargaining table to discuss the wage increase.
  노동조합과 경영진은 임금 인상에 대해 논의하기 위해 교섭 테이블에 앉았습니다.
- ***shield A from B***: B로부터 A를 지키다, B로부터 A를 보호하다

  He shielded his bald head from the sun with a cowboy hat.
  그는 대머리를 카우보이모자로 햇빛으로부터 가렸다.

The frustration appears to have boiled over this week. On Tuesday, he suggested that he had been *shielding* Putin *from* tough consequences related to Russia's invasion of Ukraine.

이러한 좌절감은 이번 주에 폭발한 것으로 보입니다. 화요일, 트럼프 대통령은 러시아의 우크라이나 침공과 관련된 심각한 결과로부터 푸틴 대통령을 보호해 왔다고 주장했습니다.

oval office (미국) 대통령 집무실, 미국 대통령, 미국 정부

Biden's Oval Office address Israel-Hamas conflict. President Biden is to address the nation, underscoring support for Israel and Ukraine.

미국 정부는 이스라엘-하마스 갈등을 다룹니다. 바이든 대통령은 대국민 연설을 통해 이스라엘과 우크라이나에 대한 지지를 강조할 예정입니다.

- address: 고심하다, 다루다, (~에게) 연설하다 * deliver an address to ~: ~에게 연설하다
  Biden addressed the nation. Biden delivered an address to the nation. 바이든 대국민 연설
- underscore: 강조하다, 밑줄 긋다 → underline, emphasize, stress, accent, highlight

---

US President Joe Biden is scheduled to address the nation on Israel and Ukraine from the Oval Office of the White House on Thursday, signaling how much the US is concerned about the outcome of the war between Israel and Hamas.

조 바이든 미국 대통령은 목요일 백악관 집무실에서 이스라엘과 우크라이나에 대해 연설을 할 예정이며, 이는 이스라엘과 하마스의 전쟁 결과에 미국이 얼마나 우려하고 있는지를 보여 줍니다.

"Tomorrow, President Biden will address the nation to discuss our response to Hamas' terrorist attacks against Israel and Russia's ongoing brutal war against Ukraine," Karine Jean-Pierre, the White House spokeswoman, said in an email Wednesday night to reporters. The speech will be broadcast at 8 p.m. Eastern time on Thursday.

카린 장 피에르 백악관 대변인은 수요일 밤 기자들에게 이메일을 보내 "내일 바이든 대통령은 이스라엘에 대한 하마스의 테러 공격과 우크라이나에 대한 러시아의 잔혹한 전쟁에 대한 우리의 대응을 논의하기 위해 대국민 연설을 할 것"이라고 말했다. 연설은 오후 8시에 방송될 예정이다. 목요일 동부 시간.

- ongoing: 진행 중인, 현재의 → on-going, current * onging economic crisis: 현재의 경제 위기
- broadcast: 방송하다, 방영하다, 퍼뜨리다, 누설하다 → air, transmit, beam, send

payload 탑재 화물, 탑재량

We have completed our very successful attack on the three Nuclear sites in Iran, including Fordow, Natanz, and Esfahan. All planes are now outside of Iran air space. A full payload of BOMBS was dropped on the primary site, Fordow. All planes are safely on their home, Congratulations to our great American Warriors. There is not another military in the World that could have done this. NOW IS THE TIME FOR PEACE! Thank you for your attention to this matter.

우리는 포도우, 나탄즈, 에스파한 등 이란의 세 곳의 핵 시설에 대한 공격을 성공적으로 완료했습니다. 모든 비행기는 이제 이란 영공 밖에 있습니다. 비행기에 가득히 탑재된 폭탄이 모두 주요 핵시설인 포도우에 투하되었습니다. 모든 비행기는 안전하게 귀환했습니다. 우리의 위대한 미군 전사들에게 축하를 보냅니다. 세계 어느 군대도 이런 일을 해낼 수 없었습니다. 이제 평화를 위한 시간입니다! 이 문제에 관심을 가져주셔서 감사합니다.

- air space, airspace: 영공
- *payload*: 탑재 화물, 탑재량, 폭발력, 삯짐, 유상하중(배나 비행기의 유료 승객과 화물)
  - * max payload: 최대 적재량 * payload specialist: (우주 실험 목적) 우주선 탑승 과학 기술자
- There is not another military in the World that could have done this.
  - ☞ 다른 문장으로 표현해보면, 'No other military in the world could have done this.', 'Only our military could have done this.' 정도이다.

rain down 쏟아지다, 퍼붓는다

Bombs rain down on Gaza as Hamas and Israel war escalates.
Palestine earns Israel's wrath. Israel uses bunker busters to target Hamas in Gaza's tunnels. Gaza city is ablaze after blasts. Why Arab nations are refusing Gaza refugees?

하마스와 이스라엘의 전쟁이 격화되면서 가자지구에 폭탄이 쏟아지고 있습니다. 팔레스타인이 이스라엘을 분노하게 하자, 이스라엘은 벙커 버스터를 사용, 가자지구 터널 안에 있는 하마스를 표적으로 삼습니다. 폭발 이후 가자지구가 화염에 싸여 있습니다. 아랍 국가들이 가자 난민을 거부하는 이유는 무엇입니까?

- bunk buster: 벙커 버스터 (방공호나 엄폐호 따위를 뚫고 들어가 파괴하는 폭탄)
- blast: 폭발, 폭발하다
- ablaze: 불길에 휩싸인, 불타는 듯한, 화염에 싸여서
- refugee: 난민, 망명자 → exile, asylum seeker, émigré, displaced person, runaway, fugitive, escapee, stateless person, expatriate, expat

  * a refugee camp: 난민 수용소, 난민촌 a refugee problem: 난민 문제

reportedly ~라고 보도되다, ~라고 보고되다, ~라고 알려지다

The Biden administration reportedly is *pressuring* Israel *to* delay its ground invasion of the Gaza Strip, but Florida governor told NewsMax on Monday that would be a mistake. They are fighting for their existence against people that would like to see a second holocaust.

바이든 행정부는 이스라엘에 가자지구 지상 침공을 연기하라고 압력을 가하는 것으로 알려졌지만, 플로리다 주지사는 월요일 뉴스맥스에서 바이든의 압력은 실수가 될 것이라고 말하였습니다. 이스라엘은 제2의 홀로코스트를 보고 싶어 하는 사람들에 맞서 자신들의 생존을 위해 싸우고 있습니다.

- **부사가 전체 문장을 수식하는 경우, it ~ that ~으로 풀어서 해석하면 쉽다.**

  reportedly = it is reported that ~
  naturally = it is natural that ~
  mistakenly = it is a mistake that ~
  fortunately = it's fortunate that ~
  unfortunately = it's unfortunate that ~

☞ Rivian's losses widen and stock fall 5%, but execs see profit outlook improving. Apple and Rivian reportedly are in talks over potential partnership. exec: executive officer.
리비안의 손실이 확대되고 주가는 5% 하락하지만, 경영진은 수익 전망이 개선되고 있다고 봅니다. 애플과 리비안이 잠재적 파트너십에 대해 논의 중인 것으로 알려졌습니다.

- holocaust: 대참사, 대파괴, 홀로코스트(1930~40년대 나치에 의한 유대인 대학살)

set up 설립하다, 준비하다, 수립하다, 구성하다

Israel sets up assassin unit for Hamas. Israel Agencies form special unit to hunt Oct 7 attackers. Israeli forces unleashes ops on Hamas.

이스라엘, 하마스를 위한 암살 부대 설립. 이스라엘 기관, 10월 7일 테러범 사냥을 위한 특수부대 구성, 이스라엘군, 하마스에 대한 작전 개시.

- unit: (특정 임무를 위한) 부대, 단체, 구성단위, (상품의) 한 개, 단위
- unleash: (강력한 반응·감정 등을) 촉발하다, 불러일으키다, 개시하다
  unleash/uncork one's anger: 화를 터뜨리다 ↔ cork one's anger: 화를 억제하다
- ops: 군사 행동

shore up 강화하다, 지주를 떠받치다, 촉구하다

Russia's war on Ukraine. Ukrainians face winter without power as Russia targets grid. Zelensky is condemning the attack. He's been at a summit of European leaders in Granada, Spain, trying to shore up continued aid for Ukraine.

우크라이나에 대한 러시아의 전쟁. 러시아의 전력망 공격으로 우크라이나 주민들은 전력 없는 겨울을 맞이하고 있습니다. 젤렌스키 대통령은 이 공격을 비난하고 있습니다. 그는 스페인 그라

나다에서 열린 유럽 지도자 정상회의에 참석하여 우크라이나에 대한 지속적인 지원을 촉구하고 있습니다.

- **grid**: 전력망(→ power grid, power system), 격자무늬, 격자판, 기준선망
- condemn: 비난하다, 규탄하다, 선고하다
  The judge condemned her to be hanged. 판사는 그녀에게 교수형을 선고하였다.
- **shore up**: 강화하다, (건물 등에) 지주를 받치다, ~을 떠받치다
  → support, strengthen, reinforce, prop (up), brace, underpin, augment, buttres

speak out 공개적으로 말하다, 공개적으로 밝히다

Hamas releases two American hostages. Brothers of released American hostage speaks out. Freed American hostages were being held in Gaza tunnels.

하마스, 미국인 인질 2명 석방. 풀려난 미국인 인질의 형제들이 공개적으로 말합니다. 풀려난 미국인 인질들이 가자지구 터널에 억류되어 있었습니다.

- **speak out**: 공개적으로 말하다, 밝히다 → **outspeak**: 솔직히 말하다, ~을 말로 상대방을 이기다
  * outspoken: 거리낌 없는, 숨김없이 말하는 outspoken criticism/comments: 거리낌없는 비판/논평
- 포로(captive, prisoner)는 그냥 잡혀 있는 것이고, 인질(hostage)은 어떤 목적을 위한 surety(보증) 목적으로 잡혀 있는 것이다. (Hostage is a prisoner who is held by one party to insure that another party will meet specified terms.)

tear into 맹공하다, 심하게 비난하다

Former president Trump delivers remarks at 'club 47 USA' event in West Palm Beach, Florida. Trump *tears into* Biden *over* attack on Israel. 'Israel would not now be under attack' by Hamas if I were still president. Trump Reacts To Biden's just-delivered Statement about Hamas attack on Israel. Trump slams Biden response to Hamas attack on Israel at rally in Waterloo, Iowa.

트럼프 전 대통령이 플로리다주 웨스트팜비치에서 열린 '클럽 47 USA' 행사에서 연설하고 있습니다. 트럼프는 이스라엘 공격에 대해 바이든을 심하게 비난했습니다. 내가 아직 대통령이었다면 이스라엘은 지금 하마스의 공격을 받지 않았을 것입니다. 트럼프는 하마스의 이스라엘 공격에 대해 바이든이 방금 한 성명에 반응합니다. 트럼프는 아이오와주 워털루 유세에서 하마스의 이스라엘 공격에 대한 바이든의 대응을 심하게 비난합니다.

- *tear into*: ① 공격하다, 비난하다 → hit violently, pitch/lace/lam/lay into
  He pitched into his opponent. 그는 상대를 신랄히 공격하였다.
  ☞ pitch: 세일즈맨의 판매 설명, 기자들이 취재 아이디어를 에디터들에게 제안하는 행위
  elevator pitch: 짧은 시간에 요점 말하기, (30초~2분 정도)에 기업이나 제품을 홍보하는 것
  (* 엘리베이터에 동승한 사람에게 제품을 판매하기 위해 설명하려면? ☞ 압축 요약해 설명하여 관심 유발 필요)
  ② 분해하다, 해체하다 → take apart, disassemble * teardown: 분해, 해체
  ☞ Galaxy/iphone teardown report: 갤럭시/아이폰 분해 리포트
- **just-delivered ~**: 방금 ~한 * just-delivered gift/speech: 방금 배달한 선물/방금 한 연설

theatrics 연극법, 연출법, 연극조의 언동

Zelenskyy dismisses Putin's 3-day truce offer as theatrics.

젤렌스키, 푸틴의 3일 휴전 제안을 연극이라고 일축.

- dismiss: ① 묵살하다. 뭉개다, 일축하다 → wave/brush/push aside, brush off, discount, disregard, ignore ② 떨쳐 버리다 → throw out
  ③ 해고하다: fire, sack, give notice, give the axe, give the sack, send away, can, force out, displace, terminate

---

Ukraine's President Volodymyr Zelenskyy rejected Putin's short ceasefire offer by saying it's "more of a theatrical performance" on the Russian president's part.

볼로디미르 젤렌스키 우크라이나 대통령은 푸틴 대통령의 짧은 휴전 제안을 러시아 대통령의 "연극 공연에 가깝다"라며 거부하였습니다.

- more of: 오히려, ~에 가깝다, ~인 편이다
  more or less: 다소간, 얼마간, 대체로, 대략, 거의 → as an estimate, approximately
  neither more nor less than: 그 이상도 그 이하도 아니다, 꼭, 정히, 지나지 않는다
  → *nothing more, nothing less*: 더도 덜도 말고

Ukrainian President Volodymyr Zelenskyy has slammed the three-day truce declared by Russia's President Vladimir Putin from May 8-10 as a "theatrical performance."

볼로디미르 젤렌스키 우크라이나 대통령은 블라디미르 푸틴 러시아 대통령이 5월 8일부터 10일까지 사흘간 휴전을 선언한 것을 '연극 공연'이라고 강하게 비난하였습니다.

- slam: 거칠게 비판하다, 강하게 비난하다 → criticize harshly/severely/sharply/bitterly/forcefully, hypercriticize, drub, excoriate, flay, lash, scathe, scorch, score, scourge

---

Zelenskyy also said Ukraine "cannot bear responsibility for what happens" to foreign leaders attending the World War II commemoration ceremony in Moscow on May 9 and that guaranteeing the security of foreign dignitaries in Russia is up to the Kremlin.

젤렌스키 대통령은 또한 5월 9일 모스크바에서 열리는 2차 세계 대전 기념식에 참석한 외국 정

상들에게 우크라이나는 "무슨 일이 일어나도 책임을 질 수 없다"라며 러시아 내 외국 고위 인사들의 신변 안전 보장은 크렘린궁에 달려 있다고 말했습니다.

Ukrainian officials said Russia had launched a drone attack on Kyiv overnight, sparking fires at residential buildings in parts of the city.

우크라이나 관리들은 러시아가 밤새 키예프에 드론 공격을 가해 도시 일부의 주거용 건물에 화재를 일으켰다고 말했습니다.

- launch a drone attack on ~: ~에 드론 공격을 가하다

timeline 연대표, 시각표

Videos show timeline of Hamas attack at Israeli music festival.
How Hamas *Turned* an Israeli Music Festival *Into* a Massacre?
Video shows Hamas militants attacking music festival in Israel.

동영상은 이스라엘 음악 축제에서 하마스 공격 타임라인을 보여 줍니다. 하마스는 어떻게 이스라엘 음악 축제를 학살로 만들었나? 영상에는 하마스 무장 세력이 이스라엘 음악 축제를 공격하는 모습이 담겨 있다.

- **milelstone, milepost**: 이정표(timeline 중에서 아주 중요한 일정만 간추린 것)
  → juncture, occasion, a turning point, a significant event in life/history
- turn into/to: ~로 바뀌다, 되다, 변하다 → convert into, transform into
  * turn A into B: A를 B로 바꿔 놓다, A를 B가 되게 하다
- massacre: ① 대학살, 대학살하다 → slaughter, killing, murder, holocaust, carnage, extermination, annihilation, butchery, mass slaughter, blood bath
  ② (경기 · 시합의) 대패, 대패시키다 → beating, defeat, drubbing, overthrow, rout, thrashing

trickle 흐르다, 천천히 가다

Israel war updates. Israel is at war. Israel takes on Hamas. Gaza runs out of power, food, hope. Aid trickles into Gaza.

이스라엘 전쟁 업데이트. 이스라엘은 전쟁 중입니다. 이스라엘은 하마스와 맞서고 있습니다. 가자지구는 전력, 식량, 희망이 모두 떨어졌습니다. 가자지구에 구호품이 유입됩니다.

- take on: ① 다투다, 싸우다, 대결하다, 시합하다 Sinner is to take on Alcaraz at US Open next week. 시너는 다음 주 US 오픈에서 알카라즈와 맞붙게 됩니다.
  ② (일/책임을) 떠맡다: undertake, begin to handle → He took on extra responsibilities upon promotion to manager. 그는 매니저로 승진하면서 추가적인 책임을 맡게 되었습니다.
  ③ 고용하다: hire, engage → The company took on more salespersons for economic recovery. 회사는 경제 회복에 대비 더 많은 판매원을 채용하였습니다.
- run out of ~: ~이 바닥나다, ~을 다 써버리다, ~이 없어지다
  ☞ run out of money/funds/food/fuel/luck

Israel tanks massing near Gaz border. Israel's military amasses near Gaza. 300,000 Isralei troops stand at ready after Hamas attack.

이스라엘 탱크가 가자 국경 근처에 집결합니다. 이스라엘 군대가 가자 지구 인근에 집결합니다. 하마스 공격 후 30만 명의 이스라엘 군대가 대기 중입니다.

- mass: 많이 모이다, 집합하다, 모으다, 집합시키다 * amass: 모으다, 축적하다, 모이다, 집합하다

Israeli death toll rises to more than 1,200. Hamas threatens to execute Israeli hostages after Gaza bombing. Furious Israel bombs Gaza. Israel struggles to stamp out Hamas. Israel warns half of Gaza to evacuate south.

이스라엘 사망자 수가 1,200명 넘게 증가했습니다. 하마스는 가자 폭격 후 이스라엘 인질들을 처형하겠다고 위협합니다. 분노한 이스라엘이 가자 지구를 폭격합니다. 이스라엘은 하마스를 소탕하기 위해 고군분투합니다. 이스라엘, 가자지구 주민 절반에게 남쪽으로 대피하라고 경고합니다.

- death toll: 사망자 수 * toll: 통행료, 사상자 수, 희생자 수
- execute: 처형하다, 사형하다, 실행하다, 수행하다
- stamp out: 근절하다, 일소하다, 밟아 뭉개다 → wipe out, root out

two-front war (전선이 둘 있는) 양면 전쟁

Israel braces for a two-front war. Israel forces gather along borders with Gaza and Lebanon. Iron Dome fires at target from Lebanon. Oil prices spike after Hamas attack on Israel.

이스라엘은 두 개의 전선에서 전쟁에 대비합니다. 이스라엘군이 가자지구와 레바논 국경을 따라 집결합니다. 아이언돔이 레바논에서 발사된 목표물을 저격합니다. 하마스의 이스라엘 공격 이후 유가 급등했습니다.

- brace: 대비하다, 대비시키다, 버티다, 지탱하다 → brace/prepare oneself for, gear up for
  He geared himself up for questioning at public hearing. 그는 공청회 심문에 대비하였다.
- fire at/on~: ~을 저격하다
  The army fired at the enemy on the run. 군대는 도망가는 적군에게 총격을 가했다.
- spike: 못, 대못, 스파이크, 못을 박다, 망치다, 무효로 하다, (급락 후) 급등하다
  ☞ US Treasury bond rates have spiked up. 미국 국채 금리가 급등하였다.

unilateral ceasefire 일방적인 휴전

Germany doubtful of Putin's 3-day ceasefire

독일은 푸틴의 사흘간의 휴전에 회의적입니다.

German Defense Minister Boris Pistorius voiced skepticism about Russian President Vladimir Putin's unilateral ceasefire in Ukraine. Meanwhile, Ukraine said a Russian drone strike killed a young girl.

보리스 피스토리우스 독일 국방부 장관은 블라디미르 푸틴 러시아 대통령의 일방적인 우크라이나 휴전에 대해 회의적인 입장을 표명했습니다. 한편 우크라이나는 러시아 드론 공격으로 어린 소녀 한 명이 사망했다고 밝혔습니다.

- voice: 목소리, 음성, 발언, 표현, 의견, (말로) 나타내다, 표현하다, 발음하다
  * raise one's voice: 목소리를 높이다, 불만을 말하다
  * speak under one's voice: 낮은 소리로 말하다 * with one voice: 이구동성으로, 만장일치로 → unanimously. in accord, in complete agreement
- unilateral: 일방적인, 단독의 bilateral: 쌍무의, 양자간의 trilateral: 3개국의 multilateral: 다자의, 다국가의 * multilaterial talks: 다자 회담
- ceasefire: 휴전 → truce, armistice

The defense minister said that recent experience shows that such declarations often amount to little. He also said he's counting on continued US support for Ukraine's defense against Russia, emphasizing that the war affects Europe's security.

국방부 장관은 최근의 경험에 따르면 그러한 선언은 종종 별 의미가 없다고 말했습니다. 그는 또한 전쟁이 유럽의 안보에 영향을 미친다는 점을 강조하면서 러시아에 대한 우크라이나의 방어를 위해 미국의 지속적인 지원을 기대하고 있다고 말했습니다.

- **amount to ~**: ~이 되다, ~에 해당하다, 합이 ~이 되다 * amount to much: 상당한 것이 되다, amount to (very) little: (거의) 무가치하다
- **count on**: 기대하다, 믿다, 확신하다 → rely on, depend on
  * count heads/noses: 출석자를 세다, 참석자를 세다 * count ~ out: ~를 빼다, 제외하다

Meanwhile, Russia's overnight drone strike killed a 12-year-old girl and injured her parents in central Ukraine.

한편, 밤새 러시아의 드론 공격으로 우크라이나 중부에서 12세 소녀가 사망하고 부모가 부상을 입었습니다.

- voice: 목소리, 음성, 발언, 표현, 의견, (말로) 나타내다, 표현하다, 발음하다
  - * raise one's voice: 목소리를 높이다, 불만을 말하다
  - * speak under one's voice: 낮은 소리로 말하다
  - * with one voice: 이구동성으로, 만장일치로 → unanimously. in accord, in complete agreement

weigh 따져보다, 저울질하다, 무게가 ~이다

Trump administration weighs drone strikes on Mexican cartels

트럼프 행정부, 멕시코 카르텔에 대한 드론 공격 검토

The administration has increased surveillance flights over Mexico as it tries to track the powerful cartels that dominate the fentanyl trade.

트럼프 행정부는 펜타닐 거래를 지배하는 강력한 카르텔을 추적하기 위해 멕시코 상공에서 감시 비행을 늘리고 있습니다.

The Trump administration is considering launching drone strikes on drug cartels in Mexico as part of an ambitious effort to combat criminal gangs trafficking narcotics across the southern border, according to six current and former U.S. military, law enforcement and intelligence officials with knowledge of the matter.

이 문제에 대해 잘 알고 있는 6명의 전현직 미군, 법 집행기관 및 정보기관 관계자에 따르면 트럼프 행정부는 남부 국경을 넘어 마약을 밀매하는 범죄 조직에 맞서기 위한 야심에 찬 노력의 하나로 멕시코의 마약 카르텔에 드론 공격을 시행하는 방안을 검토 중이라고 합니다.

- traffick: 불법 거래를 하다, 밀거래하다
- narcotic: 마약, 수면제, 진정제

Discussions among White House, Defense Department and intelligence officials, which are still at an early stage, have included possible drone strikes against cartel figures and their logistical networks in Mexico with the cooperation of Mexico's government, the sources said.

아직 초기 단계인 백악관, 국방부, 정보 당국 간의 논의에는 멕시코 정부의 협조를 받아 멕시코 내 카르텔 인사와 그들의 물류 네트워크에 대한 드론 공격 가능성도 포함되었다고 소식통들은 말했습니다.

Still, the administration has made no final decision and reached no definitive agreement about countering the cartels. And unilateral covert action, without Mexico's consent, has not been ruled out and could be an option of last resort, the sources said. It is unclear whether American officials have floated the possibility of drone strikes to the Mexican government.

그럼에도 불구하고 정부는 카르텔 대응에 대한 최종 결정을 내리지 않았으며 최종 합의에 도달하지 못하였습니다. 소식통들은 멕시코의 동의 없이 일방적으로 비밀리에 행동하는 것도 배제되지 않았으며 최후의 선택이 될 수 있다고 말하였습니다. 미국 관리들이 멕시코 정부에 드론 공격 가능성을 흘렸는지는 분명하지 않습니다.

- counter: 대응하다 → counteract
- covert: 비밀의, 은밀한 ↔ overt: 명시적인, 공공연한
  → secret, private, hidden, disguised, concealed, veiled, sly, clandestine, underhand, unsuspected, surreptitious, stealthy ⇔ open, obvious, plain, public, clear, apparent, explicit, visible, patent, evident, manifest, noticeable, blatant, downright, undisguised
  The leader of opposition party has been supplying covert military aid to the rebels.
  야당 대표는 반군에게 은밀하게 군사 지원을 제공해 왔습니다.
  Trump administration expressed little overt support for the war.
  트럼프 행정부는 전쟁에 대한 명시적인 지지는 거의 표명하지 않았다,
- float: 흘리다, 떠돌아다니다
- it is unclear whether ~: ~ 여부는 확실하지 않다

wreak (큰 피해를) 입히다, 가하다

India threatens to cut off water supply to Pakistan Beenish Javed.

인도, 파키스탄 비니쉬 자베드에 물 공급을 중단하겠다고 위협하다

- **cut off**: ① 자르다, 차단하다, 가로막다, (수도/가스/전기등을) 끊다 ② 중단, 차단
  The telephone operator cut us off. 전화 교환원이 우리 통화를 차단하였습니다.

India has threatened to suspend the Indus Water Treaty, which governs how water in the Indus basin is being shared between India and Pakistan. That could wreak havoc on Pakistan's agriculture and economy.

인도는 인더스강 유역의 물을 인도와 파키스탄이 공유하는 방법을 규율하는 인더스 물 조약을 중단하겠다고 위협했습니다. 이는 파키스탄의 농업과 경제에 큰 혼란을 일으킬 수 있습니다.

- suspend: 매달다, 걸다, 유예하다, 중단하다, 연기하다
- basin: (큰 강의) 유역, 양푼(같이 생긴 그릇), 대야
- **wreak**: (원수를) 갚다, (벌을) 주다, (분노를) 터뜨리다, (큰 피해를) 입히다
  → create, work, cause, visit, effect, exercise, carry out, execute, inflict, bring about
  She wreaked her anger on the staff members. 그녀는 직원들에게 분풀이하였다.
- havoc: 대파괴, 큰 혼란, 큰 피해
  Violent storms wreaked havoc on the coast. 격렬한 폭풍이 해안에 큰 혼란을 일으켰습니다.

China's Foreign Ministry on Monday made a statement asking India and Pakistan to exercise restraint. "China hopes that the two sides will exercise restraint, meet each other halfway, properly handle relevant differences through dialogue and consultation and jointly maintain regional peace and stability." Foreign Ministry spokesman Guo Jiakun said.

중국 외교부는 월요일 인도와 파키스탄에 자제력을 발휘할 것을 촉구하는 성명을 발표했습니다. 궈자쿤 외교부 대변인은 "중국은 양측이 자제력을 발휘하고 서로 중간에 만나 대화와 협의를 통해 관련 이견을 적절히 처리하고 지역의 평화와 안정을 공동으로 유지하기를 희망한다"라고 말했습니다.

- restraint: 제지, 금지, 통제, 제한, 자제 * exercise restraint: 자제하다, 삼가다

  ☞ self-restraint: 자제, 극기, 자제력 → self-control, willpower, self-discipline, cool, coolness, calmness, self-mastery, strength of mind or will

  He behaved with admirable self-control although he was very angry.

  그는 매우 화가 났지만 놀라울 정도로 자제력을 발휘하며 행동했습니다.

- **halfway**: 도중의, 불충분한, 중간에, 부분적으로, 불완전하게 * half-way: 중도에, 절반

  ☞ **meet halfway, go halfway to meet**: 양보하다, 타협하다, 도중까지 나가 맞다

  → BIZ에서 빈번하게 사용한다. 'Let's meet halfway.'라고 하면 '서로 양보하자', '서로 양보하고 중간 조건으로 합의하자'라는 의미이다.

  → 일반 영어에서는 약속 장소를 정할 때 '중간 장소에서 만나자'라는 의미로도 사용된다.

Chapter Ⅳ

사 회

CONTENTS

최신 시사 뉴스 영어 표현집

action plan (서류로 된) 상세한 사업 계획

President Trump signed an executive order Friday directing the Department of Veterans Affairs to create a center for homeless veterans on its West Los Angeles campus.

트럼프 대통령은 금요일, 재향군인회(VA)가 웨스트 로스앤젤레스 캠퍼스에 노숙 참전용사들을 위한 센터를 설립하도록 지시하는 행정 명령에 서명했습니다.

The order set a goal of housing up to 6,000 homeless veterans at the center, which Trump named the National Warrior Independence Center, and ordered federal agencies to "ensure that funds that may have been spent on housing or other services for illegal aliens are redirected to construct, establish, and maintain" it.

이 행정 명령은 트럼프 대통령이 '전국 전사 독립 센터(National Warrior Independence Center)'라고 명명한 센터에 최대 6,000명의 노숙 참전용사를 수용하는 것을 목표로 하고, 연방 기관들에 "불법 체류 외국인을 위한 주택이나 기타 서비스에 사용되었을 수 있는 예산을 센터의 건설, 설립, 유지 관리에 전용"하도록 지시했습니다.

- set a goal of: 목표를 설정하다, 목표를 세우다
- house: 살 곳을 주다, 거처를 제공하다, 보관/수용/소장하다
- **redirect**: 전용하다(→ divert, convert), 돌려쓰다, 다시 보내다, 전송하다

Trump ordered VA Secretary Doug Collins to prepare an action plan to create the housing by Jan. 1, 2028. He also *directed* Collins *to* report within 60 days on "options like expanding office hours, offering weekend appointments, and increasing the use of virtual healthcare."

트럼프 대통령은 더그 콜린스 재향군인회 장관에게 2028년 1월 1일까지 센터를 건설하기 위한 실행 계획을 수립하도록 지시했습니다. 또한 콜린스 장관에게 '근무 시간 확대, 주말 진료 제공, 가상 의료 서비스 이용 확대 등의 방안'에 대해 60일 이내에 보고하도록 지시했습니다.

action plan: (서류로 된) 상세한 사업 계획으로 시간, 비용, 구체적인 계획이 명기되며, action program 이라고도 함.

"Too many veterans are homeless in America," the order said. "Each veteran deserves our gratitude. Yet the Federal Government has not always treated veterans like the heroes they are."

행정 명령은 "미국에는 너무 많은 재향 군인이 노숙 생활을 하고 있습니다."라고 밝히며, "모든 재향 군인은 우리의 감사를 받을 자격이 있습니다. 하지만 연방 정부는 항상 재향 군인들을 영웅처럼 대하지는 않았습니다."라고 덧붙였습니다.

As part of the action plan, Trump *ordered* the secretary of Housing and Urban Development *to* consult with Collins *on using* "vouchers to support homeless veterans in the Los Angeles metropolitan area and around the Nation with respect to this effort."

트럼프 대통령은 행동 계획의 하나로 주택도시개발부 장관에게 콜린스 장관과 '로스앤젤레스 대도시권과 전국의 노숙 참전용사들을 지원하는 바우처 사용'에 대해 협의하도록 지시했습니다.

The HUD-Veterans Affairs Supportive Housing program, commonly known as HUD-VASH, provides vouchers that veterans can use for housing on the campus and in rentals in the community. Delays in processing applications and landlord resistance to accepting the vouchers have left many of them unused. In 2024, the VA Greater Los Angeles Healthcare System reported that there were 8,453 HUD-VASH housing vouchers available for greater Los Angeles but only 62% were in use.

HUD-VASH(HUD-Veterans Affairs Supportive Housing) 프로그램은 참전용사들이 캠퍼스 내 주택과 지역 사회 내 임대 주택에 사용할 수 있는 바우처를 제공합니다. 신청 처리 지연과 임대인의 바우처 수용 거부로 인해 많은 바우처가 사용되지 않고 있습니다. 2024년 VA 광역 로스앤젤레스 의료 시스템(VA Greater Los Angeles Healthcare System)은 광역 로스앤젤레스 지역에 8,453개의 HUD-VASH 주택 바우처가 있었지만, 실제로 사용된 바우처는 62%에 불과했다고 보고했습니다.

The initiative comes amid the Trump administration's proposed cuts to VA staffing that have sparked *criticism* from Democratic lawmakers *of widespread disruptions across the agency's healthcare system.*

이 계획은 트럼프 행정부가 VA 인력 감축을 추진하는 가운데 발표되었으며, 이로 인해 민주당 의원들은 VA 의료 시스템 전반에 걸쳐 광범위한 차질이 발생하고 있다고 비판했습니다.

- staffing: 직원 채용 * staffing problem: 인력 (부족) 문제, 인력 배치 문제
- disruption: 파열, 분열, 붕괴, 중단, 두절 → disturbance, disorder, confusion, interference, disarray, interruption, stoppage, disorderliness

  * disrupt: 방해하다, 지장을 주다

  Traffic was disrupted by typhoon. 태풍으로 교통이 마비되었다.

  ※ The initiative comes amid the Trump administration's proposed cuts to VA staffing that have sparked *criticism* from Democratic lawmakers *of widespread disruptions across the agency's healthcare system.*

  ☞ 본 문장도 영어의 기본 원칙 '**긴 내용은 뒤에 배치한다**'에 따른 것으로, propsed cuts to VA staffig부터 paraphrase 하면 다음과 같이 할 수 있다.

  ① proposed cuts to VA staffing that have sparked *criticism of widespread disruptions across the agency's healthcare system* from Democratic lawmakers

  ② proposed cuts to VA staffing that have sparked from Democratic lawmakers *criticism of widespread disruptions across the agency's healthcare system*

behind-the-scenes 무대 뒤에서, 막후에서

Taylor Swift has the chance to reclaim her original masters with the help of an unlikely source.

테일러 스위프트는 예상치 못한 곳에서 도움을 받아 자신의 오리지널 마스터 음반을 되찾을 기회를 얻었습니다.

Pop superstar has spent years trying to gain ownership of the original recordings of her first six albums.

팝 슈퍼스타 테일러 스위프트는 수년간 자신의 첫 6개 앨범의 오리지널 음원 소유권을 얻기 위해 노력해 왔습니다.

Taylor Swift is reportedly receiving behind-the-scenes assistance to buy back her recordings from *none other than* retired music mogul Scooter Braun.

테일러 스위프트는 은퇴한 음악 거물 스쿠터 브라운으로부터 자신의 음원을 되사기 위한 막후 지원을 받는 것으로 알려졌습니다.

- behind-the-scenes: 무대 뒤에서, 막후에서 → backstage, sub rosa, under-the-table
  * behind-the-scenes conference/negotiation/story: 비밀회의 / 막후 협상 / 비화
- *none other than*: 다름 아닌 (바로) 그것, 그 사람
  The visitor was *none other than* the chairman of the group.
  방문객은 다름 아닌 그 그룹의 회장님이었다.
- mogul: 거물, 실력자, (높게 다진 스키장) 눈더미, 무굴인(16~19세기 인도를 통치한 이슬람교국인)
  → tycoon, lord, baron, notable, magnate, personage, potentate, bashaw, V.I.P.
  * big gun/shot/wheel/cheese/noise/hitter: 거물, 유력자

In a surprising turn of events, Braun, with whom Swift has long been locked in a bitter feud, is trying to "encourage" Shamrock Capital to sell her the master recordings of her first six studio albums, according to Page Six sources.

놀라운 일이 진척되고 있는 것이, Page Six 소식통에 따르면, 스위프트와 오랫동안 불화를 빚어온 스쿠터 브라운이 샴록 캐피털(Shamrock Capital)에 스위프트의 첫 여섯 장의 스튜디오 앨범 마스터 음반을 판매하도록 '권유'하려 하고 있습니다.

- in a surprising turn of events: 놀랍게도 상황이 반전되어
- feud: (오랫동안의) 불화, 반목, 불화를 빚다, 반목 속에 지내다

☞ 표현 방법은 여러 가지
with whom Swift has long been locked in a bitter feud 를 다른 문장으로 표현하면,
with whom Swift has long been at odds with Swift — at odds with: 불화하여, 상충하여
with whom Swift has had a longstanding feud — longstanding: 오래 계속되는, 오래된

"The team at Shamrock want to make sure that Taylor has knowledge that they are trying to put this deal to her, as they are not sure that she was ever offered them the first time around," the outlet reported.

Shamrock 측은 "샴록 캐피털은 테일러에게 이번 거래를 제안했다는 사실을 확실히 알리고 싶어 합니다. 처음에 테일러에게 제안이 있었는지 확실하지 않기 때문입니다."라고 보도했습니다.

It's estimated that, should Swift decide to go ahead with the purchase, she would likely have to shell out between $600 million to $1 billion, Clayton Durant, founder of the music consulting firm CAD Management, told the tabloid.

음악 컨설팅 회사 CAD 매니지먼트의 설립자 클레이튼 듀런트는 스위프트가 인수를 진행할 때 6억 달러에서 10억 달러 사이의 비용을 지불하여야 할 것으로 추산된다고 타블로이드 신문에 밝혔습니다.

- **shell out**: 돈을 건네주다, 내다, 지불하다 → fork out, hand over, pay
  It would be hard to shell out $1,000 to buy the ticket.
  티켓을 사기 위해 $1,000를 지불하기는 쉽지 않을 것입니다.
- tabloid: 타블로이드판(보통 신문의 절반 크기, 흥미 위주의 기사에 유명인의 사진을 싣는 것이 특징)

The Independent understands that Swift has no knowledge of Braun's supposed involvement in such a deal. The Independent has contacted Braun's representatives for comment.

인디펜던트는 스위프트가 브라운의 해당 거래 개입 의혹에 대해 전혀 알지 못하는 것으로 알고 있습니다. 인디펜던트는 브라운 측에 입장을 밝히기 위해 연락했습니다.

Braun, 43, initially gained ownership of Swift's six-album catalog in 2019, when one of his companies, Ithaca Holdings LLC, infamously purchased Big Machine Records, the label the "Cruel Summer" singer had been signed to from 2006 to 2018.

브라운(43세)이 스위프트의 6개 앨범 카탈로그의 소유권을 처음 획득한 것은 2019년 자신의 회사 중 하나인 이타카 홀딩스 LLC가 빅 머신 레코드를 인수하면서입니다. 빅 머신 레코드사에는 '크루얼 서머'를 부른 가수가 2006년부터 2018년까지 소속되어 있었습니다.

- infamously: 악명 높게, 불명예스럽게　　infamy: 악명, 오명, 악행　　infamous: 악명 높은, 오명이 난
- label: 레이블, (레코드판 중앙의) 라벨, (레코드 회사) 상표 라벨, (특정 라벨의) 레코드
  ☞ 레이블(label)은 레코드 레이블(record label), 레코드 회사(영어: record company)를 의미하며 음악 녹음 및 뮤직비디오의 브랜드 또는 상표이거나 이를 소유한 회사이다. 때때로 레코드 레이블은 이러한 브랜드 및 상표를 관리하고 음반 및 뮤직 비디오의 생산, 제작, 유통, 마케팅, 홍보 및 저작권 시행을 조정하는 음악 출판사이며, 동시에 신인 아티스트 발굴 및 개발, 아티스트 자금 지원, 녹음 아티스트 및 그들의 매니저와의 계약 유지를 수행하기도 한다. Record Label이라는 용어는 레코드 중앙에 있는 원형 레이블에서 유래했으며, 여기에는 제조사 이름과 기타 정보가 명확하게 표시되어 있다.

Scooter Braun is reportedly helping Taylor Swift buy back her recordings. Along with ownership of the company, Braun also gained rights to the master recordings of all the music Swift had created during her time with the label. This included her first six albums: Taylor Swift (2006), Fearless (2008), Speak Now (2010), Red (2012), 1989 (2014) and Reputation (2017).

스쿠터 브라운은 테일러 스위프트가 자신의 음반을 다시 매입하는 것을 돕고 있는 것으로 알려졌습니다. 브라운은 회사 소유권과 함께 스위프트가 이 회사 레이블로 제작한 모든 음악의 마스터 레코딩에 대한 권리도 획득했습니다. 여기에는 그녀의 첫 여섯 앨범 - Taylor Swift(2006), Fearless(2008), Speak Now(2010), Red(2012), 1989(2014), Reputation(2017) -이 포함되어 있었습니다.

This meant that anybody who wanted to license any of Swift's old songs for a movie or TV show would have to get Braun's permission and pay him a fee.

이는 스위프트의 옛 노래를 영화나 TV 프로그램에 사용하려면 브라운의 허가를 받고 수수료를 지불하여야 한다는 것을 의미했습니다.

The sale caused major furor at the time as Swift claimed she had begged to buy her own work outright, but was denied the chance.

당시 스위프트가 자신의 작품을 직접 구매하고 싶다고 간청했지만 거절당했다고 주장하면서 이 매각은 큰 파장을 불러일으켰습니다.

- furor: 열광, 센세이션, 논란, 분노, 소란, 격노, 비난
  The revision of commercial law led to a furor. 상법 개정으로 파장이 일었다.
  The report sparked a furor. 그 보고서는 논란을 불러일으켰다.
  The politician's remarks caused a furor. 그 정치인의 발언이 분노를 일으켰다.
- outright: ① 완전한, 전면적인, 노골적인, 명백한: absolute, complete, total, direct, perfect, pure, sheer, utter, thorough, wholesale, unconditional, downright, consummate, decisive, straightforward, clear-cut, out-and-out
  ② 노골적으로, 드러내 놓고, 명백히, 완전히: openly, frankly, plainly, face-to-face, explicitly, overtly, candidly, unreservedly, entirely, absolutely, completely, thoroughly, wholly, utterly, straightforwardly, out-and-out

bipartisan caucus 초당적인 전당 대회

Senator forms bipartisan caucus to tackle America's mental health crisis.

상원 의원은 미국의 정신 건강 위기를 해결하기 위해 초당파 간부 회의를 구성했습니다.

- bipartisan: 양당의, 양당 제휴의, 초당파의
- caucus: 간부 회의, 전당 대회, 간부들, 당원들

- **tackle**: (힘든 문제 상황과) 씨름하다, 솔직하게 말하다, 따지다
  → deal with, take on, set about, wade into, get/sink one's teeth into
  We need to tackle these problems and find out the solution to save people's lives.
  우리는 이러한 문제를 해결하고 사람들의 생명을 구할 수 있는 해결책을 찾아야 합니다.

black Friday 블랙 프라이데이

Thanksgiving Day online sales jump as discounts motivate holiday shoppers

할인 혜택으로 인해 추수감사절 온라인 매출이 급증했습니다.

Online spending on Thanksgiving Day jumped 5.5% compared to a year ago, according to Adobe Analytics, a reflection of holiday shoppers who are buying more of their gifts online and responding to discounts.

Adobe 애널리틱스에 따르면 추수감사절 당일 온라인 지출은 1년 전보다 5.5% 증가했으며, 이는 온라인에서 선물을 더 많이 구매하고 할인 혜택에 반응하는 공휴일 쇼핑객의 성향을 반영한 결과입니다.

E-commerce sales totaled $5.6 billion on the holiday. That's nearly twice as much as the $2.87 billion that consumers spent on Thanksgiving in 2023, according to the company's analysis.

이날의 전자 상거래 매출은 총 56억 달러에 달했습니다. 이는 2023년 추수감사절에 소비자들이 지출한 28억 7,000만 달러의 거의 두 배에 달하는 금액입니다.

For Black Friday, online spending is expected to climb even higher and bring in an expected $9.6 billion, up 5.7% year over year.

블랙프라이데이에는 온라인 지출이 더욱 증가하여 전년 대비 5.7% 증가한 96억 달러에 달할 것으로 예상됩니다.

- black Friday: 미국 추수감사절 다음 날인 금요일로, 1년 중 가장 큰 폭의 세일 시즌이 시작되는 날
- bring in: 가져오다, 데려오다, 도입하다, 유치하다, 소개하다, (판결을) 내리다

Still, it's too soon to say if the transaction will be enough to propel a strong season overall.

그러나 여전히 이 거래만으로는 전체 시즌이 강세를 보일 만큼 충분할지 단정하기는 이르다.

- *too A to B*: 너무 A해서 B하기 뭐하다

  It's too good to be true. 너무 좋아 믿을 수 없다.

  It's too premature to reach a conclusion. 결론에 도달하기는 시기상조이다.

blackout 정전, (정부·경찰에 의한) 보도 통제, 등화관제

Trump's energy policy may save U.S. from blackouts like those hitting Spain, Portugal, experts say.

트럼프의 에너지 정책은 스페인과 포르투갈을 강타한 정전 사태로부터 미국을 구할 수 있다고 전문가들은 말합니다.

Can it happen here? While the exact cause of the blackout in Spain and Portugal is unknown and could take months to fully analyze, many experts blame *the region's overreliance on renewable but unreliable energy sources* contributed to a near-catastrophic collapse of the electricity grid relied upon by the two countries.

이런 일이 여기서도 일어날 수 있을까요? 스페인과 포르투갈에서 발생한 정전의 정확한 원인은 아직 밝혀지지 않았으며, 완전히 분석하는 데 수개월이 걸릴 수 있습니다. 하지만 많은 전문가는 이 지역이 재생할 수 있지만 신뢰할 수 없는 에너지원에 과도하게 의존한 것이 두 나라가 의존하는 전력망의 거의 재앙적인 붕괴를 초래했다고 지적합니다.

- overreliance: 과도한 의존 → overdependence
- electricity grid (network): 전력망, 전기 시설망
- near-catastrophic: 재앙에 가까운
  * catastrophic or near-catastrophic: 재앙이거나 재앙에 가까운

At approximately 12:35 p.m. local time, the electrical grid on the Iberian Peninsula, which includes Spain and Portugal, collapsed, plunging the region into darkness. The blackout trapped people in elevators, grounded air traffic, shut down ATMs, caused subways and trains to fail, and left millions without phones or internet.

현지 시간으로 오후 12시 35분경, 스페인과 포르투갈을 포함하는 이베리아반도의 전력망이 붕괴하여 이 지역이 암흑 속으로 빠져들었습니다. 정전으로 인해 엘리베이터에 사람들이 갇히고, 항공 교통이 중단되고, ATM이 멈추고, 지하철과 기차가 고장 나고, 수백만 명이 전화나 인터넷 없이 지냈습니다.

- ground: 좌초되다, 좌초시키다, 이륙을 못 하게 하다

"We have never had a complete collapse of the system." Spanish Prime Minister Pedro Sánchez said in a televised address Monday night. As many as 49 million people were thrown back to the 1900's, when Spain first began nationwide electrification. According to ABC News, the country lost 60% of its national demand in a mere five seconds.

페드로 산체스 스페인 총리는 월요일 밤 텔레비전 연설에서 "우리는 시스템이 완전히 붕괴한 적이 없다"라고 말했습니다. 스페인이 처음 전국적인 전기 공급을 시작한 1900년대로 되돌아간 사람은 4,900만 명에 달합니다. ABC 뉴스에 따르면 스페인은 단 5초 만에 전국 수요의 60%를 잃었습니다.

- televise: 텔레비전으로 방송하다
- electrify: 전기로 움직이게 하다, 전화(電化)하다, 전기를 통하게 하다, 흥분시키다
  * electrification: 전화(電化) → 전력을 이용하여 열, 빛, 동력 따위를 얻음.

Spain was one of the loudest voices in the E.U. pushing for liberation from petroleum sources for power generation. The nation was eager to pat itself on the back, and less than two weeks before the event, Spain celebrated satisfying 100% of energy demand with wind, solar and hydroelectric power, for a single day.

스페인은 유럽연합에서 가장 큰 목소리를 내며 석유 발전으로부터의 탈석유화를 추진한 국가 중 하나였습니다. 스페인은 행사 개최 2주 이전, 단 하루 동안 풍력, 태양열, 수력 발전으로 에너지 수요의 100%를 충족한 것을 축하하며 자신을 치켜세웠습니다.

- pat: (특히 애정을 담아) 쓰다듬다, 토닥거리다, 쓰다듬기, 토닥거리기
  - * pat on the back: 칭찬하다, 격려하다
  - * turn one's back on: ~에게 등을 돌리다, 무시하다, 외면하다, 저버리다

  You deserve a pat on your back. 당신은 칭찬받을 자격이 있어요.

blindside 상대방이 못 보는 쪽에서 공격하다, 기습하다

CDC blindsided as RFK Jr. changes vaccine recommendations

CDC, RFK 주니어 백신 권장 사항 변경에 기습 공격

- blindside: 기습하다, 상대방이 못 보는 쪽에서 공격하다 → assail, assault, set on, attack

---

Agency officials were not aware that the HHS secretary was going to change the recommended vaccine schedule.

보건복지부(HHS) 관계자들은 보건복지부 장관이 권장 백신 접종 일정을 변경할 것이라는 사실을 인지하지 못했습니다.

- HHS: Department of Health and Human Services, 보건복지부 * secretary: 장관 (minister)

Health and Human Services Secretary Robert F. Kennedy Jr.'s surprise announcement Tuesday ending coronavirus vaccine recommendations for healthy children and pregnant women blindsided the agency which offers that advice, according to current and former federal health officials.

현직 및 전직 연방 보건 당국자들에 따르면, 로버트 F. 케네디 주니어 보건복지부 장관이 건강한 어린이와 임산부에 대한 코로나바이러스 백신 권장 사항을 중단한다는 화요일 깜짝 발표는 해당 백신 접종 권고를 제공하는 기관에 큰 타격을 입혔습니다.

Officials at the Centers for Disease Control and Prevention are scrambling to understand Kennedy's decision, announced in a 58-second video on X on Tuesday morning, which took agency staff by surprise.

질병통제예방센터(CDC) 관계자들은 화요일 아침 X 채널에서 58초 분량의 영상을 통해 발표된 케네디 장관의 결정을 이해하기 위해 애쓰고 있습니다. 이 영상은 기관 직원들을 놀라게 했습니다.

- CDC(Center for Disease Control and Prevention): 질병예방센터
- scramble: (여러 명이 경쟁하듯) 서로 밀치다, 앞다투다, 재빨리 움직이다, 앞다투기, 쟁탈전 벌이기
  * scramble for a seat: 자리를 먼저 잡으려고 서로 다투다
  * a scramble of papers on the desk: 책상 위에 산더미처럼 쌓인 서류
  → strive, rush, contend, vie, run, push, hasten, jostle, jockey for position, make haste
  More than a million fans are expected to scramble for tickets to the concert.
  백만 명 이상의 팬들이 콘서트 티켓을 구하기 위해 경쟁할 것으로 예상됩니다.
- take/catch ~ by surprise: ~를 놀라게 하다
  * by surprise: 불시에, 느닷없이
  The news took her by surprise. 그녀는 그 소식에 깜짝 놀랐습니다
  I have a pleasant surprise for you. 기분 좋은 깜짝 선물이 있습니다

Five hours later, CDC officials received a one-page "secretarial directive," dated May 19 and signed by Kennedy, that contradicts some of what he said in his video, according to two current and one former health officials, who spoke on the condition of anonymity out of fear of retaliation.

5시간 후, CDC 관계자들은 5월 19일 자로 케네디 장관이 서명한 1페이지 분량의 '장관 지시'를 받았습니다. 보복에 대한 우려로 익명을 요구한 현직 보건 당국자 2명과 전직 보건 당국자 1명에 따르면, 이 지시는 케네디 장관이 영상에서 밝힌 내용 일부와 상반됩니다.

- directive: 지시, 지령, 작전 명령 → order, ruling, regulation, charge, notice, command, instruction, dictate, decree, mandate, canon, injunction, imperative, fiat, ordinance, edict
- **on the condition of anonymity**: 익명을 조건으로, 익명을 전제로
- out of fear of retaliation: 보복에 대한 두려움으로 * out of fear: 무서워서, 두려움으로
  * a shudder of fear: 공포의 전율 * shudder: 몸을 떨다, 몸서리치다, 전율하다, 전율

In his tweet and video, Kennedy said he had <u>unilaterally</u> decided to <u>override</u> the current recommendation that <u>everyone 6 months and older</u> receive an annual coronavirus vaccination — including healthy pregnant women.

케네디는 트윗과 영상에서 생후 6개월 이상의 모든 사람(건강한 임산부 포함)이 매년 코로나바이러스 백신을 접종해야 한다는 현행 권고안을 일방적으로 뒤집기로 했다고 밝혔습니다.

- unilaterally: 일방적으로 → one-sidedly * unilateral: 일방적인, 단독의 → one-sided
  one-sided view/agreement/game/decision: 편견/편무 계약/일방적인 경기/일방적인 결정
- **override**: (직권을 이용하여 결정·명령 등을) 기각하다, 무시하다, 중단시키다
  → overrule, reverse, cancel, overturn, set aside, repeal, quash, revoke, disallow, rescind, upset, rule against, invalidate, annul, nullify, ride roughshod over, make null and void
  The senate failed by one vote to override the impeachment of President.
  상원에서 대통령 탄핵안이 한 표 차이로 부결되었습니다.

Officials at the CDC learned of that decision "when it was tweeted. People were scrambling to find out what it meant," one federal health official said. The letter was distributed to the CDC in the afternoon, causing more confusion because it was dated May 19, the official said.

한 연방 보건 관계자는 "CDC 관계자들은 이 결정이 트윗 되었을 때 알게 되었습니다. 사람들은 무슨 뜻인지 알아내려고 애썼습니다."라고 말했습니다. 이 관계자는 해당 서한이 오후에 CDC에 배포되었는데, 날짜가 5월 19일로 기재되어 더 큰 혼란을 초래했다고 덧붙였습니다.

In his video, Kennedy also said federal health officials had removed the previous recommendations from the agency website. But top CDC officials did not know of the decision at the time, according to one official, and as of Wednesday that removal still had not happened for the millions of people who rely on the site for health-care guidance.

케네디는 영상에서 연방 보건 당국이 기관 웹사이트에서 이전 권고안을 삭제했다고도 밝혔습니다. 그러나 한 관계자에 따르면, 당시 CDC 고위 관계자들은 이 결정을 알지 못했으며, 수요일 현재까지도 해당 웹사이트에서 의료 지침을 얻는 수백만 명의 사람들에게는 삭제되지 않은 상태입니다.

The directive raises questions about who should be getting the vaccine because it refers to both healthy children and all children. "The CDC is directed to remove COVID-19 vaccines from the recommended Child and Adolescent Immunization Schedule by Age and recommended vaccines during pregnancy," the letter states.

이 지침은 건강한 어린이와 모든 어린이 모두에게 적용되기 때문에 누가 백신을 접종해야 하는지에 대한 의문을 제기합니다. 서한에는 "CDC는 나이별 권장 아동이나 청소년 예방 접종 일정과 임신 중 권장 백신에서 COVID-19 백신을 제외하도록 지시받았습니다."라고 명시되어 있습니다.

"It's unclear." the official said.

"불분명합니다."라고 관계자는 말했습니다.

In his video, Kennedy, who founded an anti-vaccine organization before joining the government, also said he was ending coronavirus shots for healthy pregnant women. But last week, top officials from the Food and Drug Administration outlined a new coronavirus vaccine policy in a New England Journal of Medicine article, approving shots only for those 65 and older and people with medical conditions that put them at high risk for severe illness. Pregnancy is listed as one of the conditions.

정부에 합류하기 전 백신 반대 단체를 설립했던 케네디는 자신의 영상에서 건강한 임산부에 대한 코로나바이러스 백신 접종을 중단한다고 밝혔습니다. 그러나 지난주 미국 식품의약청(FDA) 고위 관계자들은 뉴잉글랜드 의학 저널(NEJM) 기사에서 65세 이상과 중증 질환 고위험군에 속하는 기저 질환이 있는 사람에게만 백신 접종을 승인하는 새로운 코로나바이러스 백신 정책을 발표했습니다. 임신은 이러한 고위험군 중 하나로 명시되어 있습니다.

HHS spokesman Andrew Nixon said the directive provides that the vaccine should not be recommended for healthy children under 18 and should not be recommended for pregnant women. He did not address questions about the apparent contradictions *between* the directive, Kennedy's video *and* the New England Journal of Medicine article.

앤드류 닉슨 HHS 대변인은 해당 지침에 18세 미만의 건강한 어린이와 임산부에게는 백신 접종을 권장하지 않는다고 밝혔습니다. 그는 장관 지시, 장관의 영상, 그리고 뉴잉글랜드 의학 저널 기사 간의 명백한 모순에 대해서는 다루지 않았습니다.

- address: (문제를) 역점을 두어 다루다, 제출하다, 말을 걸다, 연설하다, 보내다
  * address oneself to ~: ~에게 말을 걸다, ~에 본격적으로 착수하다 → concentrate on, turn to, focus on, take up, look to, undertake, engage in, take care of, attend to, knuckle down to, devote oneself to, apply oneself to

  He addressed the issue of taxes. She has addressed herself to the problem of poverty.
  그는 세금 문제를 다루었습니다. 그녀는 빈곤 문제 해결에 착수하였습니다.
- contradiction: 모순, 당착, 부인, 부정, 반대, 반박 → conflict, inconsistency, contravention, incongruity, confutation, negation, opposite, denial, antithesis
  What he does now is a contradiction of what he said at presidential election campaign.
  그가 지금 하는 일은 대선 캠페인 당시에 했던 말과 모순됩니다.

clearance sales 재고떨이, 창고 정리 판매, 염가 처분 판매

Target offers huge post-Christmas 'Clearance' Deals.
Target is the latest big-box chain to join in on the post-Christmas sales period. Known as 'The Target Clearance Run', the sales takes until the end of the year.

Target은 대규모 크리스마스 이후 '염가 판매' 거래를 제공합니다. Target은 크리스마스 이후 판매 기간에 합류하는 최신 대형 체인입니다. 'The Target Clearance Run'으로 알려진 판매는 연말까지 진행됩니다.

- Target: 타깃 코퍼레이션(Target Corporation, NYSE: TGT)은 미국의 종합 유통업체이며, 본사는 미네소타주 미니애폴리스에 있다. 미국의 Top 10 유통업체의 하나로 *(2024년 말 현재)* 뉴욕 증시에 상장되어 있다. 가공식품, 일용잡화, 가구, 옷, 전자제품을 취급하는 대형 할인점 Target 점포가 많으며, 이러한 할인점에 생식품 분야를 강화한 하이퍼마켓 형태는 슈퍼타깃(SuperTarget)이라 한다.
- **big-box (store)**: 외곽 지역의 대형 매장(a large chain store with a boxlike appearance)
  * big-box discount retailer: 대형 할인점

conclave 비밀 회의, 비밀 회의 참석자들

☞ 콘클라베(Conclave)는 가톨릭의 수장인 교황을 선출하는 추기경들로 이루어진 선거인단과 그 선거를 뜻한다.

Conclave to elect new Pope to begin on May 7th.

5월 7일 새 교황 선출을 위한 콘클라베가 시작됩니다.

The conclave to elect the 267th Pope will begin on May 7th, following the conclusion of the Novemdiales Masses to pray for the eternal repose of the late Pope Francis.

제267대 교황을 선출하는 콘클라베가 고(故) 프란치스코 교황의 영원한 안식을 기원하는 노벰디알레 미사가 끝난 후 5월 7일에 시작됩니다.

- **repose**: 휴식, 수면, (특정한 장소에) 있다, 보관되다, 누워 있다, 휴식을 취하다
  eternal repose: 영원한 안식 * **eternal youth**: 영원한 젊음, 불로(不老)
  * **eternal**: 영원한, 변치 않는, 불멸의 → everlasting, lasting, permanent, enduring, perennial, endless, perpetual, timeless, immortal, unending, unchanging, immutable, imperishable, deathless, ageless, indestructible, undying, without end, unceasing, ceaseless, sempiternal

---

The Cardinals present in Rome have agreed to begin the conclave on May 7th, 2025.

로마에 참석한 추기경들은 2025년 5월 7일에 콘클라베를 시작하기로 합의했습니다.

- cardinal: 추기경

The date was set on Monday morning by the approximately 180 cardinals present (just over a hundred of whom are electors) gathered for the fifth General Congregation in the Vatican. The conclave will take place in the Vatican's Sistine Chapel, which will remain closed to visitors during those days.

이 날짜는 월요일 오전 바티칸에서 열린 제5차 추기경 대회를 위해 모인 약 180명의 추기경(이 중 100명 이상이 선거권자)이 정한 날짜입니다. 콘클라베는 바티칸의 시스티나 성당에서 열리며, 그동안 방문객의 출입이 금지됩니다.

What happens during the conclave?
The conclave will be preceded by a solemn Eucharistic celebration with the votive Mass Pro Eligendo Pontifice attended by the Cardinal electors.

콘클라베는 어떻게 진행되나요?
콘클라베에 앞서 추기경 선거인들이 참석하는 봉헌 미사 프로 엘리겐도 폰티피체와 함께 엄숙한 성체성사 예식이 거행됩니다.

- **precede:** 앞서다, 선행하다 → antecede, antedate, predate, forego, forgo
  Who precedes Donald Trump immediately as president?　　트럼프 대통령 바로 전 대통령은 누구?
- votive: (신에게) 봉헌된, 봉납 된　　* votive offerings: 봉헌물

In the afternoon, the Cardinal electors proceed in a solemn procession to the Sistine Chapel, where the Conclave begins to elect the new Pope.

오후에는 추기경 선거인단이 엄숙한 행렬을 따라 시스티나 성당으로 이동하여 콘클라베가 새 교황을 선출하기 시작합니다.

- elector: 선거인, 유권자
- solemn: 침통한, 근엄한, 엄숙한　　* in a solemn procession: 엄숙한 행렬로
- pastor: 목사
- pontiff: (가톨릭교의) 교황

At the end of the procession inside the Sistine Chapel, each Cardinal elector *takes the oath* as prescribed in paragraph 53 of Universi Dominici Gregis.

시스티나 예배당 내부 행렬이 끝나면 각 추기경 선거인은 '교황청 규범' 53항에 명시된 대로 선서를 합니다.

- **oath**: 맹세, 서약, 선서, 욕설　　* oath of office: 취임 선서, *take the oath*: 성서 하다, 서약하다
  Hippocratic oath: 히포크라테스 선서 (의사가 될 사람들이 서약하는 의사들의 윤리 강령)

Through this oath, they *commit*, if elected, *to* faithfully fulfill the Munus Petrinum as Pastor of the Universal Church.

이 선서를 통해 선출되면 세계 교회의 사목자로서 무누스 페트리넘을 충실히 이행할 것을 약속합니다.

- 'Munus Petrinum'은 라틴어로 '베드로의 사명' 또는 '베드로의 직분'을 의미하는 표현으로 성 베드로와 그의 후계자인 교황들에게 가톨릭 교회의 수장으로서 부여된 독특한 역할과 권위를 가리킨다. 이 용어는 그리스도가 교회의 일치와 충성을 보장하기 위해 베드로에게 특별히 부여한 은총을 강조한다.

They also pledge to maintain absolute secrecy regarding everything related to the election of the Roman Pontiff and to refrain from supporting any attempts of external interference in the election.

또한 로마 교황 선출과 관련된 모든 사항에 대해 절대적인 비밀을 유지하고 선거에 대한 외부의 간섭 시도를 지지하지 않을 것을 서약합니다.

교황 선출 절차

① 교황 선종 또는 사임

교황이 사망하거나 (베네딕토 16세처럼) 자진 사임할 경우, 즉시 성좌는 공석 상태(Sede Vacante)가 됨.

② 전 세계 추기경들 소집

전 세계 추기경 중 80세 미만의 추기경들이 선거인단이 되어 로마로 소집됨.

③ 시스티나 성당에 격리

추기경들은 시스티나 성당에 입장 후 외부와의 모든 접촉이 차단되며, 편지 작성, 통화, 메시지 송수신, 방송 시청, 신문 · 잡지 열람 등이 모두 금지됨.
추기경들의 방은 바티칸 안의 '도무스 산타 마르타'에 배정되며, 시스티나 성당에서 매일 투표를 실시하게 됨.

④ 선출 방식

첫날에는 오후 입장해서 한번 투표하게 되며(입장식과 선서, 기도 후에 시간이 늦어지기에 한 번만 가능함)
둘째 날부터 하루에 최대 4번(오전 2회, 오후 2회) 투표 가능함.
총 투표수의 ⅔ 이상 찬성을 받아야 선출됨. (예: 120명의 유권자 → 최소 80표 필요)

⑤ 흰 연기와 검은 연기

투표 후 종이를 태운 연기 색으로 발표하게 됨.
검은 연기(Smoke of Failure)면 미선출, 흰 연기(Smoke of Joy)면 새 교황이 선출된 것임.

⑥ 'Habemus Papam' 선포

새 교황이 선출되면 이름을 정하고, 성 베드로 대성당 발코니에서 "Habemus Papam (우리에겐 교황이 있습니다!)" 선언하게 됨.

crowd crush 군중 압착

Itaewon crowd crush kills more than 150 in Seoul, South Korea.

이태원의 군중 압착으로 한국 서울에서 150명 이상 사망

- crowd crush: 군중 압착(☞ 사방이 막힌 좁은 공간에 많은 사람이 모여 몸이 압박받는 상황)
- a big crush in the bar: 바에 잔뜩 몰려있는 사람들 * crush: 쇄도, 붐빔, 분쇄, 홀딱 반함

deal-hungry 거래에 굶주린, 거래를 갈망하는

USA retail sales roses 7.6% between Nov. 1 and Dec. 24 which encompasses a majority of holiday season, as steep discounts lured deal-hungry consumers, a Mastercard report showed on Monday.

월요일 발표된 마스터 카드에 따르면, 큰 폭의 할인 혜택이 거래를 갈망하는 소비자들을 유혹하면서 휴가철 대부분이 포함된 11월 1일부터 12월 24일 사이에 미국 소매 판매가 7.6% 증가하였다.

- encompass: ① (많은 것을) 포함하다, 망라하다, 아우르다 → include, involve, cover, deal with, contain, embrace, incorporate, comprise, embody
  The seminar is to encompass everything from music, dance, literature, cinema and the visual arts. 그 세미나는 음악, 댄스, 문학, 영화, 시각예술까지 모든 것을 포함할 예정이다.
  ② 에워싸다, 둘러싸다 → surround, circle, enclose, envelop, encircle, circumscribe, hem in, shut in, environ
  Egypt is encompassed by the Mediterranean, Sudan, the Red Sea and Libya.
  이집트는 지중해, 수단, 홍해, 리비아에 둘러싸여 있습니다.
- steep: 가파른, 급격한, 터무니없는, 무리한 * a steep rise in export: 수출 급증
- deal-hungry: 거래에 굶주린, 거래를 갈망하는, 거래 성사에 대한 강한 욕구를 가진
  ☞ 사업이나 투자 분야에서 자주 사용되는 표현으로, 적극적으로 거래를 성사시키려고 노력하거나, 새로운 거래 기회를 끊임없이 찾는 사람이나 조직을 묘사할 때 사용된다.
  * power-hungry: 권력에 굶주린, 권력을 갈망하는 * budget-hungry: 예산이 부족한

The increase is higher than the 7.1% growth Mastercard has forecast in September, when it anticipated consumers would pull purchases to October in the hunt for early deals. However, this year's holiday retail sales growth is less than the 8.5% increase last year as decades-high inflation, rising interest rates and the threat of a recession turned consumer cautions.

이 증가율은 마스터카드가 9월에 예측했던 7.1% 성장률보다 높습니다. 당시 마스터카드는 소비자들이 조기 거래를 좇아 10월에 구매할 것으로 예상했습니다. 그러나 올해의 휴일 소매 매출 증가율은 작년의 8.5% 증가에 미치지 못했습니다. 수십 년 만에 최고치를 기록한 높은 인플레이션, 이자율 상승, 경기 침체 위협으로 인해 소비자들이 신중한 태도를 보였기 때문입니다.

- **in the hunt**: 경주에 참여한, 기회가 있는 ↔ **out of the hunt**: 경주에 참여하지 않은, 기회가 없는
- **decades-high**: 수십 년만의 최고치

  Decades-high inflation gets a decades-high rate hike.

  수십 년 만에 가장 높은 인플레이션은 수십 년 만에 가장 높은 금리 인상을 야기한다.

  ☞ 금리는 소비자 물가, 생산자 물가 등에 결정되는데, 소비자 물가 상승률이 높으면 금리를 올리고 낮으면 금리를 내리는 것이 일반적이나 경기 상황에 따라 최종 결정된다. 왜냐하면, 금리를 올리면 경기가 위축되기 때문이다.

death toll 사망자 수

Over 100 dead, including former MLB pitcher Octavio Dotel, after roof collapses at Dominican Republic nightclub. Singer Rubby Perez was among the 124 people dead, authorities said.

도미니카 공화국 나이트클럽에서 지붕이 무너져 전 MLB 투수 옥타비오 도텔을 포함한 100명 이상이 사망했습니다. 당국은 가수 루비 페레즈도 사망자 124명 중 한 명이라고 밝혔다.

Dozens killed in Dominican Republic nightclub roof collapse. At least 98 people were killed and another 160 injured in the roof collapse at the Jet Set nightclub in the capital of Santo Domingo, authorities said.

도미니카 공화국 나이트클럽 지붕 붕괴로 수십 명이 사망했습니다. 당국은 수도 산토도밍고의 제트 세트 나이트클럽에서 지붕 붕괴로 최소 98명이 사망하고 160명이 부상했다고 밝혔다.

The death toll continues to rise amid an ongoing search and rescue effort after the roof of a Dominican Republic nightclub collapsed during a concert.

도미니카 공화국 나이트클럽의 지붕이 콘서트 도중 붕괴한 후 수색 및 구조 작업이 계속되는 가운데 사망자 수가 계속 증가하고 있습니다.

At least 124 people were killed and another 155 injured in the roof collapse at the Jet Set nightclub, located in the capital of Santo Domingo, according to national police.

도미니카 공화국 경찰에 따르면 수도 산토도밍고에 있는 제트 세트 나이트클럽의 지붕 붕괴로 최소 124명이 사망하고 155명이 다쳤습니다.

Rescue workers search for survivors at the Jet Set nightclub after its roof collapsed during a merengue concert in Santo Domingo, Dominican Republic, April 8, 2025.

2025년 4월 8일 도미니카 공화국 산토도밍고에서 메렝게 콘서트 도중 지붕이 무너진 제트 세트 나이트클럽에서 구조대원들이 생존자를 수색하고 있다.

▶ merengue: 메링게(카리브해 풍의 활기찬 춤. 또는 그 춤곡)

Specialized technical teams were active throughout Wednesday morning, with heavy machinery employed for debris removal, officials said.

수요일 오전 내내 전문 기술 팀이 잔해 제거를 위해 중장비를 동원해 활동했다고 관계자들은 밝혔습니다.

▶ debris: 쓰레기, 잔해 * removal: 제거, 철폐 debris removal: 잔해 제거

"We deeply regret the tragedy that occurred at the Jet Set nightclub," Dominican Republic President Luis Abinader said in a post on social media. "We have been following the incident *minute by minute* since it occurred. All relief agencies have provided the necessary assistance and are working tirelessly in the rescue efforts. Our prayers are with the affected families."

루이스 아비나데르 도미니카 공화국 대통령은 소셜 미디어에 올린 글에서 "제트 세트 나이트클럽에서 발생한 비극에 대해 깊은 유감을 표한다"라고 말했습니다. "우리는 사건 발생 이후 시시각각 상황을 주시하고 있습니다. 모든 구호 기관이 필요한 지원을 제공했으며 구조 활동에 지칠 줄 모르고 노력하고 있습니다. 피해 가족들을 위해 기도하고 있습니다."

- post: 인터넷 게시글, 포스트(블로그, 소셜 네트워크 등에 올리는 사진이나 글)
- *minute by minute*: 시시각각 → *hour by hour, from hour to hour, moment by moment*
  - ☞ any minute: 언제라도 → any moment/time/second, very soon, at any time, long before
    It looked as though it might snow any minute. 금방이라도 눈이 올 것처럼 보였다.
  - ☞ at the minute: 현재는 → at present, now, presently, currently, at the moment, this minute
    I can't afford to take any time off at the minute. 지금 당장은 시간을 낼 여유가 없다.
  - ☞ this minute: 지금 당장 → at once, directly, immediately, right now/away, instantly, straight away, right away, this second
    I need to speak to my manager this minute. 지금 당장 내 상사와 이야기해야 한다.
  - ☞ up to the minute: 최신의 → latest, up-to-date, newest, stylish, trendiest, trendy, vogue
  - ☞ wait a minute: 잠깐만 → wait a moment, hold on, hang on

Pérez, 69, a renowned singer in the country, was found dead in the collapsed club, according to the Dominican Republic's National Police.

도미니카 공화국 경찰청에 따르면 이 나라의 유명 가수인 페레스(69세)가 무너진 클럽에서 숨진 채 발견되었습니다.

A tribute posted to his Instagram account said Pérez's music and legacy "will live forever in our hearts."

그의 인스타그램 계정에 올라온 추모 글에는 페레즈의 음악과 유산이 "우리 마음속에 영원히 살아있을 것"이라고 적혀 있습니다.

- tribute: (특히 죽은 사람에게 바치는) 헌사, 찬사, ~의 효력/영향력을 입증하는 것, 공물

fairness 공정성

An American Pope Truly Is A New Era

미국 출신 교황은 진정으로 새로운 시대의 서막

For the first time in the more than two-thousand-year history of the Catholic Church, an American holds the Papacy. In fairness to the U.S., we've only been in existence for 250 of those years. However, in terms of a shift, it reflects the deep cultural and economic power that the Catholic Church is shifting its leadership here.

2천 년이 넘는 가톨릭교회 역사상 처음으로 미국인이 교황직을 맡게 되었습니다. 미국을 공평하게 평가하자면, 미국은 그 역사 기간 중 250년만 존재했습니다. 그러나 변화의 측면에서 보면, 가톨릭 교회가 교황직을 미국인에게 넘기고 있는 것은 깊은 문화적 및 경제적 힘을 반영하고 있습니다.

- papacy: 교황의 지위/권한/임기
- fairness: 공정성 → impartiality, justice, equity, legitimacy, decency, disinterestedness, uprightness, rightfulness, equitableness
  * in (all) fairness to~: (~에게) 공평하게 말하면
  * the fairness of the judicial system: 사법 제도의 공정성
  * fairness doctrine: (방송의) 기회 공평의 원칙, 공정의 원칙
  * fair and square: 공명정대하게, 정정당당하게 * act fair and square: 정정당당하게 행동하다
  * no fair: 규칙 위반, 비겁한 일/짓 * for fair: 완전히, 아주, 정말로

  The ruling party was beaten for fair in that election. 여당은 선거에서 완전히 패배했습니다.

In its long history, the Catholic Church has shunned both America and American Catholics. That has thawed in recent decades, and with Leo XIV, the hope seems to be that American Catholics will be fully embraced.

오랜 역사 동안 가톨릭 교회는 미국과 미국 가톨릭 신자들을 외면해 왔습니다. 하지만 이러한 분위기는 최근 수십 년 동안 누그러졌고, 레오 14세의 등장으로 미국 가톨릭 신자들이 온전히 포용될 것이라는 희망이 보입니다.

- shun: 피하다 * shun publicity: 세상에 알려지는 것을 피하다
  → avoid, steer clear of, keep away from, snub, evade, eschew, shy away from, brush off, cold-shoulder, have no part in, fight shy of
- thaw: 녹다 (=melt), 날이 해동하다, 날씨가 풀리다, 해빙기
  → melt, dissolve, soften, defrost, warm, liquefy, unfreeze ↔ freeze: 얼다, 동결하다
  It's starting to thaw. 날이 해동하기 시작하고 있다.
  The thaw has come early this year. 올해는 해빙이 일찍 찾아왔다.
- embrace: (껴)안다, 포옹하다, (생각·제의 등을 열렬히) 받아들이다, 수용하다, 포괄하다, 아우르다

Why the change? *For starters*, it's a financial one. Before his death, Pope Francis realized the dire straits of the Church. "Now, in the final weeks of his life, advisers were *filtering in and out of* his austere reception room, presenting the details of a microstate awash in priceless treasures but tumbling deeper into debt. The budget deficit had tripled since the Argentine took office, and the pension fund faced up to 2 billion euros in liabilities it wouldn't be able to fund." The solution? Boost donations.

왜 이런 변화가 일어났을까요? 우선 재정적인 문제입니다. 프란치스코 교황은 서거하기 전 교회가 끔찍하게 궁핍한 사실을 직감했습니다. "이제 그의 임기 마지막 몇 주를 맞이한 지금, 고문들은 그의 소박한 접견실을 드나들며 귀중한 보물들로 가득 찬 소국이지만 점점 더 깊은 빚더미에 빠져드는 상황에 대해 자세히 설명하고 있었습니다. 아르헨티나 출신 교황이 취임 이후 적자 예산은 세 배로 늘어났으며, 연금 기금은 감당할 수 없는 20억 유로의 부채에 직면했습니다." 해결책은? 기부금 증액입니다.

- starter: (코스 요리의) 전채 요리 (hors d'oeuvre), 선수, 참가자, 출발 신호원
  * ***non-starter***: 애당초 (성공할) 가능성이 없는 것/사람
  → dead loss, dud, washout, loser, no-hoper, turkey, lemon

Japan is certain to reject the project as a non-starter.
일본은 그 프로젝트가 성공할 가능성이 없는 것으로 간주, 거절할 것이다

- *for starters*: 우선 첫째로, 먼저 → to begin with, initially, for openers, as openers
- dire: 대단히 심각한, 엄청난, 지독한
- strait: 해협, (특히 경제적인) 궁핍, 곤경 * dire strait: 끔찍한 궁핍
- *filter in and out:* 들락거리다, 드나들다 * in-and-out: 단기로 매매하는, 들쭉날쭉한, 구불구불한
- austere: 꾸밈없는, 소박한, 근엄한, 금욕적인, 내핍 생활을 하는
- microstate: 미소(微小) 국가(최근에 독립한 아시아·아프리카의 소국) → 본문에서는 바티칸을 의미
- awash: 물에 뒤덮인, (양이 많아서) 넘쳐 나는 → flooded, drowned, engulfed, submerged, immersed, afloat, inundated, deluged, submersed, overburdened, overwhelmed
  The bathroom floor was awash with water. 욕실 바닥은 물로 가득 차 있었다.
- tumble: 굴러떨어지다, 떨어지게 하다, 폭삭 무너지다, 크게 추락하다, 폭락, 빠른 하락
  → topple, crumble, crumple, collapse
- face up to: ~을 직시하다, ~에 감연히 맞서다, (힘들거나 불편한 상황을) 인정하다, 받아들이다

flip off (가운데) 손가락으로 욕하다

Saleswoman flips off disabled client. You had an undercover client today, and I'm here to pretend to be a woman in a wheelchair for it. You will have a warning anyway. But this thing with the heel, it's too much. So you are fired.

영업 사원이 장애인 고객에게 욕을 합니다. 오늘 위장 고객이 있었는데, 내가 위장 고객 행세를 하려고 휠체어를 타고 여기 왔어요. 어쨌든 경고를 받게 될 겁니다. 하지만 구두 굽 건은 도가 지나쳤어요. 그래서 당신을 해고합니다.

- flip off: 가운데 손가락(중지, 中指)을 들어 무례한 사인을 보내다, 손가락으로 욕하다
- disabled: 불구자, 장애인 * severely disabled: 심한 장애가 있는
  She was born disabled. 그녀는 장애인으로 태어났다.
- undercover: 비밀리에 하는, 첩보 활동의, 위장 근무의 * undercover agent: 비밀 요원
  * under cover: 위장을 하고, 악천후에
- heel: 발 뒤꿈치, 구두 굽

food poisoning 식중독

The Medical Examiner's Office noted that Victim's initial symptoms were similar to food poisoning and were treated as such. Victim did not respond to standard medical procedures and continued to deteriorate rapidly. Victim experienced cardiac issues, fluid in her lungs, and eventually organ failure. Victim was taken in for surgery to remove a portion of her colon after it was discovered it contained necrotic issue.

검시관실은 피해자의 초기 증상이 식중독과 유사하여 그렇게 치료했다고 언급했습니다. 피해자는 표준 의료 절차에 반응하지 않았고 계속해서 급속히 악화하였습니다. 피해자는 심장 문제와 폐에 체액이 차고 결국 장기 부전을 경험했습니다. 피해자는 대장에 괴사 문제가 있는 것으로 확인된 후 대장의 일부를 제거하는 수술을 받았습니다.

- victim: 피해자, 희생자, 환자, 제물, 희생물
- fluid in her lungs: 폐에 물이 차다
- organ failure: 장기 부전 * multiple organ failure: 복합 장기 부전
- colon: 결장(結腸), 대장 전체, 콜론(:), 엘살바도로 와 코스타리카 화폐 단위
- take ~ in: ~를 (자기 집에) 받아들이다, 자기 집에서 지내게 하다, ~를 속이다, 현혹하다
- necrotic: 괴저성(壞疽性)의 * necrosis: (생체 내 조직 · 세포의) 괴사(壞死)

indiscriminately 마구잡이로, 무차별하게

Trump defends sending troops to L.A.; Newsom warns democracy is 'under assault'

트럼프, LA에 병력 파견 결정 옹호; 뉴섬, 민주주의가 '공격받고 있다' 경고

- under assault: 공격받고 있는, 공격당하고 있는
  ☞ **assault and battery**: 공갈 폭행, 폭행 구타 * commit assault and battery: 폭행죄를 범하다

President Donald Trump said the show of force in Los Angeles should serve as a warning that similar demonstrations in other places would not be tolerated.

도널드 트럼프 대통령은 로스앤젤레스로의 병력 파견이 다른 곳에서도 비슷한 시위가 용납되지 않을 것이라는 경고의 역할을 해야 한다고 말했습니다.

President Donald Trump warned Tuesday that additional protests against federal immigration policies could be "met with equal or greater force" than the 4,000 National Guard members and 700 Marines he deployed to try to quell demonstrations in Los Angeles.

도널드 트럼프 대통령은 연방 이민 정책에 반대하는 추가 시위에 대해 로스앤젤레스에서 시위 진압을 위해 배치한 4,000명의 방위군과 700명의 해병 대원보다 "동등하거나 더 큰 힘으로 대응할 수 있다"라고 화요일 경고했습니다.

- quell: 진압하다, 가라앉히다, 완파하다 * quell a demonstration/disturbance/fire
  → suppress, crush, squelch, quench, stamp out, vanquish, conquer, beat down, subdue

---

Trump, speaking to soldiers here, said California's largest city needs to be liberated and defended his decision to send thousands of service members to suppress what he called "paid troublemakers" and agents of a "foreign invasion."

트럼프는 이곳에서 군인들에게 캘리포니아에서 가장 큰 도시가 해방되어야 한다고 말하며 '유급 문제아'와 '외국 침략'의 대리인이라고 부르는 사람들을 진압하기 위해 수천 명의 군인을 파견하기로 한 자신의 결정을 옹호했습니다.

"This anarchy will not stand," Trump said, referring to the protests.

트럼프는 시위를 언급하며 "이 무정부 상태는 용납되지 않을 것"이라고 말했습니다.

Later on Tuesday, in a scathing public address, California Gov. Gavin Newsom accused Trump of a "brazen abuse of power" for mobilizing the military, and warned that democracy in the United States was "under assault" under a president "who wants to be bound by no law or constitution."

화요일 늦게 개빈 뉴섬 캘리포니아 주지사는 신랄한 공개 연설에서 군대를 동원한 트럼프의 '뻔뻔한 권력 남용'을 비난하고 '어떠한 법이나 헌법에 구속되기를 원하지 않는' 대통령 아래서 미국의 민주주의가 "공격받고 있다"라고 경고했습니다.

- **scathing**: (비판이) 준열한/신랄한/통렬한/가차 없는 * a scathing remark: 뼈 아픈 말
  → vituperative, critical, cutting, biting, harsh, savage, brutal, searing, withering, belittling, sarcastic, caustic, scornful, vitriolic, trenchant, mordant, mordacious
  The new president launched a scathing attack on previous leaders.
  새 대통령은 이전 지도자들에 대해 신랄한 공격을 시작했습니다.
- **brazen**: 뻔뻔한, 놋쇠로 만든 → brazen-faced, insolent, audacious, bald-faced, barefaced bodacious, brassy, bold, forward, defiant, brash, saucy, audacious, shameless, pert unabashed, unashamed, insolent, impudent, immodest, barefaced
- **abuse of power**: 권력 남용
- go after/at ~: ~을 추격하다, 뒤쫓다

He *accused* Trump *of* conducting a "military dragnet" across Los Angeles, charging that his administration had gone well beyond what officials had initially described as an effort to go after violent and serious criminals.

그는 트럼프 행정부가 로스앤젤레스 전역에서 '군사 수사망'을 벌였다고 비난하며, 트럼프 행정부가 폭력적이고 심각한 범죄자들을 추적하기 위한 노력이라고 처음에 설명했던 것 이상으로 나아갔다고 주장했습니다.

- dragnet: 저인망(底引網), 쓰레그물, (범인을 찾기 위한) 수사망, 포위망

Instead, he said, the administration's mass deportation effort is "indiscriminately targeting hardworking immigrant families" and sweeping up people without warrants on the basis of skin color or suspicion.

대신 그는 행정부의 대량 추방 노력이 '열심히 일하는 이민자 가족을 무차별적으로 표적으로 삼고' 피부색이나 의혹을 근거로 영장 없이 사람들을 휩쓸고 있다고 말했습니다.

- indiscriminately: 마구잡이로, 무차별하게 → arbitrarily, at random, randomly, every which way, haphazardly, willy-nilly, frantically, aimlessly, confusedly, purposelessly, unmethodically
  Bullets were fired into the crowd at random. 군중을 향해 무차별적으로 총알이 발사되었다.
- without warrant: 정당한 이유 없이, 까닭 없이(* warrant: 보증, 보증서, 이유, 영장, 신주인수권)

The White House did not immediately respond to a request for comment on Newsom's address.

백악관은 뉴섬의 연설에 대한 논평 요청에 즉시 응답하지는 않았습니다.

Meanwhile, U.S. Immigration and Customs Enforcement raids that sparked days of protests in Los Angeles continued Tuesday, resulting in more than 100 arrests. The demonstrations also spread to other cities, including Austin, San Francisco, Seattle and Portland, Oregon. Most demonstrations remained peaceful, but there were scattered incidents of property damage and clashes with police.

한편, 로스앤젤레스에서 며칠간 시위를 촉발한 미국 이민 세관 단속국의 급습이 화요일에도 계속되어 100명 이상이 체포되었습니다. 시위는 오스틴, 샌프란시스코, 시애틀, 오리건주 포틀랜드 등 다른 도시로도 확산하였습니다. 대부분의 시위는 평화롭게 진행되었지만 재산 피해와 경찰과의 충돌이 곳곳에서 발생했습니다.

- raid: 급습, 습격, 현장 급습
- **result in ~**: 그 결과 ~가 되다, (결과적으로) ~을 낳다, 야기하다 → end in, bring about, cause, lead to, wind up, finish with, culminate in, terminate in
  Yesterday's highway accident resulted in seven deaths. 어제 고속도로 사고로 7명이 사망했다.
  ***cf.* result from ~**: ~의 결과로 발생하다, 유래하다 → **A result in B = B result from A**
  We shall be fully responsible for any damage which results from the quality.
  품질로 인해 발생하는 모든 손해는 당사에서 전적으로 책임을 집니다.

In Los Angeles, some blocks downtown turned chaotic, though most of the sprawling city was unaffected. The worst of the violence was limited to a small area near a federal building now being guarded by the National Guard troops that Trump deployed to the city over the weekend. Trump also ordered the U.S. Marines to the area, but there was no visible sign of them Tuesday on L.A.'s streets.

로스앤젤레스에서는 시내 일부 블록이 혼란에 빠졌지만, 거대한 도시 대부분은 영향을 받지 않았습니다. 최악의 폭력 사태는 트럼프 대통령이 주말 동안 도시에 배치한 주 방위군이 지키고 있는 연방 건물 근처의 작은 지역에 국한되었습니다. 트럼프는 또한 미 해병대를 이 지역에 파견하라고 명령했지만, 화요일 LA 거리에는 해병대의 흔적은 보이지 않았습니다.

- chaotic: 혼돈 상태인, 혼돈 상태인 * chaos: 혼돈, 혼란
- sprawling: 제멋대로 뻗어나가는, 펴져나가는 * a modern sprawling town: 제멋대로 뻗어나가는 현대 도시 * sprawl: 팔다리를 아무렇게나 벌리고 앉다, 제멋대로 퍼져나가다, 넓은 지역에 걸치다

That night, Los Angeles Mayor Karen Bass issued orders for a curfew for part of the city's downtown, starting at 8 p.m. local time and ending 6 a.m. Wednesday, a step she said was taken "to stop bad actors" from taking advantage of the "chaotic escalation" by Trump.

그날 밤, 카렌 배스 로스앤젤레스 시장은 현지 시간으로 오후 8시부터 수요일 오전 6시까지 도시 시내 일부에 대한 통금 명령을 내렸으며, 이는 트럼프의 '혼란스러운 확대'를 이용하는 '나쁜 행위자'를 막기 위해 취한 조치라고 그녀는 말했습니다.

- curfew: 통행금지령, 통행 금지 시간, (부모가 자녀에게 부과하는) 귀가 시간
- **take advantage of ~**: ~을 이용하다, ~을 기회로 활용하다, 악용하다 → make use of, exploit
  * to one's advantage: 유리하게, ~의 이익이 되도록 → to the advantage of ~

Trump said the show of force in L.A. should serve as a warning that similar demonstrations in other cities would not be tolerated.

트럼프는 LA에 병력 파견이 다른 도시에서 유사한 시위가 용납되지 않을 것이라는 경고의 역할을 해야 한다고 말했습니다.

"If we didn't attack this one very strongly, you'd have them all over the country," Trump said. "But I can inform the rest of the country that when they do it — if they do it — they're going to be met with equal or greater force than we met right here."

트럼프는 "우리가 이번 시위를 강력하게 공격하지 않았다면 전국적으로 시위가 일어났을 것"이라고 말했습니다. 다른 지역에서 그들이 시위를 일으킨다면 - 만약 그들이 그렇게 한다면 - 우리가 여기서 펼친 것과 비슷하거나 더 큰 힘으로 제압할 것이라고 알려드립니다.

Trump also said he could use force against demonstrations that may erupt in Washington on Saturday, during the military parade he plans to oversee on his birthday.

트럼프는 또한 자신의 생일에 감독 예정인 군사 퍼레이드에서 토요일 워싱턴에서 일어날 수 있는 시위에 대해 무력을 사용할 수 있다고 말했습니다.

▶ erupt: (화산/용암 등이) 분출하다, (갑자기 폭력적으로) 분출되다, 터지다, 터뜨리다, 폭발하다

The president's comments come as tensions have continued to escalate between him and Newsom and Los Angeles-area leaders over the administration's decision to deploy troops to the city.

트럼프 대통령의 발언은 행정부의 군대 배치 결정에 대해 그와 뉴섬 및 로스앤젤레스 지역 지도자들 사이에 긴장이 계속 고조되고 있는 가운데 나온 것입니다.

Newsom filed an emergency motion in federal court seeking to *block* the National Guard and active-duty Marines *from* enforcing immigration and local law "on the streets of a civilian city."

뉴섬은 방위군과 현역 해병대가 '민간 도시의 거리에서' 이민법과 현지 법을 집행하는 것을 막기 위해 연방 법원에 긴급 신청서를 제출했습니다.

- **emergency motion**: 비상 발동, 긴급 신청 * emergency measures: 응급조치
  emergency act: 긴급 법령 in an emergency, in case of emergency: 위급한 경우에, 비상시에
- ***block A from ~ing***: A가 ~를 못 하게 하다, 막다 → **prevent/hinder/stop A from ~ing**
  Who can block him from abusing his power? 누가 그의 권력 남용을 막을 수 있을까?

The Trump administration responded to Newsom's emergency motion by calling it "legally meritless" and said California's request "would jeopardize the safety of Department of Homeland Security personnel and interfere with the Federal Government's ability to carry out operations."

트럼프 행정부는 뉴섬의 긴급 신청에 대해 "법적으로 쓸모가 없다"며 캘리포니아의 요청이 "국토안보부 직원의 안전을 위태롭게 하고 연방 정부의 작전 수행 능력을 방해할 것"이라고 대응했습니다.

- meritless: 장점이 없는, 쓸모없는, 공적/공훈/공로가 없는
- **jeopardize**: 위태롭게 하다 → endanger, threaten, put at risk, put in jeopardy, risk, expose, gamble, hazard, menace, imperil, put on the line
  The company may still be jeopardized by poor cash flow.
  회사는 여전히 현금 흐름이 좋지 않아 위험에 처할 수 있다.

kneecap 무릎을 쏘다, 파멸시키다, 무력화하다

Judge temporarily blocks effort to *ban* Harvard *from* enrolling foreign students. On Thursday, the Department of Homeland Security had abruptly revoked the university's ability to enroll foreign students.

하버드 대학교의 외국인 학생 입학 금지 시도를 법원이 일시적으로 차단했습니다. 목요일, 국토안보부는 하버드의 외국인 학생 입학 허가 권한을 갑작스럽게 박탈했습니다.

- ***ban A from B***: A가 B를 하는 것을 금지하다 → prohibit, bar, block, restrict, veto, forbid, boycott, suppress, outlaw, banish, disallow, proscribe, debar, interdict
- abruptly: 갑자기, 불쑥, 뜻밖에, 퉁명스럽게, 무뚝뚝하게 → suddenly, unexpectedly, hastily, all of a sudden, precipitately, all at once, hurriedly, curtly, bluntly, rudely, briskly

- revoke: 폐지/철회/취소하다 → declare null and void, cancel, recall, invalidate, annul, nullify, withdraw, reverse, abolish, set aside, repeal, renounce, quash, take back, retract, call back, repudiate, negate, renege, rescind, recant, disclaim, abrogate, countermand
  The government revoked her licence. 정부는 그녀의 운전면허를 취소시켰다.

A federal judge in Massachusetts on Friday blocked the Trump administration's effort to ban international students from Harvard University, an unprecedented tactic by the federal government as it tries to exert control over some of the nation's most elite campuses.

매사추세츠주의 한 연방 판사는 금요일, 트럼프 행정부의 하버드 대학교 외국인 학생 입학 금지 시도를 차단했습니다. 이는 연방 정부가 미국 명문 대학들을 장악하려는 과정에서 전례 없는 수법입니다.

- unprecedented: 전례가 없는, 선례가 없는, 미증유의, 전대미문의 → unparalleled, unheard-of, exceptional, new, original, novel, unusual, abnormal, singular, ground-breaking, unrivalled, freakish, unexampled, extraordinary, amazing, remarkable, outstanding, fantastic, marvellous, exceptional, phenomenal, uncommon
  Hans Zimmer concert of May 17, 2025 at Inspire Resort was unprecedented.
  2025년 5월 17일 인스파이어 리조트에서 열린 한스 짐머 콘서트는 전례 없는 행사였습니다.
- exert control (over): ~에 지배력을 행사하다, ~을 통제하다

Harvard filed a lawsuit Friday morning after the Department of Homeland Security revoked the school's certification to enroll international students. The government said Thursday that foreign students must transfer from the university or risk losing their visa status, escalating President Donald Trump's pitched battle with the Ivy League school.

하버드는 금요일 아침, 국토안보부가 하버드 대학교의 외국인 학생 입학허가 권한을 박탈한 후 소송을 제기했습니다. 정부는 목요일, 외국인 학생은 하버드 대학교에서 전학해야 하며, 그렇지 않으면 비자 자격을 잃을 위험이 있다고 밝혔고, 이는 도널드 트럼프 대통령과 아이비리그 대학교와의 치열한 공방을 더욱 심화시켰습니다.

- pitched battle: 총력전, 대격전

"Today's ruling delays justice and seeks to kneecap the President's constitutionally vested powers under Article II," DHS Assistant Secretary Tricia McLaughlin said in an email. "It is a privilege, not a right, for universities to enroll foreign students and benefit from their higher tuition payments to help pad their multibillion-dollar endowments; that fact hasn't changed." She said the Trump administration is committed to "restoring common sense to our student visa system, and we expect a higher court to vindicate us in this. We have the law, the facts, and common sense on our side."

트리샤 맥러플린 국토안보부 차관보는 이메일을 통해 "오늘의 판결은 정의를 지연시키고 헌법 제2조에 보장된 대통령의 권한을 무력화하려는 것"이라고 밝혔습니다. "대학들이 외국인 학생을 등록하고 더 높은 등록금 혜택을 받아 수십억 달러 규모의 기금을 확충하는 것은 권리가 아니라 특권입니다. 이 사실은 변함이 없습니다." 그녀는 "트럼프 행정부가 학생 비자 제도의 상식을 회복하기 위해 최선을 다하고 있으며, 고등법원이 이를 입증해 줄 것으로 기대합니다. 우리에게는 법과 사실, 그리고 상식이 있습니다."라고 말했습니다.

- ruling: (특히 판사의) 결정, 판결, 지배하는, 통치하는
- kneecap: 기반을 와해시키거나 평판을 해치다, 무릎을 쏘다, 파멸시키다, 무력화하다
- vest: 조끼, 속옷, 제복, (권리를) 주다, 부여하다, (法) 소유권/행사권을 귀속시키다
  President is vested with broad powers. 대통령에게는 광범위한 권한이 부여되어 있다.
  The company vests its employees with awesome fringe benefits after working two years. For example, stock options are vested right after the second year of employment.
  회사는 입사 2년이 지나면 즉시 직원들에게 엄청 좋은 프린지 베니핏(부가 혜택)을 제공합니다. 예를 들면, 스톡옵션은 입사 2년 차가 지나면 바로 부여됩니다.
- vindicate: (특히 남들과 다른 생각할 때) 정당성을 입증하다, 무죄를 입증하다, 혐의를 벗기다
- pad: 덧대다, 메우다, 심을 넣다, 군말을 넣어 길게 하다, 허위 조작하여 불려 쓰다

In recent weeks, as the Trump administration has sought to *compel* universities *to* do more to combat antisemitism and end diversity, equity and inclusion efforts, among other goals, the administration has frozen billions of dollars in federal research funding to Harvard, terminated hundreds of millions of dollars in funding, threatened its tax-exempt status and opened numerous federal investigations.

최근 몇 주 동안 트럼프 행정부는 대학이 반유대주의에 맞서고 다양성, 형평성, 포용성 노력을 종식하기 위해 더 많은 힘을 기울이도록 강요하고 있습니다. 이러한 노력의 일환으로, 하버드에 대한 수십억 달러의 연방 연구 기금 지원을 동결하고, 수억 달러의 기금 지원을 중단하고, 비과세 지위를 위협하며, 수많은 연방 조사를 시작했습니다.

- **compel/force/pressure/oblige A to ~ 동사 원형**: A가 ~를 하게 하다, 강제하다, 억지로 시키다
- endow: 기부하다, 증여하다 * endowment: 기부, 기부금
- antisemitism: 반유태주의

Trump said Friday that billions of dollars had been "paid" to Harvard. "How ridiculous is that? Billions. And they have $52 billion as an endowment. … So Harvard's going to have to change its ways. So are some others."

트럼프 대통령은 금요일 하버드에 수십억 달러가 '지급'되었다고 밝혔습니다. "얼마나 터무니없는 일입니까? 수십억 달러입니다. 그리고 그들은 520억 달러의 기금을 가지고 있습니다. … 그러니 하버드는 방식을 바꿔야 할 것입니다. 다른 대학들도 마찬가지입니다."

Trump suggested without evidence Friday that many international students are "troublemakers" who can't do basic math. "The students can't add two and two and they go to Harvard. … How do they get into Harvard? Why are they there?" Trump told reporters at a White House event on nuclear energy. "And then you see those same people picketing and screaming at the United States and screaming at — you know, they're antisemitic or they're something. We don't want troublemakers here."

트럼프 대통령은 금요일, 증거도 없이 많은 유학생이 기본적인 수학도 못하는 '문제아'라고 주장했습니다. "학생들은 2+2를 더할 줄도 모르는데 하버드에 갑니다. … 어떻게 하버드에 입학하죠? 왜 거기에 있는 거죠?" 트럼프 대통령은 백악관에서 열린 원자력 에너지 관련 행사에서 기자들에게 말했습니다. "그런데 그들과 똑같은 사람들이 미국을 향해 시위하고 고함을 지르는 것을 보게 됩니다. 아시다시피 그들은 반유대주의자거나 뭔가 특이한 주체입니다. 우리는 문제아들을 원치 않습니다."

- picket: (노동 쟁의 등에서) 감시원으로 서다 * picketing: 감시원 배치하기

On Friday, when asked about Trump's social media post about removing Harvard's tax-exempt status, Treasury Secretary Scott Bessent said on Bloomberg Television, "The president is moving forward with that."

금요일, 스콧 베센트 재무장관은 블룸버그 TV와의 인터뷰에서 트럼프 대통령이 하버드의 면세 지위 박탈을 소셜 미디어에 게시한 것에 관한 질문에 "대통령이 그 조치를 추진하고 있습니다." 라고 답했습니다.

Federal law *prohibits* senior officials of the executive branch, including the president, *from* requesting the IRS conduct an audit of a taxpayer. In response to questions about Bessent's comments, a Treasury Department spokeswoman said, "The President is moving forward with a whole-of-government approach of reforms to higher education."

연방법은 대통령을 포함한 행정부 고위 관계자가 국세청(IRS)에 납세자의 세무 조사를 요청하는 것을 금지합니다. 베센트 장관의 발언에 관한 질문에 재무부 대변인은 "대통령은 고등 교육 개혁을 위한 범정부적 접근 방식을 추진하고 있습니다."라고 답했습니다.

- whole-of-government: 정부 전체 접근법(특정 문제 해결을 위한 다양한 부처 및 공공 행정 기관들의 공동 활동), 범정부의 → pan-government, government-wide

---

"Tax-exempt status is a privilege and not a right, and it is up to the established processes of the IRS to ensure that any nonprofit is abiding by its legal obligations to retain such a designation," she said in an emailed statement.

"면세 지위는 권리가 아니라 특권이며, 모든 비영리 단체가 그러한 면세 특권 지위를 유지하려면 법적 의무를 준수하도록 하는 것은 IRS의 확립된 절차에 달려 있습니다."라고 그녀는 이메일 성명에서 밝혔습니다.

The administration has taken action against multiple universities, but Harvard, the country's oldest and wealthiest university, has been by far the hardest hit. Harvard fought back, rejecting the administration's demands with a lawsuit filed last month.

행정부는 여러 대학에 대해 조처했지만, 미국에서 가장 오래되고 부유한 대학인 하버드가 가장 큰 타격을 받았습니다. 하버드는 지난달 소송을 제기하며 행정부의 요구를 거부하고 반격에 나섰습니다.

- **by far**: 훨씬, 단연코 → far and away, out and away, to the most extreme degree
  She is by far the best salesman at the company. 그는 회사에서 단연 최고의 세일즈맨입니다.
  * go far: 성공하다, 유명해지다. 쓸모있다 * go too far: 지나치다, 너무하다, 과장되다
  * **far out**: 끝내준다, 멋져 → gorgeous, fantastic
  * far from: ~에서 먼, 조금도 ~하지 않다(not at all)
    It is far from the fact. 사실과 전혀 다르다
  * **far from it**: 전혀 그렇지 않다, 당치도 않다, 그런 일 결코 없다
  * **far cry**: ~와 전혀 다른, 큰 격차가 있는, 먼, 동떨어진 → The opera was very good but it was a far cry from the original. 오페라는 매우 훌륭했지만 원작과는 거리가 멀었습니다.
- fight back: 저항하다, 가로막다, 말대답하다. * fightback: 반격

Ivy League

The eight institutions that make up the Ivy League are: Brown University, Columbia University, Cornell University, Dartmouth College, Harvard University, University of Pennsylvania, Princeton University, and Yale University.

미국 북동부 지역의 8개 사립 대학으로 구성된 대학군이다. 리그(league)라는 이름에서도 보이듯 원래 미국의 대학 스포츠 리그였으나, 소속 대학이 모두 유서 깊은 명문대였기에 미국의 대학교 집단을 의미하게 되었다.

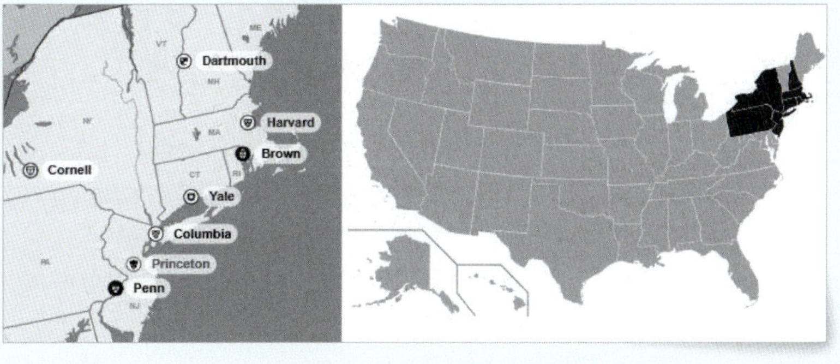

makeshift 임시변통의, 대용의

FBI investigates attack on Jewish gathering in Colorado that injured six.

FBI, 콜로라도 유대인 집회 공격으로 6명 부상 수사 중

The attack happened during a weekly event in downtown Boulder to call for the release of hostages in Gaza, authorities said.

당국에 따르면, 이번 공격은 가자지구 인질 석방을 촉구하는 볼더 시내 주간 행사에서 발생했다고 합니다.

Boulder Police Chief Stephen Redfearn spoke to reporters after an attack in Boulder, Colorado, on June 1.

콜로라도주 볼더에서 발생한 공격 이후 스티븐 레드피언 볼더 경찰서장이 6월 1일 기자들과 인터뷰를 가졌습니다.

Authorities said a man threw an incendiary device at an event organized by a Jewish group at a Colorado pedestrian mall to call for the release of hostages in Gaza. At least six people were hurt before the suspect was arrested in what officials described as a "targeted" attack.

당국은 콜로라도주 보행자 전용 쇼핑몰에서 유대인 단체가 주최한 가자지구 인질 석방 촉구 행사에 한 남성이 소이탄을 던졌다고 밝혔습니다. 용의자가 체포되기 전까지 최소 6명이 다쳤으며, 당국은 이 공격을 '표적 공격'이라고 하였습니다.

- incendiary: 방화범(arsonist, firebug), 방화의, 자극적인, 선동적인 → inflammatory, incitive, provocative, subversive, seditious, rabble-rousing, dissentious, instigative
  - * incendiary speeches/remarks: 선동 연설, 자극적인 발언
  - * rabble-rouser: 대중 선동가
  - * incendiary device: 소이탄, 화염 폭탄(firebomb)
    소이탄(燒夷彈): 소이제(가연성 물질)를 사용, 목표물을 불살라 없애는 데 쓰는 포탄이나 폭탄

- suspect: 혐의자, 용의자 * murder suspect: 살인 용의자
  * a suspect package: 수상쩍은 꾸러미(마약·폭탄 등이 들어있을 것으로 여겨지는 것)
- targeted attack: 표적 공격 * targeted advertising: 타깃 광고(특정 대상을 목표로 하는 광고)

Mohamed Sabry Soliman, 45, threw molotov cocktails and yelled "Free Palestine" before he was taken into custody, police said, *citing witness accounts of the attack*. Of the six people who were injured, two of them were airlifted for treatment at a burn unit, officials said.

경찰은 목격자들의 증언을 인용하며, 45세의 모하메드 사브리 솔리만(Mohamed Sabry Soliman)이 체포되기 전 화염병을 던지고 '팔레스타인 해방'을 외쳤다고 밝혔습니다. 부상자 6명 중 2명은 화상 치료실로 이송되었다고 관계자는 전했습니다.

- **molotov cocktail**: 화염병 → molotov cocktail bomb, petrol bomb
- witness: ① 목격자, 증인 → observer, viewer, spectator, looker-on, watcher, onlooker, eyewitness, bystander, beholder ② 목격하다, 증언하다 → see, mark, view, watch, attest, certify, testify, vouch
- airlift: 공수 작전, (비상 지역에서) 항공기로 이동시키다, 공수하다 → sealift: 해상수송하다
- **burn unit**: 화상 병원, 화상 (전문 치료) 센터

"It is clear that this is a targeted act of violence," said Mark Michalek, special agent in charge of the FBI's office in Denver.

덴버 FBI 지부 책임자인 마크 미칼렉 특수 요원은 "이번 사건은 특정 집단을 겨냥한 폭력 행위임이 분명하다"라고 말했습니다.

The attack happened during a peaceful weekly event organized by a Jewish group in downtown Boulder, Michalek said, adding that the FBI was investigating it as an act of terrorism.

미칼렉 요원은 이번 공격이 볼더 시내에서 유대인 단체가 주최한 평화로운 주간 행사에서 발생했으며, FBI가 테러 행위로 수사 중이라고 덧붙였습니다.

Around 1:30 p.m. local time, Boulder police received phone calls that there was a man near the Pearl Street Mall with a weapon and "people were being set on fire," Boulder Police Chief Stephen Redfearn said in a news conference earlier Sunday.

현지 시각 오후 1시 30분경, 볼더 경찰은 펄 스트리트 몰 근처에 무기를 소지한 남성이 있다는 신고를 접수했으며, "사람들이 불에 타고 있다"라고 스티븐 레드피언 볼더 경찰서장이 일요일 오전 기자회견에서 밝혔습니다.

Witnesses told the authorities that a man had used a makeshift flamethrower and threw an incendiary device into the crowd, Michalek said. The victims are 67 to 88 years old.

미칼렉 요원은 목격자들이, 한 남성이 임시 화염 방사기를 사용하여 군중에게 소이탄을 던졌다고 당국에 진술했다고 전했습니다. 피해자들은 67세에서 88세 사이입니다.

- **makeshift**: 임시변통의, 대용의 → provisional, improvised, make-do, stopgap, temporary, substitute, expedient, stopgap * makeshift shelters of the homeless: 노숙자들의 임시 쉼터
  * make (a) shift: 그럭저럭 꾸려 나가다, (~ 하기 위해) 최대의 노력을 하다
- flamethrower: 화염 방사기, 농업용 살충기

Law enforcement officials prepare to investigate an attack at the Pearl Street Mall in Boulder, Colorado, on Sunday. The suspect was taken to the hospital with minor injuries, Redfearn said. As of Sunday evening, officials had not directly disclosed a motive.

경찰 관계자들이 일요일 콜로라도주 볼더의 펄 스트리트 몰에서 발생한 공격 사건에 대한 수사를 준비하고 있습니다. 레드피언은 용의자가 경미한 부상을 입고 병원으로 이송되었다고 밝혔습니다. 일요일 저녁까지 관계자들은 범행 동기를 직접적으로 밝히지는 않았습니다.

manhunt 범인/탈주자 수색

CNN analyst breaks down potential motive of gunman in Maine.
Manhunt underway after gunman kills 18 in Maine.
FBI Reseources Assisting in Maine Manhunt

CNN 분석가가 메인주 총격범의 잠재적 동기를 분석합니다.
메인주에서 총격범이 18명을 살해한 후 수사가 진행 중입니다.
메인주 수색을 지원하는 FBI 자원

- manhunt: (조직적인) 범인/탈주자 수색 → an organized, extensive search for a wanted man or fugitive criminal: 수배자 또는 도주 중인 범죄자에 대한 조직적이고 광범위한 수색
- break down: 고장이 나다, 부수다, 분석하다, 분류하다 → The immigrants breaks down into two main groups. 이민자는 크게 두 가지 그룹으로 분류됩니다.
  * breakdown: 고장, 실패, 명세, 분석, 쇠약 * nervous breakdown: 신경쇠약
- gunman: 총기를 소지한 남자, 무장 강도, 살인 청부업자 * masked gunman: 복면을 쓴 총잡이
  → gunslinger, hired gun, hit man, hitman, torpedo, triggerman, gun, shooter

mega quake 거대 지진

The United States Geological Survey confirmed the mega quake, saying that it had struck between Cape Horn and Antarctica.

미국 지질조사국은 케이프 혼과 남극 대륙 사이에서 강진이 일어났다고 밝히며 이 거대 지진을 확인했습니다.

- mega: 거대한, 무지하게 큰, 매우, 대단히, 최고로 → extremely good, great, or successful

They added that its epicentre was under the ocean 173 miles south of the Argentinian city of Ushuaia.

또한 진앙지가 아르헨티나 우수아이아에서 남쪽으로 173마일 떨어진 해저라고 덧붙였습니다.

- epicenter: (지진의) 진원지, 진앙, (활동의) 중심점, (문제의) 핵심, (폭탄의) 낙하점
  The country stood at the epicenter of the global crisis caused by tariff war.
  그 국가는 관세 전쟁으로 인한 글로벌 위기의 중심에 서 있었습니다.

The Chilean National Disaster Prevention and Response Service said that the coastal area of Magallenes region in the south of the country would be evacuated due to the tsunami risk.

칠레 국가 재난 예방 및 대응 서비스는 쓰나미 위험으로 인해 남부 마갈 레네스의 해안 지역이 대피할 것이라고 밝혔습니다.

- tsunami: 쓰나미 * A colossal tsunami destroyed the beautiful beach in minutes. 거대한 쓰나미가 순식간에 아름다운 해변을 파괴했다. * colossal: 거대한

Chilean President Gabriel Boric said on X after the alert: "We call for evacuation of the coastline throughout the Magallanes region."

가브리엘 보리치 칠레 대통령은 경보 발령 후 X를 통해 "마갈 레네스 전역의 해안 지역에서 대피할 것을 촉구합니다."라고 말했습니다.

- alert: 경계, 경보, 경보 발령, 방심 안 하는, 경계시키다 * after the alert: 경보 후에
- coastline: 해안 지대 * footage: (특정한 사건을 담은) 장면, 화면

Chile's disaster agency advised residents to "act calmly and follow the instructions of authorities and response teams" following the quake.

칠레 재난 당국은 지진 발생 후 주민들에게 "침착하게 행동하고 당국과 대응팀의 지시를 따르라"라고 권고했습니다.

- reponse teams: 대응팀, 응답팀 * in resposne to~: ~에 응하여, 답변하여

Pictures showed civilians fleeing buildings as part of evacuations in dramatic scenes. Tense footage showed people leaving their homes and walking towards a safety checkpoint in the South American country. Town streets were flooded as the evacuations were sparked across the south.

사진에는 시민들이 건물에서 대피하는 극적인 장면들이 담겨 있었습니다. 긴박감 넘치는 영상에는 사람들이 집을 떠나 남미 국가의 안전 검문소로 걸어가는 모습이 담겨 있었습니다. 남부 전역에서 대피가 시작되면서 시내 도로는 물에 잠겼습니다.

- flee: 달아나다, 도망하다 * dramatic scenes: 극적인 장면/광경
- checkpoint; (국경의) 검문소
  Vehicles were stopped at four checkpoints along the border.
  국경을 따라 4개의 검문소에서 차량이 정지되었습니다.
- spark: 촉발하다, 유발하다 → activate, actuate, trigger, set/spark/touch/trigger off

metastasized to the bone 뼈에 전이되다

Former US President Biden diagnosed with 'aggressive' cancer

바이든 전 미국 대통령, '악성' 암 진단받아

- aggressive: ①침략적인, 공격적인 → hostile, offensive, destructive, belligerent, malevolent, contrary, antagonistic, pugnacious, bellicose, quarrelsome, inimical, rancorous, ill-disposed
  ② 진취적인, 적극적인 → forceful, powerful, convincing, effective, enterprising, dynamic, bold, militant, pushing, vigorous, energetic, persuasive, assertive, zealous
  She is respected as a very competitive and aggressive sales manager.
  그녀는 매우 경쟁력있고 적극적인 영업 매니저로 존경받고 있습니다.
  ③ 악성 → malignant *cf.* 양성: positive ↔ 음성: negative
  ☞ 양성 종양(benign tumor)과 악성 종양(malignant tumor)의 가장 큰 차이는 성장 속도, 전이 가능성, 그리고 주변 조직에 미치는 영향이며, 양성 종양은 성장 속도가 느리고 다른 부위로 전이되지 않지만, 악성 종양은 빠르게 성장하고 주변 조직으로 침윤하거나 다른 부위로 전이될 수 있다. 암은 악성 종양을 의미한다.

The 82-year-old Democrat was diagnosed with prostate cancer on Friday, his office has said. He served as president from 2021 to 2025 and abruptly ended his bid for reelection last July.

82세의 민주당 소속 바이든 전 대통령이 금요일 전립선암 진단을 받았다고 그의 사무실이 밝혔습니다. 그는 2021년부터 2025년까지 대통령직을 역임했으며, 지난 7월 재선 도전을 갑자기 중단했습니다.

- prostate cancer: 전립선암

"While this represents a more aggressive form of the disease, the cancer appears to be hormone-sensitive which allows for effective management." his office said.

바이든 전 대통령 사무실은 "이번 암은 더 공격적인 형태의 암이지만, 호르몬에 민감한 것으로 보여 효과적인 관리가 가능합니다."라고 밝혔습니다.

Prostate cancers are ranked in terms of their severity on a scale of one to 10, in what is called a Gleason score. Biden's prostate diagnosis has been given a Gleason score of nine, meaning it has metastasized to the bone, the statement said.

전립선암은 글리슨 등급(1~10 등급)으로 중증도를 평가합니다. 바이든 전 대통령의 전립선암 진단은 글리슨 점수 9점으로, 뼈로 전이된 것을 의미합니다.

- **in terms of ~**: ~의 면에서, ~에 관하여 → as measured or indicated by, in units of, in relation to, with reference to, regarding, concerning
- scale: 규모, 범위, 눈금, (측정용) 등급, 단계, 비닐, 저울, 오르다, 비늘을 치다
  * on a large/small scale: 대/소규모로 * full-scale: 총력을 기울인, 완전하고도 철저한, 실물 크기의
- Gleason score: 전립선암의 악성도(aggressiveness)를 평가하는 병리학적 지표로, 조직 감사로 얻은 전립선 조직을 현미경으로 관찰하여 암세포의 분화 정도를 평가하고 이를 통해 치료 방침을 정하는 데 중요한 역할을 한다.
- diagnose: (질병·문제의 원인을) 진단하다 * diagnosis: 진단
- **metastasize**: 전이하다 → spread, distribute * metastasis: 전이

The cancer had metastasized and the patient could not live any longer.
암이 전이되어 환자는 더는 살 수 없었다.

Biden, 82, is reviewing treatment options with his family, the statement added. The Biden family has been impacted by the disease before. Biden's son, Beau, died of brain cancer in 2015.

82세의 바이든 전 대통령은 가족과 함께 치료 옵션을 검토하고 있다고 성명은 덧붙였습니다. 바이든 전 대통령 가족은 이전에도 이 질환으로 어려움을 겪었습니다. 바이든 전 대통령의 아들 보는 2015년 뇌종양으로 사망했습니다.

- brain cancer: 뇌종양, 뇌암

misleading 호도하는, 오도하는, 오해의 소지가 있는

Trump administration investigates California's benefits to immigrants. Critics say its claims are misleading.

트럼프 행정부는 캘리포니아 이민자 지원금 조사에 착수했다. 비판론자들은 행정부의 주장이 오도하고 있다고 주장했다.

- **misleading**: 호도하는, 오도하는, 오해의 소지가 있는 * mislead: 호도/오도하다

→ deceptive, delusive, delusory, fallacious, illusive, illusory, shoddy
His friendly attitude and wording misled her into thinking she could trust him.
그의 친근한 태도와 말투는 그녀가 그를 믿어도 된다고 생각하게 만들었다.

The Trump administration announced Monday that it has launched an investigation into California's Cash Assistance Program for Immigrants, a state program that provides monthly cash benefits to a small number of aged, blind, and disabled noncitizens who it claims are ineligible for Social Security benefits due to their immigration status.

트럼프 행정부는 월요일, 캘리포니아 이민자 현금 지원 프로그램에 대한 조사에 착수했다고 발표했습니다. 이 프로그램은 소수의 고령, 시각 장애인, 장애인 비시민권자에게 매달 현금 지원을 제공하는 주(州) 프로그램인데, 트럼프 행정부는 이러한 이민자들의 이민 신분으로는 그러한 지원을 받을 자격이 없다고 주장합니다.

The investigation began in Los Angeles, with Immigration and Customs Enforcement's Homeland Security Investigations Los Angeles field office issuing a Title VIII subpoena to California's Cash Assistance Program for Immigrants, the Department of Homeland Security said in a news release.

국토안보부는 보도 자료를 통해 이 조사가 로스앤젤레스에서 시작되었으며, 이민세관단속국(ICE) 산하 국토안보수사국(HSI) 로스앤젤레스 지부가 캘리포니아 이민자 현금 지원 프로그램에 제8조 소환장을 발부했다고 보도 자료로 밝혔습니다.

- subpoena: 소환장, 호출장, 소환하다, 호출하다
  * issue a subpoena: 소환장을 발부하다

According to the department, the subpoena requests all records from the Los Angeles County Department of Public Social Services, the agency that administers the state program, to determine if ineligible immigrants received supplemental security income from the Social Security Administration over the last four years.

국토안보부에 따르면, 이 소환장은 해당 프로그램을 관리하는 기관인 로스앤젤레스 카운티 공공사회복지국(DPS)의 모든 기록을 요구하여, 무자격 이민자들이 지난 4년간 사회보장국으로부터 추가 사회보장 소득을 받았는지를 조사합니다.

- news release: (보도 관계자들 용) 보도 자료
  * press release: 대언론 공식 발표/성명

no-nonsense 간단명료한, 허튼짓하지 않는. 허튼소리 하지 않는

Trump Directs Feds To Reopen Alcatraz For Violent Criminals

트럼프, 폭력 범죄자를 위한 알카트라즈 교도소 재개장 지시

President Donald Trump has ignited a bold plan to restore order by reopening Alcatraz prison. On Sunday evening, he announced via Truth Social his directive to rebuild and expand the infamous San Francisco facility. The move targets America's most dangerous criminals, signaling a return to tougher law enforcement.

도널드 트럼프 대통령은 알카트라즈 교도소를 재개소하여 질서를 회복하려는 대담한 계획에 불을 붙였습니다. 일요일 저녁, 그는 트루스 소셜을 통해 악명 높은 샌프란시스코 시설을 재건하고 확장하라는 지시를 발표했습니다. 이 조치는 미국에서 가장 위험한 범죄자들을 대상으로 하며, 더 강력한 법 집행으로 복귀할 것을 예고합니다.

- ignite: 불이 붙다, 점화되다, 불을 붙이다, 점화하다 * ignition: 점화, 발화
- bold: 용감한, 대담한, 선명한, 굵은, 볼드체, 굵은 활자체
- directive: (공식적인) 지시, 명령 → order, ruling, regulation, charge, notice, command, instruction, dictate, decree, mandate, injunction, imperative, fiat, ordinance, edict
  * 지시/지휘하는 → directing, guiding, directional
- infamous: 악명 높은, 오명이 난 * infamy: 악명, 악행

As reported by Fox News, Trump's initiative aims to house the nation's most violent offenders in a revamped Alcatraz. The announcement tasks the Bureau of Prisons, Department of Justice, FBI, and Department of Homeland Security with overseeing the project.

폭스 뉴스의 보도에 따르면, 트럼프의 계획은 미국에서 가장 폭력적인 범죄자들을 개조된 알카트라즈에 수용하는 것을 목표로 하고 있습니다. 이 발표에 따라 교도소국, 법무부, FBI, 국토안보부는 이 프로젝트를 감독하는 임무를 맡게 되었습니다.

- initiative: (문제 해결이나 목적 달성을 위한 새로운) 계획, 진취성, 결단력, 자주성, 주도권, 주도
- house: 살 곳을 주다, 거처를 제공하다, 수용하다 ● revamp: (보통 더 보기 좋도록) 개조하다, 수리하다
- task: (~에게) 과업을 맡기다, 과제를 주다, 일, 과업, 과제
- **oversee**: 감독하다 → supervise, run, control, manage, direct, handle, conduct, look after, be responsible for, administer, inspect, preside over, keep an eye on, be on duty at, superintend, have or be in charge of
  Who is overseeing the construction project? Get an experienced surveyor to oversee and inspect the various stages of the work.
  건설 프로젝트는 누가 감독하나요? 숙련된 감독관이 작업의 다양한 단계를 감독하고 검사하도록 하세요.

The president's vision emphasizes a no-nonsense approach to crime. He declared that America will no longer tolerate "serial offenders" who wreak havoc. His words reflect a deep frustration with soft-on-crime policies that have left communities vulnerable.

대통령의 비전은 범죄에 대한 현실적인 접근 방식을 강조합니다. 그는 미국이 큰 혼란을 일으키는 '연쇄 범죄자'를 이제는 용납하지 않겠다고 선언했습니다. 그의 말은 지역 사회를 취약하게 만든 미온적인 범죄 정책에 대한 깊은 좌절감을 반영합니다.

- ***no-nonsense***: 간단명료한, 허튼짓하지 않는, 현실적인, 사무적인 → sensible, practical, straightforward, serious, sobersided businesslike * ***no-nonsense approach:*** 현실적인 접근
- serial: (같은 일을 여러 번) 계속하는, 상습/연쇄적인, 순차적인, 연속극, 연재물
  * serial offender/killer: 연쇄 범죄자/살인범 * chain-smoker: 줄담배 피우는 사람, 골초
- wreak: (큰 피해 등을) 입히다, 가하다 ● havoc: 대파괴, 큰 혼란, 피해
- soft-on-crime: 범죄에 관대한 * be soft on ~: ~에 관대한
- vulnerable: 취약한, 연약한

알카트라즈 섬: 샌프란시스코 해안에서 2.4 km

out of woods 한고비를 넘어, 위기를 벗어나, 결정적인 국면을 지나

Beijing roars to life a month after zero-COVID lockdowns fade, but China is not *out of woods* yet.

코로나19 봉쇄령이 해제된 지 한 달이 지나면서 베이징이 활기를 되찾았지만, 중국은 아직 위기를 벗어나지 못했습니다.

- roar (back) to life: 활기차다, 살아나다
- zero-COVID: 코로나19 억제, 제로 코로나, 코로나19 제로
- lockdown: 감금, 구류 상태, 구류 기간, (움직임, 행동에 대한) 제재
- *out of woods*: 숲속에서 나와, 위기를 모면하여, 곤란을 벗어나, 안전하여
  → free of a difficult or hazardous situation, in a position of safety or security
  * not see the woods for the trees, fail to see the woods for the trees
    나무를 보고 숲을 못보다, 작은 일에 구애되어 큰일을 놓치다

overstep one's authority 월권행위를 하다

California sues Trump over National Guard deployment to Los Angeles.

캘리포니아는 주 방위군의 로스앤젤레스 배치에 대해 트럼프를 고소했습니다.

Gov. Gavin Newsom has argued that the deployment is "an illegal act, an immoral act, an unconstitutional act."

개빈 뉴섬 주지사는 방위군 배치가 '불법 행위, 부도덕한 행위, 위헌적 행위'라고 주장했습니다.

California *sued* the Trump administration Monday *over* its order to deploy 2,000 California National Guard troops to Los Angeles without the governor's consent, a move with little precedent that has *dramatically increased tensions* between the federal government and the Democratic-led state, the most populous in the United States.

캘리포니아는 월요일 주지사 동의 없이 2,000명의 캘리포니아 방위군을 로스앤젤레스에 배치하라는 명령에 대해 트럼프 행정부를 고소했는데, 이는 연방 정부와 미국에서 가장 인구가 많으며 민주당이 주도하는 주 사이의 긴장을 극적으로 고조시킨 전례가 거의 없는 조치입니다.

- populous: 인구가 많은 → populated, crowded, packed, swarming, thronged, teeming, heavily populated, overpopulated
  Pakistan is the fifth most populous country in the world.
  파키스탄은 세계에서 다섯 번째로 인구가 많은 국가입니다.

The lawsuit argues that President Donald Trump *overstepped his authority* when he called up the National Guard in defiance of California Gov. Gavin Newsom, invoking a law that allows the president to do so under threat from a foreign "invasion" or "rebellion" against the U.S. government.

이 소송은 도널드 트럼프 대통령이 개빈 뉴섬 캘리포니아 주지사에 맞서 주 방위군을 소집하면서 미국 정부에 대한 외국의 '침략' 또는 '반란'의 위협이 있을 때 대통령이 그렇게 할 수 있는 법을 발동하여 권한을 넘어섰다고 주장하고 있습니다.

- *overstep*: 지나가다, 밟고 넘다, ~의 한도를 넘다, 범하다, 더 잘하다, 뛰어넘다, 월권하다
  → pass beyond (limits or boundaries), transgress, trespass, exceed, overreach, overrun, surpass, transcend, be superior or better than some standard, top, pass, go past
  She exceeded our expectations. She already topped her performance of last year.
  그녀는 우리의 기대를 넘어섰습니다. 그녀는 이미 지난해의 실적을 뛰어 넘어섰습니다.
  → *overstep the mark / line*: (지켜야 할) 선/한도를 넘다, 지나치게 행동하다
- in defiance of: 무시하여, 상관치 않고 * in defiance of the law; 법률을 무시하고
- invoke: (법·규칙 등을) 들먹이다, 적용하다, 들다, 언급하다

"Let me be clear: There is no invasion. There is no rebellion," California Attorney General Rob Bonta said in a statement. "The President is trying to manufacture chaos and crisis *on the ground for his own political ends.*"

"분명히 말씀드리자면 침략은 없습니다. 반란도 없습니다."라고 캘리포니아 법무부 장관 롭 본타는 성명에서 말했습니다. "대통령은 자신의 정치적 목적을 위해 이 땅에서 혼란과 위기를 조성하려 하고 있습니다."

- **on the grounds for ~**: ~의 이유로, ~을 목적을 위해 * ground force/troops: 지상군

The lawsuit contends that Trump's move illegally infringed upon Newsom's role as commander in chief of the California National Guard. The White House did not immediately respond to a request for comment on the lawsuit, but during a White House event shortly after the announcement of the lawsuit, Trump hailed his order to deploy troops.

이 소송은 트럼프의 조치가 캘리포니아주 방위군 총사령관으로서 뉴섬의 역할을 불법적으로 침해했다고 주장합니다. 백악관은 소송에 대한 논평 요청에 즉시 응답하지 않았지만, 소송 발표 직후 백악관 행사에서 트럼프는 자신의 병력 배치 명령을 환영했습니다.

- contend: 주장하다, 다투다, 겨루다 → maintain, assert, postulate, argue, debate
- commander in chief: 총사령관 * commander in chief, Pacific: 태평양 사령관
- **infringe upon**: 위반하다, 제한하다, 침해하다
- hail: 우박, 싸락눈, 우박처럼 쏟아지는 것, 우박이 내리다. 환호하여 맞이하다, 큰소리로 부르다
  * a hail of bullets: 빗발치는 총알

pledge 약속하다, 맹세하다

Bill Gates pledges to give away his fortune by 2045

빌 게이츠, 2045년까지 재산 기부 약속

- pledge: 약속하다, 맹세하다(promise, vow, vouch, covenant)
- **give away**: 기부하다 → donate, bestow, contribute, hand out

Amid sweeping US foreign aid cuts, multibillionaire Bill Gates has said he will donate most of his wealth to meet urgent needs. He also slammed the role of fellow billionaire Elon Musk in ending critical aid programs.

미국의 대대적인 해외 원조 삭감 속에 억만장자 빌 게이츠는 자신의 재산 대부분을 긴급히 필요로 하는 곳에 기부하겠다고 밝혔습니다. 그는 또한 동료 억만장자 일론 머스크가 중요한 원조 프로그램을 중단하는 데 관여한 것을 비난했습니다.

- **sweeping**: 전면적인, 광범위한, 포괄적인, 파죽지세의, 일소하는 → extensive, broad, vast, expansive, panoramic, spacious, wide-ranging, global, comprehensive, wide, radical, extensive, all-inclusive, all-embracing, overarching, thoroughgoing, decisive, complete, total, overwhelming, unconditional, unqualified, out-and-out
  The new president implemented a sweeping economic reforms. 전면적인 경제 개혁 단행
  The election was a sweeping victory for the ruling party. 선거는 여당의 압승이었다
- multibillionaire: 억만장자

In an interview with The New York Times earlier this week, Microsoft co-founder and philanthropist Bill Gates called harsh cuts to the US development aid organization USAID "stunning."

이번 주 초 뉴욕 타임스와의 인터뷰에서 마이크로소프트 공동 창립자이자 자선가인 빌 게이츠는 미국 개발 원조 기구 USAID의 가혹한 삭감을 '충격적'이라고 말했습니다.

- philanthropist: 독지가, 자선가 → altruist, humanitarian, patron, benefactor, giver, donor, contributor, almsgiver
- harsh: 가혹한, 냉혹한

Gates predicted the cuts, led by tech billionaire Elon Musk, would likely lead to an increase of childhood deaths in poor countries "from 5 million to 6 million" in the next few years, rather than what should have been a reduction from 5 million to 4 million.

게이츠는 기술 억만장자 일론 머스크가 주도하는 이번 삭감으로 인해 향후 몇 년 동안 빈곤국의 아동 사망률이 '500만 명에서 600만 명'으로 증가할 가능성이 크다고 예측했습니다. 애초 500만 명에서 400만 명으로 줄어들어야 했던 수치는 오히려 증가한 것입니다.

Whether Musk might go on to be a great philanthropist, as he has previously pledged, remains to be seen, Gates said. "In the meantime, the world's richest man has been involved in the deaths of the world's poorest children," he told the paper, referring to Musk's *orchestration of the massive cuts to foreign aid* under the second administration of US President Donald Trump.

머스크가 과거에 약속한 대로 위대한 자선가가 될지는 아직 미지수라고 게이츠는 말했다. 게이츠는 머스크가 도널드 트럼프 미국 대통령의 2기 행정부하에서 외국 원조 예산을 대폭 삭감하는 데 주도적 역할을 했다고 지적하면서, "그 사이, 세계에서 가장 부유한 사람은 세계에서 가장 가난한 어린이들의 죽음에 관여해 왔다"라고 신문과의 인터뷰에서 말하였다.

remain to be seen: 두고 봐야 안다, 두고 볼 일이다.
It remains to be seen whether he really parts from her.
그가 정말 그녀와 헤어질지는 아직 두고 볼 일이다.

In response, Musk defended himself on his social media platform X, writing: "Gates is a huge liar."

이에 대해 머스크는 자신의 소셜 미디어 플랫폼 X에 "게이츠는 엄청난 거짓말쟁이다"라고 글을 올려 자신을 변호했습니다.

orchestrate: (복잡한 계획·행사를 세심히 또는 은밀히) 조직하다, (음악을) 오케스트라용으로 편곡하다
→ **stage-manage**, **mastermind**, direct, engineer, organize, contrive
* orchestration: 관현악 편곡법, 악기 편성법, 주도, 통합, 결집, 편성, 조직화, 조정
He orchestrated a successful political campaign for the opposition party.
그는 야당의 정치 캠페인을 성공적으로 주도하였습니다.

renew 재개하다, 갱신하다, 연장하다, 재차 강조하다

Biden's cancer renews debate about prostate screenings for older men. *It is not unusual* for a man of Biden's age *to* skip prostate cancer screening, for a variety of reasons.

바이든의 암 진단으로 고령 남성 전립선암 검진에 대한 논란이 다시 불붙고 있습니다. 바이든과 같은 나이의 남성이 여러 가지 이유로 전립선암 검진을 받지 않는 것은 드문 일이 아닙니다.

- **renew**: 재개하다, 갱신하다, 연장하다, 거듭 강조하다 → resume, reiterate, repeat
- screening:(영화) 상영/방영, (질병·결격 사유 등을 찾기 위한) 검사, 심사
  ☞ prostate screenings: 전립선 검사
- ***it is not unsual ~ to ~***: to ~ 이하는 드문 일이 아니다
- for a variety of reasons: 여러 (가지) 이유로 → for various reasons
  * by reason of: 때문에 → on account of, because of, owing to
  * for no other reason but this: 단지 이것만의 이유로

Former president Joe Biden's cancer diagnosis was announced Sunday. Former president Joe Biden's newly diagnosed prostate cancer, an aggressive form that has spread to his bones, has renewed the debate about who should receive annual screenings for signs of the disease. Prostate cancer, the second most common cause of cancer deaths for men, kills 35,000 a year.

조 바이든 전 대통령의 암 진단이 일요일에 발표되었습니다. 조 바이든 전 대통령이 뼈까지 전이된 공격적인 형태의 전립선암을 새롭게 진단받으면서 누가 매년 전립선암 징후 검진을 받아야 하는지에 대한 논쟁이 다시 불붙었습니다. 전립선암은 남성 암 사망 원인 중 두 번째로 흔한 질환으로, 매년 3만 5천 명이 사망합니다.

- spread to bones: 뼈까지 전이된

* 전이하다: spread, metastasize, distribute

Sunday's announcement of Biden's illness incited *unsubstantiated* speculation online that the former president could have known long ago, perhaps through testing or symptoms, that he had cancer. His medical records as president do not indicate whether his blood tests included screening for prostate-specific antigen (PSA), which, when elevated, can indicate a higher risk of prostate cancer.

일요일 바이든의 암 진단 발표는 온라인에서 전 대통령이 오래전에 검사나 증상을 통해 암 진단을 받았을 가능성이 있다는 근거 없는 추측을 불러일으켰습니다. 대통령으로서 그의 진료 기록에는 혈액 검사에 전립선 특이 항원(PSA) 검사가 포함되었는지가 명시되어 있지 않습니다. PSA 수치가 높으면 전립선암 위험이 커질 수 있습니다.

- incite: 선동하다, 조장하다 * incite curiosity/anger: 호기심/분노를 일게 하다
- *unsubstantiated*: 근거 없는, 입증되지 않은 * unsubstantiated information: 실체가 없는 정보
  → groundless, unconfirmed, unproven, unsupported, speculative, questionable, spurious, open to question, uncorroborated, conjectural, unestablished, unattested ⇔ proven, established, confirmed, supported, attested, substantiated, corroborated
- online: 온라인의
- antigen: 항원 * antigen test: 항원 검사, 항원 테스트

But it would not be unusual for a man Biden's age to skip that kind of screening, according to prostate cancer experts who spoke to The Washington Post but were not involved with his treatment or diagnosis.

하지만 워싱턴 포스트와 인터뷰했지만, 그의 치료나 진단에는 관여하지 않은 전립선암 전문가들에 따르면 바이든과 같은 나이의 남성이 그런 종류의 검진을 받지 않는 것은 드문 일이 아닙니다.

"For most cancer screenings, there is an age when we say, no more screening," said Michael Morris, head of the prostate cancer section at Memorial Sloan Kettering Cancer Center in New York City. "The majority of prostate cancers that are diagnosed are not the aggressive kind that we've been reading about [in the Biden stories]. Most prostate cancers are not a threat to a man's longevity."

뉴욕 메모리얼 슬론 케터링 암센터의 전립선암 부서장인 마이클 모리스는 "대부분의 암 검진에는 '이제는 검진을 받지 않겠다'라고 말하는 나이가 있습니다."라고 말했습니다. "진단되는 전립선암 대부분은 [바이든 관련 기사에서] 보도된 것처럼 공격적인 종류가 아닙니다. 전립선암 대부분은 남성의 수명을 위협하지 않습니다."

The U.S. Preventive Services Task Force, which makes medical recommendations about preventive services such as screenings, recommends against screening in men 70 years and older. For men ages 55 to 69, the decision should be an individual one, it says.

검진과 같은 예방 서비스에 대한 의학적 권고를 하는 미국 예방 서비스 전담반은 70세 이상 남성의 검진을 권장하지 않습니다. 55세에서 69세 사이의 남성의 경우, 검진 여부는 개인의 결정에 달려 있다고 합니다.

The guidelines note that "many men will experience potential harms of screening, including false-positive results that require additional testing and possible prostate biopsy; overdiagnosis and overtreatment; and treatment complications, such as incontinence and erectile dysfunction."

지침에는 "많은 남성이 추가 검사 및 전립선 생체 검사를 필요로 하는 위양성 결과, 과잉 진단 및 과잉 치료, 그리고 요실금 및 발기부전과 같은 치료 합병증 등 검진의 잠재적 피해를 경험할 수 있다"라고 명시하고 있습니다.

- false-positive: 허위 양성, 거짓 양성, 잘못된 양성 판정
- biopsy: 생체 검사, 조직 검사
- overdiagnosis: 과잉 진단

* overtreatment: 과잉치료

- treatment complications: 합병증 치료
- incontinence: 실금, 요실금
- erectile dysfunction: 발기부전(ED)

shelter in place 자택 대기하다

A chemical plant explosion in LaSalle, Ill., caused a massive fire where residents were asked to shelter in place. No civilian injuries were reported and the fire was contained by multiple fire departments, LaSalle Fire Chief Jerry Janick said in a press conference.

일리노이주 라살에서 화학 공장 폭발로 대규모 화재가 발생하여 주민들에게 대피 요청이 내려졌습니다. 민간인 부상자는 보고되지 않았으며 여러 소방서에 의해 화재가 진화되었습니다, 라살 소방서장 제리 자닉은 기자 회견에서 이렇게 말했습니다.

- in place: 그 자리에 * shelter in place: 자택 대기하다 * shleter-in-place: 대피소
  * **shelter-in-place order**: 자택 대기 명령, 외출 금지 명령
  Shelter-in-place order extended amid hunt for Maine gunman.
  메인주 총격범을 추적하는 가운데 자택 대기 명령이 연장되었다.
- contain: 봉쇄하다, 저지하다, 진압하다, 진화하다, 참다, 포함하다, 내포하다
  * contain an epidemic: 유행병을 봉쇄하다 * contain one's anger: 노여움을 억누르다, 화를 참다
- fire department: 소방서, 소방대 → fire brigade, fire service * brigade: 여단, 단체

sizzle 지글지글하는 소리를 내다, 지글지글 소리

Hot job market may be losing its sizzle. The job market is not as hot as it used to be. Unemployment is low, and hiring is strong. But there are signs that frenzied turnover and rapid wage growth are abating.

뜨거운 취업 시장이 열기를 잃고 있습니다. 취업 시장은 예전만큼 뜨겁지 않습니다. 실업률은 낮고 채용은 활발합니다. 그러나 광적인 이직률과 빠른 임금 상승이 줄어들고 있다는 징후가 있습니다.

- frenzied turnover: 아주 높은 이직률 * turnover: 이직률, 회전율, 총매상고

The shop turned over $100K last Sun. 지난 일요일에 10만 달러의 매출을 달성했습니다.

- abate: (강도가) 약해지다, (강도를) 약화하다, 줄이다
- ***all sizzle and no steak***: 속 빈 강정 → ***nothingburger***(버거 안에 아무것도 없는 것에 비유)
  - ☞ 어떤 사람/사물이 겉만 그럴듯하고 실속이 없음을 비유적으로 이르는 말
  - ☞ For all the heated discussions about how the new form of digital currency would revolutionize the modern economy, it might become just another vacuous ***nothingburger*** after months. 새로운 형태의 디지털 화폐가 현대 경제에 혁명을 일으킬 것이라는 열띤 토론에도 불구하고, 몇 달 후에는 그저 공허하고 쓸모없는 것이 될지도 모릅니다.
  - ☞ Don't be too sad about not getting tickets to the concert. My niece saw the concert two days ago in Paris and said the show was ***all sizzle and no steak***. 콘서트 티켓을 구하지 못했다고 너무 슬퍼하지 마세요. 제 조카가 이틀 전에 파리에서 콘서트를 봤는데 속 빈 강정이었다고 하더군요.
  - ☞ ***anticlimax***: 실망스러운 결말, 용두사미 → bright beginning and dull/tame finish
    * anticlimactic: 용두사미의, 점강적인

strand 오도 가도 못하다, 발을 묶다

Travel insanity: US passengers stranded by winter storm as 2,500 flight canceled.

광란의 여행: 겨울 폭풍으로 2,500편의 항공편이 결항하면서 미국 승객들이 발이 묶였습니다.

- insanity: 정신이상, 미친 짓, 무모한 짓, 광기(→ madness, lunacy)
- strand: 오도 가도 못하게 하다, 고립시키다, 발을 묶다, 꼼짝 못 하게 하다, 가닥, 올, 줄
  The yacht was stranded on the rocks. He was left stranded in an desolate island without his passport. 요트는 바위에 좌초되었고, 그는 여권도 없이 외딴 섬에 고립되었습니다.

threequel (영화, 책 등의) 3편, 시리즈의 세 번째 편

Extraction 3 potential release date, cast and everything you need to know. The threequel is in the works on Netflix.

익스트랙션 3의 개봉 예정일, 출연진 및 알아야 할 모든 것을 알아보세요. 3편이 넷플릭스에서 제작 중입니다.

- **threequel**: 3편 * **sequel**: 속편, 2편
  * **prequel**: (유명한 책·영화에 나온 내용과 관련하여) 그 이전의 일들을 다룬 속편

Extraction 3 is definitely happening, but we're still waiting for a confirmed release date on Netflix.

익스트랙션 3편이 제작되고 있는 것은 확실하지만 아직 넷플릭스의 확정 개봉일을 기다리는 중입니다.

"We're hoping to go into production on it next year." he added to Collider. "It's definitely filming next year. I'm just being cagey because it's more fun."

"내년에 제작에 들어가기를 희망하고 있습니다."라고 그는 Collider에 덧붙였습니다. "내년에 확실히 촬영할 예정입니다. 더 재미있어서 말을 아끼는 것뿐입니다."

- **cagey**: 말을 안 하는, 말을 아끼는, 비밀스러운(→ evasive, secretive, reticent, reserved)
  He is cagey about what he was paid for his business. 사업 대가로 받은 돈에 대해 말을 아낀다.

The threequel was originally confirmed by Netflix after Extraction 2 had one of the streaming service's biggest opening weekends of 2023.

Extraction 2가 2023년 스트리밍 서비스에서 가장 큰 주말 개봉 작품 중 하나를 기록하자 넷플릭스는 당초에 3부작 제작을 확정하였습니다.

So, yes, we're definitely getting another helping of Chris Hemsworth, with returning director Sam Hargrave.

다시 돌아온 샘 하그레이브 감독과 함께 크리스 헴스워스가 다시 한번 출연하는 것이 확실해졌습니다.

We had suspected that a third movie was brewing, as the ending of Extraction 2 saw Idris Elba's mysterious new character recruit Tyler for another sure-to-be dangerous mission that we'll see play out in the next movie.

익스트랙션 2의 엔딩에서 이드리스 엘바의 미스터리한 새 캐릭터가 타일러를 영입해 다음 영화에서 펼쳐질 또 다른 위험한 임무를 맡기는 장면이 등장했기 때문에 세 번째 영화가 제작되고 있다고 의심했었습니다.

- brew: (맥주를) 양조하다, (커피 · 차를) 끓이다, 만들다, (음모 따위를) 꾸미다
- sure-to-be: 확실한　　* just to be sure: 혹시나 해서, 그냥 확실히 하기 위해서
  * just in case: 만일의 경우에 대비, 혹시 몰라서　　* just to be safe: 안전하기 위해, 혹시 모르니
  ☞ 한국말로는 비슷할 수도 있으나 상황에 따라 뉘앙스가 다르므로 적절히 사용할 필요가 있음.

So while we wait for filming to hopefully start this year, here's everything you need to know about Extraction 3.

올해 촬영이 시작되기를 기다리는 동안 익스트랙션 3에 대해 알아야 할 모든 것을 알려드립니다.

- film: 촬영하다, 소설을 영화화하다

There are still no details about what Extraction 3 will be about, but the path is set thanks to Extraction 2's ending.

익스트랙션 3의 내용에 대한 자세한 내용은 아직 알려지지 않았지만, 익스트랙션 2의 결말 덕분에 그 길은 정해져 있습니다.

The sequel follows Tyler Rake as he achieves an impossible prison break to save his ex-wife's sister and her two kids, who are held captive by Georgian mob boss Davit Radiani.

속편에서는 타일러 레이크가 그루지야 마피아 두목 데이빗 라디아니에게 포로로 잡혀 있는 전처의 여동생과 두 아이를 구하기 위해 불가능한 탈옥을 성공시키는 과정을 따라갑니다.

- mob: 무리, 떼, 군중, 떼를 지어 공격하다, 떼지어 몰려들다

The extraction is successful, but Davit's death enrages his brother Zurab, who won't stop until he has killed Tyler. After a dramatic chase in Vienna, the mercenary faces the villain and kills him, but the Austrian police storm onto the scene and arrest him and his partner Nik.

추출은 성공적으로 이루어졌지만, 다비트의 죽음은 그의 형제 주라브를 분노하게 만들며, 그는 타일러를 죽일 때까지 멈추지 않을 것입니다. 빈에서 벌어진 극적인 추격전 끝에 용병은 악당과 맞서 그를 죽이지만, 오스트리아 경찰이 현장에 들이닥쳐 그와 그의 파트너 니크를 체포합니다.

- enrage: 격분하게 만들다, 엄청나게 열받게 하다 → infuriate, aggravate, incense, gall, madden, inflame, exasperate, incite, antagonize, make one's blood boil
- storm on the scene: 현장에 들이닥치다

At the end of the film, Idris Elba's unnamed character reappears to make them an offer: They will be released from prison if they do a job for his boss. It remains to be seen who that might be, or what kind of mission they are about to embark on.

영화의 마지막 부분에서 이드리스 엘바가 연기한 이름 없는 캐릭터가 다시 등장해 그들에게 제안합니다: 그의 보스를 위해 일을 해준다면 감옥에서 풀려날 수 있다는 것입니다. 그 보스가 누구인지, 그리고 그들이 어떤 임무를 맡게 될지는 아직 밝혀지지 않았습니다.

- unnamed: 무명의, 이름없는 → nameless, unidentified, unknown
- embark: (배에) 승선하다, 승선시키다 ↔ disembark * embark on something: ~에 착수하다

unaffordable 너무 돈이 많이 드는, 너무 비싼, 감당할 수 없는

Is driving becoming a luxury in Germany?

독일에서 운전은 사치가 되어가고 있나요?

For many young people in Germany, getting a driver's license has become almost unaffordable. *Calls for reform are growing louder,* but will it be enough?

독일의 많은 젊은이에게 운전면허를 취득하는 것은 거의 감당할 수 없는 일이 되었습니다. 개혁을 요구하는 목소리가 점점 커지고 있지만 충분할까요?

- **unaffordable**: 감당할 수 없는, 너무 돈이 많이 드는, 너무 비싼 → too/overly expensive, beyond one's means ⇔ affordable, inexpensive, fair, cheap, reasonable, moderate, modest, low-price, low-cost, economical
  The medical care has become unaffordable for many recently.
  최근 많은 사람이 의료비를 감당할 수 없게 되었습니다.

Obtaining a German driving license is expensive, costing thousands of euros.

독일 운전면허증을 취득하려면 수천 유로에 달하는 높은 비용이 듭니다.

Learning to drive in Germany these days requires more than just patience. It also takes a lot of money. According to Germany's largest automobile club, the ADAC, obtaining a driver's license can cost anywhere between €2,500 ($2,839) and €3,500 ($3,975) –– in some cases, even more. For young people, still in education, it is becoming a luxury.

요즘 독일에서 운전을 배우려면 인내심 그 이상이 필요합니다. 또한 많은 돈이 필요합니다. 독일 최대 자동차 클럽인 ADAC에 따르면 운전면허 취득 비용은 2,500유로(2,839달러)에서 3,500유로 사이이며, 때에 따라서는 그보다 더 큰 비용이 들기도 합니다. 아직 교육 단계에 있는 젊은 이들에게는 사치가 되고 있습니다.

Although a driver's license obtained in one EU country is valid across the bloc, how you get there is still regulated nationally. Each country has its own driving school concept, which in turn determines the price.

한 EU 국가에서 취득한 운전면허증은 EU 전체에서 유효하지만, 운전면허 취득 방법은 여전히 국가별로 규제됩니다. 국가마다 고유한 운전 학교 개념이 있으며, 이에 따라 가격이 결정됩니다.

- **in turn**: 결국, 차례차례, 순서대로 (↔ **out of turn**: 두서없이, 순서가 뒤바뀌어, 경솔하게)
  - * at every turn: 언제나, 어디서나
  - * **by turns**: 차례로, 교대로, 번갈아 → one after another, alternately

---

In Germany, driving education is extensive and strictly regulated by law. Learners must complete a minimum of 14 theory sessions and 12 practical driving lessons. By contrast, Poland offers a less tightly regulated program of 26 theory and 30 driving lessons costing only between €600 and €900.

독일에서는 운전 교육이 광범위하고 법으로 엄격하게 규제됩니다. 학습자는 최소 14회의 이론 수업과 12회의 실기 운전 수업을 이수해야 합니다. 반면 폴란드는 600유로에서 900유로 사이의 비용으로 26개의 이론과 30개의 운전 교습으로 구성된 덜 엄격한 규제 프로그램을 제공합니다.

- by contrast: 그에 반해서, 그와 대조적으로, ~에 비해서 → in contrast
- regulate: 규제/통제/단속하다, 조절/조정하다

A learner in a car has to do driving practice with an official sitting in the rear checking her skills. More and more young people in Germany are failing their practical driving test. The retest alone currently costs around €130.

자동차를 탄 학습자는 뒤에 앉은 관계자가 자신의 실력을 점검하는 가운데 운전 연습을 해야 합니다. 독일에서 점점 더 많은 젊은이가 실기 운전 시험에 불합격하고 있습니다. 현재 재시험에 약 130유로가 소요됩니다.

Calls for reform are growing louder. Florian Müller, transport policy spokesperson for the center-right CDU party, is among those pushing for a "contemporary and modern driving education" that is both affordable and reflects current road realities. After all, "the car is still the number one mode of transport" in Germany and many people depend on having a license.

개혁에 대한 요구가 점점 더 커지고 있습니다. 중도 우파 CDU 정당의 교통 정책 대변인 플로리안 뮐러는 합리적인 비용으로 현재의 도로 현실을 반영하는 '현대적이고 최신식 운전 교육'을 촉구하는 사람 중 한 명입니다. 결국 독일에서 '자동차는 여전히 최고의 교통수단'이며 많은 사람이 면허증에 의존하고 있습니다.

- center-right: (정치적) 중도 우파의, 중도 우파 ↔ center-left: 중도 좌파
  - * far-right: 극우 ↔ far-left: 극좌

uncover 덮개를 벗기다, 뚜껑을 열다, (비밀 등을) 알아내다, 적발하다

Brazil Thwarts Lady Gaga Concert Attack Targeting Crowd, Satanic Ritual Plot Uncovered.

브라질, 군중을 노린 레이디 가가 콘서트 공격 계획 저지, 사탄 의식 음모 적발

- thwart: 좌절시키다 → frustrate, queer, scotch, baffle, bilk, foil, cross, spoil

---

Brazilian authorities have uncovered a chilling plot to attack Lady Gaga's concert in Rio de Janeiro with explosives and Molotov cocktails. The scheme, *orchestrated by an online hate group*, aimed to sow chaos at a free performance attended by 2.1 million people.
Police also charged a third individual with terrorism for planning a "satanist ritual" involving the murder of a child during the event.

브라질 당국은 리우데자네이루에서 열린 레이디 가가의 콘서트를 폭발물과 화염병으로 공격하려는 소름 끼치는 음모를 밝혀냈습니다. 온라인 혐오 단체가 조직한 이 계획은 210만 명이 관람하는 무료 공연에 혼란을 일으키기 위한 것이었습니다. 경찰은 또한 행사 도중 어린이를 살해하는 '사탄교 의식'을 계획한 혐의로 세 번째 개인을 테러 혐의로 기소했습니다.

- chilling: 으스스한 → scarey, scary, shuddery, shivery
  * **spine-chilling**: 등골이 서늘한 * chilling story: 으스스한 이야기
- explosive: 폭발성의, 폭발하기 쉬운, (폭력·분노·증오를) 촉발하는, 폭발물, 폭약
- **Molotov cocktail**: 화염병 → Molotov bomb, petrol bomb
- sow: (씨를) 뿌리다, 심다, (특히 문제의 소지가 있는 감정·생각 등을) 심다, 싹트게 하다
- satanist: 악마 숭배자 * satanism: 악마 숭배
- ritual: 의식 절차, 의례, 의식과 같은 일, 의례적인 일, 의식상의, 의식을 위한, 의례적인

As reported by Fox News, the Civil Police of Rio de Janeiro arrested two suspects who planned to target attendees at Gaga's Copacabana beach concert on Saturday. This was Gaga's first performance in Brazil since 2012. The operation, dubbed "Operation Fake Monster," successfully disrupted the plot before it could unfold.

폭스 뉴스의 보도에 따르면 리우데자네이루 시민 경찰은 토요일 가가의 코파카바나 해변 콘서트에서 참석자들을 노린 테러를 계획한 용의자 2명을 체포했습니다. 이 공연은 2012년 이후 브라질에서 열린 가가의 첫 번째 공연이었습니다. '가짜 괴물 작전'으로 명명된 이 작전은 음모가 실행되기 전에 성공적으로 저지하였습니다.

- dub: 별명을 붙이다, (영화 등을 다른 말로) 재녹음하다, 더빙하다 → subtitle: 자막 처리하다, 부제
- disrupt: 방해하다, 지장을 주다 → interrupt, stop, upset, hold up, interfere with, unsettle, obstruct, cut short, intrude on
- unfold: 펴다, 펼치다, (어떤 내용이 서서히) 펼쳐지다, 밝혀지다, 펼치다, 밝히다

The suspects, posing as "Little Monsters"—the term for Gaga's fans—recruited vulnerable young people, including teenagers, online. Their goal was to gain social media notoriety through coordinated attacks using improvised explosives. The hate group promoted vile content, including hate crimes, self-harm, and pedophilia.

용의자들은 가가의 팬을 일컫는 '리틀몬스터'로 위장해 10대 청소년을 포함한 취약한 젊은이들을 온라인에서 모집했습니다. 이들의 목표는 사제 폭발물을 이용한 조직적인 공격을 통해 소셜 미디어에서 악명을 얻는 것이었습니다. 이 혐오 단체는 증오 범죄, 자해, 소아성애 등 사악한 콘텐츠를 홍보했습니다.

- **vulnerable**: 취약한, 연약한(신체적 · 정서적으로 상처받기 쉬움을 나타냄)
- **improvise**: 뭐든 있는 것으로 처리하다, 만들다, (연주 · 연설 등을) 즉흥적으로 하다
- vile: 극도로 불쾌한, 나쁜 비도덕적인, 절대 용납할 수 없는 → sickening, offensive, despicable, slimy, wretched, loathsome, nauseating, nauseous, noisome, queasy
- self-harm: 자해
- pedophilia: 소아성애(어린이를 대상으로 하는 성도착)

unmarked 표시가 없는

Gene Hackman's Hidden Grave And Cryptic Tribute Amid $80M Will Dispute

진 해크먼의 숨겨진 무덤과 8천만 달러의 비밀스러운 헌정, 논란의 여지가 있습니다.

- cryptic: 수수께끼 같은, 아리송한(mysterious)
- **tribute**: (특히 죽은 사람에게 바치는) 헌사, 찬사, ~의 효력을 입증하는 것, 공물

Hollywood legend Gene Hackman lies in an unmarked grave, a final act of humility orchestrated by the children he excluded from his vast fortune. In a quiet corner of Santa Fe, New Mexico, the Oscar-winning actor and his wife, Betsy Arakawa, were laid to rest in secrecy, far from the glitz of Tinseltown they abandoned decades ago. Their deaths, *shrouded in mystery*, reflect a life that valued privacy over fame.

할리우드의 전설 진 해크먼은 자신의 막대한 재산에서 제외된 자녀들이 조율한 겸손의 마지막 행동인 무명 무덤에 누워 있습니다. 뉴멕시코주 산타페의 한적한 구석에 오스카상을 수상한 배

우와 그의 아내 벳시 아라카와가 수십 년 전에 버린 틴셀타운의 화려함과는 거리가 먼 곳에서 비밀리에 잠들었습니다. 베일에 싸인 이들의 죽음은 유명세보다 사생활을 중시했던 그들의 삶을 반영합니다.

- unmarked grave: 묘비가 없는 묘
- glitz: (겉모습에 불과할 수도 있는) 현란함, 호화로움
- shroud: 수의(壽衣), 장막, 감추다, 가리다 → conceal, cover, screen, hide, surround, blanket, veil, cloak, swathe, envelop
  Mist shrouded the outline of Mont-Saint-Michel. 안개가 몽생미셸의 윤곽을 가리고 있었다.

According to Daily Mail, Hackman, 95, and Arakawa, 65, died *just days apart* in late February, their passing unnoticed for over a week. The couple, who fled Hollywood for a reclusive ranch life, were found dead in their home, their bodies partially mummified. This tragic end to their 33-year marriage underscores their deliberate retreat from celebrity culture.

데일리메일에 따르면 95세의 해크먼과 65세의 아라카와는 2월 말 불과 며칠 간격으로 사망했으며, 사망한 지 일주일 이상 아무도 몰랐습니다. 할리우드를 떠나 은둔형 목장 생활을 하던 부부는 자택에서 시신 일부가 미라로 변한 채 숨진 채 발견되었습니다. 33년간의 결혼 생활이 이렇게 비극적으로 끝난 것은 그들이 유명 인사 문화에서 의도적으로 물러났다는 것을 보여줍니다.

- *just days apart*: 며칠 간격으로
  My parents' birthdays are just three days apart, on May 10 and 13 respectively.
  부모님 생신은 3일 차이로 5월 10일과 13일입니다
- unnoticed: 눈에 띄지 않는, 간과되는 → unobserved, disregarded, unseen, ignored, verlooked, neglected, undiscovered, unheeded, unrecognized, unremarked, unperceived
- reclusive: 세상을 버린, 은둔한, 쓸쓸한, 적막한
- flee (fled, fled): 달아나다, 도망치다, 떠나다
  The army fled at the sight of tanks. 군대는 탱크를 보자마자 도망쳤습니다.
- mummify: 미라로 만들다, 말려서 보존하다, 바짝 말리다 → dry up, sear, shrivel, wither, wizen

Arakawa succumbed to a rare hantavirus infection around Feb. 12, likely contracted from rodent exposure. Hackman, battling advanced Alzheimer's and heart disease, died a week later on Feb. 18, possibly unaware of his wife's death as he wandered their home alone. Their dog, Zinna, was also found dead, likely from dehydration, a grim detail adding to the sorrow.

아라카와는 2월 12일경 설치류에 노출되어 감염된 것으로 추정되는 희귀 한타바이러스에 감염되어 사망했습니다. 알츠하이머와 심장병으로 투병 중이던 해크먼은 일주일 후인 2월 18일에 사망했으며, 혼자 집을 돌아다니다 아내의 죽음을 알지 못한 것으로 추정됩니다. 이들의 반려견인 지나 역시 탈수증으로 죽은 것같이 발견되어 슬픔을 더했습니다.

- succumb: 굴복하다, 무릎을 꿇다 * succumb to pneumonia: 폐렴으로 쓰러지다
- hantavirus: 한타 바이러스(유행성 출혈열의 병원체)
- rodent: 설치류
- **wander**: (이리저리) 거닐다, 돌아다니다, 헤매다, 거닐기, 걷기 → roam, walk, drift, stroll, range, cruise, stray, ramble, prowl, meander, rove, straggle, knock about or around, peregrinate
  He wandered aimlessly around the town. 그는 정처 없이 마을을 돌아다녔습니다.
- dehydration: 건조, 탈수 * dehydrate: 건조하다, 탈수 상태가 되다, 탈수되게 하다
- grim: (보기나 듣기에 아주) 엄숙한, 단호한, 암울한, 음침한, 음산한 * grim news: 암울한 소식

unprecedented 전례 없는, 미증유의

Catastrophic Serial Derecho Devastates Pittsburgh, Restoration Begins

피츠버그를 초토화한 재앙적인 연쇄 폭풍 사건, 복구 시작

- derecho: 드레초(먼 거리를 빨리 이동하는 폭풍의 한 형태)
- devastate: (한 장소나 지역을) 완전히 파괴하다, 휩쓸다, 엄청난 충격을 주다, 비탄에 빠뜨리다

A ferocious serial derecho ravaged Pittsburgh, claiming lives and leaving a trail of destruction that officials call *unprecedented.*

사나운 연쇄 폭풍이 피츠버그를 휩쓸며 인명을 앗아갔고 당국은 전례 없는 파괴의 흔적을 남겼다고 합니다.

- ferocious: 흉포한, 맹렬한, 격렬한(=savage)
- ravage: 황폐/피폐하게 만들다, 유린하다, 짓밟다, 파괴하다
- claim: (병, 재해 등이 인명을) 빼앗다
  Death claimed her. 그녀는 사망했다.
- a trail of ~: 길게 뻗은 * a trail of smoke/blood: 길게 뻗은 연기/길게 나 있는 핏자국
- ***unprecedented***: 전례 없는, 미증유의 → unparalleled, unheard-of, unexampled, unrivalled, exceptional, unusual, abnormal, singular, ground-breaking
  Such a record is unprecedented. 그런 기록은 전례가 없습니다.

According to Fox Weather, powerful thunderstorms tore through Pennsylvania on Tuesday, killing at least three people and *plunging* hundreds of thousands *into* darkness as power lines and trees fell like matchsticks.

폭스 웨더에 따르면 화요일 펜실베이니아주를 강타한 강력한 뇌우로 인해 최소 3명이 사망하고 전선과 나무가 성냥개비처럼 쓰러지면서 수십만 명이 이둠 속으로 빠져들었습니다.

- **tear through ~**: ~을 휩쓸다, 급히 진행하다
- matchstick: 성냥개비

The storm's fury began early Tuesday, with hurricane-force winds recorded across the state, including a 79-mph gust in Latrobe and a 71-mph gust at Pittsburgh International Airport.

화요일 이른 아침, 라트로브에서 시속 79마일의 돌풍과 피츠버그 국제공항에서 시속 71마일의 돌풍을 포함해 주 전역에서 허리케인급 강풍이 기록되면서 폭풍의 분노가 시작되었습니다.

- gust: 세찬 바람, 돌풍, (감정이 갑자기) 한바탕 터짐, (갑자기) 몰아치다

Tragic Losses in Pittsburgh
In Pittsburgh, a man was electrocuted by live wires on St. Martin Street and pronounced dead at the scene.

피츠버그의 비극적 죽음

피츠버그에서 한 남성이 세인트 마틴 거리의 전선에 감전되어 현장에서 사망 판정을 받았습니다.

- electrocute: 감전 사고를 입히다, 감전사시키다, 전기 처형하다
- at the scene: (범죄 등의) 현장에서

Another death was reported in Allegheny County, though officials have not yet released further details.

앨러게니 카운티에서 또 다른 사망자가 보고되었지만, 당국은 아직 자세한 내용을 공개하지 않았습니다.

unsecured loans 무담보 대출

China weighs unprecedented builder support with first-ever unsecured loans. Banks may offer working capital loans, people familiar say. Officials are making most forceful push yet to end debt crisis.

중국은 사상 초유의 건설업체 지원을 숙고하고 있으며, 처음으로 무담보 대출을 제공할 계획입니다. 은행들은 운전 자금 대출을 제공할 수 있다고 관계자들은 말합니다. 중국 당국은 부채 위기를 종식하기 위해 가장 강력한 조치를 하고 있습니다.

- weigh: 숙고하다, 평가하다, 무게를 재다, 따져보다, 저울질하다
- builder: 건축업자, 건축회사

- secure: 담보를 제공하다, 담보 잡히다
* secured: 보증된, 담보부의 ↔ unsecured: 무담보의
- first-ever: 생전 처음의, 사상 최초의
* first-ever visit: 사상 첫 방문
* first-ever Korean champion: 최초의 한국인 챔피언
- forceful: 단호한, 강력한, 강압적인

whistleblower 내부 고발자

Hunter Biden Drops Suit Against IRS Whistleblowers

헌터 바이든, 국세청 내부 고발자에 대한 소송 취하

In September 2023, Biden's legal team filed a baseless lawsuit, which was *dismissed with prejudice*, ensuring it can't be revived. IRS agents Gary Shapley and Joseph Ziegler, who *blew the whistle* on the government's kid-gloves treatment of Hunter Biden, labeled the suit a blatant intimidation ploy. Their lawyers at Empower Oversight hailed the dismissal as a rebuke to Biden's bullying tactics.

2023년 9월, 바이든의 법무팀은 근거 없는 소송을 제기했지만, 재소할 수 없게 기각되었습니다. 헌터 바이든에 대한 정부의 어린이 장갑 처우에 대해 내부 고발을 한 IRS 요원 게리 샤플리와 조셉 지글러는 이 소송을 노골적인 협박 계략으로 규정했습니다. Empower Oversight의 변호사들은 그 기각을 바이든의 괴롭힘 전술에 대한 비난으로 일컬었습니다.

- *baseless*: 근거 없는 → unfounded, false, fabricated, unconfirmed, spurious, unproven, unjustified, groundless, unsubstantiated, unsupported, trumped up, without foundation, unjustifiable, uncorroborated, ungrounded, without basis ⇔ supported, proven, confirmed, verified, validated, substantiated, corroborated, well-founded, authenticated
  * baseless assertions: 근거 없는 주장
  * baseless denunciation: 근거 없는 비난

  The government has described the reports as completely baseless.
  정부는 해당 보도가 전혀 근거 없다고 밝혔습니다.

- *dismissal with prejudice*: 재소할 수 없는 기각, (法) 흔히 *dismissed with prejudice* 라고 한다
- ***blow the whistle* (on someone)**: 밀고하다, 경고를 발하다, 악한 일을 보고하다, 양심선언하다
- **blatant**: 뭇마땅한, 노골적인, 뻔한 * a blatant attempt to buy votes: 노골적인 매표 시도
- ploy: 일, 작업, 책략, 계획 → tactic, move, trick, gambit. wile, device, scheme, dodge
- hail: 묘사하다, 일컫다, 신호를 보내다, 부르다, 우박/싸락눈, 우박/싸락눈이 내리다
- as a rebuke to ~: ~에 대한 비난/견책으로

According to Just The News, Hunter Biden's shameless bid to *muzzle* patriotic IRS whistleblowers has crumbled. He has ditched his federal lawsuit against two agents who exposed the Biden family's protection racket within the IRS and Justice Department. This surrender is a triumph for truth over elite corruption.

저스트 더 뉴스에 따르면, 애국적인 국세청 내부 고발자를 입막음하려는 헌터 바이든의 뻔뻔한 시도는 무너지고 말았습니다. 그는 국세청과 법무부 내에서 바이든 가족의 비리를 폭로한 두 명의 요원에 대한 연방 소송을 포기했습니다. 이 항복은 엘리트 부패에 대한 진실의 승리입니다.

- bully: (약자를) 괴롭히는 사람, (약자를) 괴롭히다, 왕따를 시키다, 따돌리다, 협박하다
- **bid**: 입찰, 노력, 시도 → attempt, try, effort, venture, undertaking,
  * *endeavour a bid to silence its critics*: 비판자들을 침묵시키려고 시도하다
- ***muzzle***: (동물, 특히 개와 말의) 코와 주둥이 부분(→ snout), (물지 못하도록 개 입에 씌우는) 입마개, 입마개를 씌우다, (의견 표현을 못 하도록) 재갈을 물리다(→ **gag**)
  * muzzle a fierce dog: 맹견에게 부리망을 씌우다
- crumble: 바스러지다, 허물어지다, 무너지다
- ditch: 버리다, 차 버리다, 꽁무니 빼다, 도랑을 파다, 도랑, 개천
- expose: 드러내다, 폭로하다, 노출하다
- **protection racket**: 폭력단의 갈취 행위(폭력 대신 상점·음식점 등에서 돈을 뜯어내는 행위)

Shapley and Ziegler risked everything to reveal the Justice Department's deliberate foot-dragging in probing Hunter Biden's shady dealings. They insisted their loyalty to the American people, not the Biden machine, drove their actions. Their explosive congressional testimony laid bare a scandalous cover-up.

샤플리와 지글러는 법무부가 헌터 바이든의 음흉한 거래에 대한 수사를 고의로 지연시킨 사실을 폭로하기 위해 모든 것을 걸었습니다. 그들은 바이든 집단이 아니라 미국 국민에 대한 충성심이 자신들의 행동을 이끌었다고 주장했습니다. 그들의 폭발적인 의회 증언으로 스캔들 수준의 은폐 공작을 적나라하게 드러났습니다.

- deliberate: 고의의, 의도적인(→ intentional, planned), 신중한, 숙고하다, 신중히 생각하다
- foot-dragging: (고의로) 지체, 완만, 느림, 망설임
- probe: 캐묻다, 캐다, 조사하다, (특히 길고 가느다란 기구로) 살피다, 탐사, 탐색하다
- shady: 그늘이 드리워진, (부정·불법 등의) 수상한 구석이 있는
- machine: 기구, 기관, 집단, 파벌, 조직
- bare: 벌거벗은, 맨-(→ barefoot), 헐벗은, (신체 일부를) 드러내다
  * ***lay bare***: (비밀 등을) 발가 벗기다 → lay bare a plot: 음모를 까발리다
  * lay bare the facts: 사실을 털어놓다 * lay bare the truth: 진상을 말하다
- **cover-up**: 은폐, 공작 → concealment, conspiracy, whitewash, complicity, front, smoke screen
  * smoke screen, smoke and mirrors: 사실을 왜곡시키는 것, 진실의 은폐
  * **smokescreen**: (비유적인 의미의) 연막, 위장, (전투 중에 피우는) 연막
  * **whitewash**: 백색 도료, 눈가림, 백색 도료를 바르다, (불쾌한 사실들을) 눈가림하려 하다

  He denied there'd been any cover-up of the fraud. 사기를 은폐한 적이 있다는 것을 부인하였다.

CONTENTS

Chapter V

선거 정치

최신 시사 뉴스 영어 표현집

bellwether 전조, 전조의 기준이 되는 것

Singapore votes amid Trump tariff turmoil

트럼프 관세 혼란 속 싱가포르 투표

The People's Action Party has ruled for 50 years but the opposition is hoping to build on gains in the last vote. New Prime Minister Laurence Wong says he needs a strong mandate to help the country through the trade war.

인민행동당은 50년 동안 집권해 왔지만, 야당은 지난 투표에서 얻은 이득을 바탕으로 집권하기를 희망하고 있습니다. 로렌스 웡 신임 총리는 무역 전쟁을 극복하기 위해서는 강력한 권한이 필요하다고 말했습니다.

Singapore Prime Minister Lawrence Wong waves to supporters during his party night rally ahead of the general election in Singapore, on May 1, 2025.

로렌스 웡 싱가포르 총리가 2025년 5월 1일 싱가포르 총선을 앞두고 열린 당의 전야 집회에서 지지자들에게 손을 흔들고 있다.

- wave: 파도, 물결(→ tidal wave), 급증, (손 · 팔을) 흔들다, 손짓하다, (손을 흔들어) 가리키다
  → brainwave: 묘안, 뇌파 * heatwave: 열파 (장기간의 혹서), 열기, 열선 ↔ 한파(cold wave)

Singaporean Prime Minister Lawrence Wong faces his first major test against a rejuvenated opposition during Saturday's election in the tiny city-state.

로렌스 웡 싱가포르 총리는 토요일 선거에서 이 작은 도시 국가에서 활력을 되찾은 야당에 맞서 첫 번째 중요한 시험에 직면해 있습니다.

- rejuvenate: 다시 젊어 보이게 하다, 활기를 되찾게 하다, 원기를 회복하다

The vote is a bellwether for the popularity of the People's Action Party (PAP), which has ruled since before Singapore's 1965 independence, but also of 52-year-old Wong's leadership style in his first year in the role.

이번 투표는 1965년 싱가포르 독립 이전부터 집권해 온 인민행동당(PAP)의 인기와 취임 첫해인 52세의 웡 총리의 리더십 스타일을 가늠할 수 있는 척도이기도 합니다.

- **bellwether**: 전조, 지표
  The degree to which the paper is censored is a political bellwether.
  신문이 검열되는 정도는 정치적 지표이다.

Although Saturday's election is almost certain to return the PAP to power — the party has consistently won in landslides of about 90% of seats — its dominance is increasingly being challenged by a younger, more vocal electorate.

토요일 선거에서 약 90%의 의석을 차지하며 꾸준히 압승을 거둬온 PAP의 재집권이 거의 확실시되고 있지만, 더 젊고 목소리를 내는 유권자들이 점점 더 많은 도전을 하고 있습니다.

- **landslide**: 산사태(→ landslip, avalanche, rockfall), 압도적인 득표/승리(→ walkover, triumph)
  landslide victory: 압도적 승리, 득표 차가 큰 승리, 특히 선거에서의 실질적인 승리
  * win by a landslide (victory): 압도적 승리를 거두다, 압승하다
- **vocal electorate**: 목소리 높이는 유권자들 * electorate: 유권자

In the last election in 2020, the country's largest opposition group, the Workers' Party (WP), won 10 of the 93 seats at stake, a significant jump from its previously held four seats.

2020년의 마지막 선거에서 싱가포르 최대 야당인 노동자당(WP)은 전체 93석 중 10석을 차지하며 이전에 4석을 차지했던 것에 비해 큰 폭으로 상승했습니다.

- **at stake**: 성패가 달린, 위태로운 → at risk, in question

What's at stake?
Singapore, like many Asian countries, faces the prospect of higher tariffs on its exports to the United States.

무엇이 위태롭나요?
싱가포르는 여러 아시아 나라와 마찬가지로 대미 수출품에 대한 관세 인상 전망에 직면해 있습니다.

US President Donald Trump has imposed a 10% tariff on Singapore-made goods, currently paused for 90 days.

도널드 트럼프 미국 대통령은 싱가포르산 제품에 10%의 관세를 부과했으며, 현재 90일 동안 유예된 상태입니다.

As a major Asian trade hub, Singapore would also be severely impacted by any downturn in global trade, in particular exports from China to the US, which often transit in the tiny city-state.

아시아의 주요 무역 허브로서 싱가포르는 글로벌 무역의 침체, 특히 중국의 미국 수출이 이 작은 도시 국가를 경유하는 경우가 많아서 심각한 영향을 받을 것입니다.

Who will blink first in US-China trade war?
Wong's government has warned of recession if Singapore becomes collateral damage in the worsening trade war. Meanwhile, living costs and housing availability remain chief among voters' concerns in one of the world's most expensive cities.

미국과 중국의 무역 전쟁에서 누가 먼저 양보할까요? 왕 총리의 정부는 싱가포르가 악화하는 무역 전쟁의 부수적 피해가 되면 경기 침체가 발생할 수 있다고 경고했습니다. 한편, 세계에서 가장 비싼 도시 중 하나인 싱가포르에서 주민들의 주요 우려 사항은 생활비와 주택 공급 문제입니다.

WP candidates say the government has not done enough to tackle the cost of living crisis and that more opposition lawmakers are needed so that the PAP is not given a "blank cheque."

WP 후보들은 정부가 생활비 위기를 해결하기 위해 충분한 조처를 하지 않았으며, PAP가 '백지 수표'를 받지 않도록 더 많은 야당 의원이 필요하다고 주장합니다.

The PAP says it's spent billions of dollars to help citizens cope with rising costs, including via cash handouts and grocery vouchers.

PAP는 현금 지원과 식료품 쿠폰 등을 통해 시민들이 상승하는 물가를 감당할 수 있도록 수십 억 달러를 지출했다고 밝혔습니다.

- **tackle**: (문제·상황과) 씨름하다, 달려들다, 논쟁하다, 따지다, 연장, 도구, 태클, 수비수
  The president is required to tackle these problems and save our country.
  대통령은 이러한 문제를 해결하고 우리나라를 구해야 합니다.
  → deal with, take on, set about, wade into, sink one's teeth into, apply oneself to
- **handout**: 지원금, 인쇄물, 유인물(press release) * **hand out**: 나눠주다, 배포하다

big-time(big time) 대성공, 일류, 대규모의, 대규모로, 대단히

Inside the battles that shattered Trump and Musk's alliance Trump called Musk "a big-time drug addict" in a phone call shortly after their public feud.

트럼프와 머스크의 동맹을 산산이 조각낸 싸움 속으로
트럼프는 공개적인 불화 직후 전화 통화에서 머스크를 '극단적인 마약 중독자'라고 불렀습니다.

- **big time, big-time**: 대성공, 대규모의, 대규모로, 대단히
  * a big-time star: 대스타 * a big-time actor/player/comedian: 일류 배우/선수/코미디언
  Sales are expanding, bigtime. 매출이 크게 확대되고 있다.

* small-time: 시시한, 삼류의 → nickel-and-dime, minor, insignificant, unimportant, petty, no-account, piddling, small-time swindler/con man/crook/trickster: 삼류 사기꾼

- feud: 불화, 반목, 불화를 빚다, 반목 속에 지내다

President Donald Trump speaks during a news conference last month with Elon Musk amid fractures in their alliance. President Donald Trump was dejected, processing his very public split with the world's richest man.

도널드 트럼프 대통령이 지난달 일론 머스크와 동맹이 깨진 가운데 기자 회견에서 발언하고 있습니다. 도널드 트럼프 대통령은 세계 최고 갑부와의 공개적인 결별을 처리하면서 낙담했습니다.

- fracture: 골절 (부위), 균열, (갈라진) 금, 골절/파열/균열하다, 골절/파열/균열시키다
  He fractured his ankle in the fall. The opposition party fractured the delicate balance of power.
  그는 추락 사고로 발목이 골절되었다. 야당은 미묘한 권력 균형을 깨뜨렸다.
- deject: 기를 꺾다, 낙담시키다 → depress, dismay, dispirit, cast down, demoralize, get down
  dejected: 실의에 빠진, 낙담한 → despondent, blue, downhearted, disheartened, downcast

---

Rattled in the wake of Elon Musk's public attacks and apparent call for his impeachment, Trump worked the phones, debriefing close confidants and casual acquaintances alike. His former ally was "a big-time drug addict," Trump said at one point as he tried to make sense of Musk's behavior, according to a person with knowledge of the call, who like others interviewed for this article spoke on the condition of anonymity to discuss sensitive matters.

일론 머스크의 공개적인 공격과 탄핵 요구로 인해 흔들린 트럼프는 측근과 일반 지인들에게 전화로 보고받았습니다. 이 기사를 위해 인터뷰한 다른 사람들과 마찬가지로 익명을 전제로 민감한 사안에 관해 이야기한 사람에 따르면, 트럼프는 머스크의 행동을 이해하려고 노력하면서 한때 그의 전 동료인 머스크가 '중독이 심한 마약 환자'라고 말했다고 합니다.

- rattle: 달가닥/덜거덕거리다, 덜컹거리다, 재잘거리다, 급히 처리하다
- in the wake of: ~의 뒤를 쫓아, ~에 뒤이어, ~의 결과로서 → following, succeeding, in the aftermath of, as a result of, immediately behind or after.
- *debrief:* 보고를 듣다 브리핑 받다 → brief: 보고를 하다, 브리핑하다

- at one point: 한때, 어느 순간에
- confidant: (비밀도 털어놓는 절친한) 친구 → close friend, familiar, intimate, crony, alter ego
- *on the condition of anonymity:* 익명을 전제로, 익명의

Musk has acknowledged using ketamine, a powerful anesthetic, which he says was prescribed for him to treat depression. The New York Times recently reported that he was using so much ketamine on the campaign trail that he told people it was affecting his bladder, and he traveled with a pill box with medication with the marking of Adderall. White House officials said that Trump's concern about Musk's drug use, stemming in part from media reports, was one factor driving the two men apart.

머스크는 우울증 치료를 위해 처방받은 강력한 마취제인 케타민을 사용한 사실을 인정했습니다. 최근 뉴욕 타임스는 그가 선거 유세에서 케타민을 너무 많이 사용해 방광에 영향을 미치고 있다고 말했으며, 아데랄(Adderall)이라고 적힌 약이 든 알약 상자를 가지고 다녔다고 보도한 바 있습니다. 백악관 관리들은 트럼프 대통령이 머스크의 마약 사용에 대해 우려를 표명한 것이 언론 보도를 통해 일부 드러났으며, 이것이 두 사람을 갈라놓은 요인 중 하나라고 밝혔습니다.

- make sense of: 이해하다 → **It will be a long time before** we can begin to make sense of upcoming tragedy. 다가올 비극을 이해하기까지 오랜 시간이 걸릴 것입니다.
- ketamine: 케타민(마취성 물질. 마약으로 쓰이기도 함)
- anesthetic: 마취의, 무감각한, 마취제
- depression: 우울증, 우울함, 암울함, 불경기, 불황
- trail: 자국, 흔적, 자취, 끌다, 끌리다, 느릿느릿 걷다, 따라가다
- bladder: 방광, 주머니
- medication: 약, 약물, 약물 치료
  - * to be on medication: 약물 치료 중이다
- apart: 떨어져, 따로, 헤어져, 조각조각, 산산이
  - * apart/aside from: ~외에는, ~을 제외하고

But the president, who historically hasn't hesitated to fire off deeply personal, blistering social media posts about others who have insulted him, was more muted regarding Musk than friends and advisers expected. In the aftermath of his Thursday faceoff with Musk, he urged those around him not to pour gasoline on the fire, according to two people with knowledge of his behavior. He told Vice President JD Vance to be cautious in how he spoke publicly about the Musk situation.

그러나 역사적으로 자신을 모욕한 사람들에 대해 지극히 개인적이고 격렬한 소셜 미디어 게시물을 올리는 것을 주저하지 않았던 트럼프 대통령은 친구와 측근들이 예상했던 것보다 머스크에 대해 더 침묵했습니다. 그의 행동에 대해 잘 아는 두 사람에 따르면 목요일 머스크와의 대결 이후 그는 주변 사람들에게 불에 휘발유를 붓지 말라고 촉구했습니다. 그는 JD 밴스 부사장에게 머스크 사태에 대해 공개적으로 발언하는 방식에 신중히 처리하라고 하였습니다.

- faceoff: 시합 개시, 대결
- fire off: ~을 발사하다, (화가 나서 말·글을) 급히 하다, 급히 쓰다
- in the aftermath of ~: ~의 여파로 * the aftermath of elections: 선거 후유증
- blister: 물집, 수포(→ fever blister), 기포, 물집이 생기다, 부풀어 터지다

  * **blistering**: ① 몹시 비판적인, 맹렬한: scathing, cutting, biting, violent, fierce, harsh, savage, searing, withering, ferocious, caustic, vehement, scornful, vitriolic, trenchant, belittling, mordant, mordacious a blistering attack on the critics: 비판자들을 향한 맹렬한 공격 ② 지독히 더운: baking, flaming, tropical, roasting, searing, scorching, sizzling, very hot, sweltering, scalding, like a furnace or an oven * a blistering summer day: 뜨거운 여름날
- *pour/throw gasoline/oil on the fire*: 불에 기름을 붓다, 일을 더욱 크게 만들다, 악화시키다, 불난 집에 부채질하다, 염장을 지르다 → **add fuel to the fire, add insult to injury, rub salt in the wound, twist the knife in the wound, turn the knife in the wound** 라고도 한다.

bombshell 폭탄 선언, 매우 충격적인 일이나 소식, 섹시한 금발 미녀

Trump and Musk Reunited. Bombshell Partership Announced.

트럼프와 머스크가 재회. 폭탄적인 파트너십이 발표되었습니다.

- drop a bombshell: 폭탄 선언/발언을 하다, 폭탄을 투하하다
- like a bombshell: 돌발적으로, 기막하게

bromance 비격식 브로맨스(남자들 간의 진한 우정)

The epic breakup of Trump and Musk's White House bromance

트럼프와 머스크의 백악관 브로맨스, 극적인 결별

- epic: 서사시, 서사 영화, 도서, 서사시의, 서사시적인
- bromance: 비격식 브로맨스(남자들 간의 진한 우정)

Trump's criticism illuminated the dramatic erosion in his alliance with the world's richest man.

트럼프의 비난은 세계 최고 부자와의 동맹이 심각하게 약화하였음을 여실히 드러냈습니다.

The alliance between President Donald Trump and Elon Musk spectacularly imploded Thursday as the world's most prominent bromance collapsed into mutual public trolling.

도널드 트럼프 대통령과 일론 머스크의 동맹은 목요일, 세계에서 가장 유명한 브로맨스가 서로의 공개적인 트롤링으로 무너지면서 극적으로 파탄이 났습니다.

- implode: 자체적으로 파열되다, 결딴나다, 붕괴하다 → go off, cave in, collapse, fall in, give way, founder, give, break
  His good image imploded after he was caught lying on camera. The roof finally collapsed under the weight of the snow. 그가 거짓말을 하는 모습이 카메라에 포착된 후 좋은 이미지가 망가졌습니다. 지붕은 눈 무게로 결국 무너져 내렸다.
- prominent: 중요한, 유명한, 눈에 잘 띄는, 두드러진, 현저한, 툭 튀어나온, 돌출된
- troll: 트롤(심술쟁이 거인, 장난꾸러기에 친절한 난쟁이), 트롤(인터넷 토론방에서 남들의 화를 부추기기 위해 보낸 메시지, 이런 메시지를 보내는 사람. 온라인에서 논란을 일으키는 사람, 부정적이거나 선동적인 글 및 댓글을 인터넷에 게재하는 사람), ~을 찾다, 얻으려고 애쓰다

For months, as Musk emerged as the president's constant companion and self-proclaimed "first buddy," the question hovered of how long a duet could last between two men used to soloing on center stage. Thursday's angry exchanges provided a definitive answer.

머스크가 수개월 동안 대통령의 변함없는 동반자이자 자신을 '퍼스트 버디'라고 칭하는 동안, 중앙 무대에서 솔로 호흡에 익숙한 두 사람의 듀엣이 얼마나 오래 지속될 수 있을지에 대한 의문이 제기되었습니다. 목요일의 격렬한 논쟁은 이에 대한 명확한 답을 제공했습니다.

- **first buddy**: first의 친구, 즉 대통령의 절친, 최측근이라는 (비아냥거리는) 속뜻을 갖고 있다.
  ☞ 대통령과 관련 'first'를 붙이는 표현이 많다. First lady(영부인), first child (대통령 자녀)는 예전부터 사용한 표현이었으며, 트럼프 시대가 되어 자녀, 사위의 존재감이 드러나면서 first son, first daughter, first son-in-law 등의 말이 좀 비아냥거리는 느낌으로 사용되고 있다.
- self-proclaimed: (다른 사람들의 동의·허락 없이) 자기 혼자 주장하는, 자칭의
  proclaimed to be or described as such by oneself, without endorsement by others
  * self-proclaimed expert: 자칭 전문가 * self-proclaimed leader: 자칭 지도자
- hover: (허공을) 맴돌다, 서성이다, 머물다, 주저하다, 망설이다
  ☞ oscillate, vacillate, vibrate, linger, loom
- **solo**: 독주, 독창, 혼자 하는, 단독의, 단독으로, **혼자 하다, 단독으로 하다** * solo flight: 단독 비행

solo	duet	trio	quartet	quintet	sextet or sestet	septet	octet	nonet
독창	2중창	3중창	4중창	5중창	6중창	7중창	8중창	9중창

The breakup also highlighted the political and financial risks each man could face from a prolonged quarrel: Musk, who spent at least $288 million in 2024 to help elect Trump and other Republicans, accused the president of "such ingratitude" and publicly mused about starting a third party.

또한 두 사람이 장기간의 다툼으로 인해 직면할 수 있는 정치적, 재정적 위험이 이번 결별로 부각되었습니다. 2024년 트럼프와 다른 공화당 후보들의 당선을 돕기 위해 최소 2억 8,800만 달러를 지출했던 머스크는 대통령이 "배은망덕하다"라고 비난하며 제3당 창당을 공개적으로 거론했습니다.

- breakup: 이별, 결별, 분산, 붕괴, 해체 파괴, 해산 * break up: 부서지다, 끝이 나다, 파하다
  * breakup value: 기업의 청산가치 * breakup buddy: (실연) 아픔을 겪는 친구를 위로, 격려하는 친구
- muse: (작가·화가 등에게 영감을 주는) 뮤즈(=inspiration), 사색하다, 골똘히 생각하다, 혼잣말하다
  * 뮤즈(고대 그리스·로마 신화에서 시, 음악 및 다른 예술 분야를 관장하는 아홉 여신 중의 하나

Trump responded by threatening Musk's government contracts. The stock price of Tesla, the electric-vehicle company Musk owns, fell sharply, down 14 percent at the market close. The value of Trump's meme coin also dropped.

트럼프는 머스크의 정부 계약을 위협하며 대응했습니다. 머스크가 소유한 전기차 회사 테슬라의 주가는 장 마감 시점에 14% 급락했습니다. 트럼프의 밈코인 가치 또한 하락했습니다.

The very public flameout was at once an irresistible spectacle and an action with potential consequences for the government that, for a time, Trump and Musk appeared to be running in tandem.

이 공개적인 파국은 어떻게 할 수 없는 광경이자 한때 트럼프와 머스크가 함께 운영해 온 것처럼 보였던 정부에 잠재적 결과를 초래할 수 있는 행동이었다.

- flameout: 돌연 정지, 엔진 꺼짐, 좌절, 파괴, 소멸, 좌절한 사람, 매력을 잃은 것
- at once: ① 즉시, 당장, 지체 없이, 쏜살같이 → without delay/hesitation, forthwith, immediately, instantly, like a shot, right away, straight off, straightaway, straight away, directly, now
  ② 동시에, 한꺼번에 → simultaneously, at a time, at one time
- irresistible: ① 억누를 수 없는, 저항할 수 없는, 어떻게 할 수 없는 → overwhelming, compelling, overpowering, imperative, compulsive, uncontrollable, overmastering, inescapable, fated, inevitable, unavoidable, destined, inexorable, ineluctable, resistless
  ② (너무 매력적이라) 거부할 수 없는, 너무 유혹적인 → seductive, captivating, fascinating, tempting, enticing, provocative, inviting, enchanting, beguiling, alluring, bewitching
- for a time: 당분간(은), 잠시, 임시로
- tandem: 연계, 협력, 제휴, (두 명이 앞뒤로 탈 수 있는) 2인용 자전거
  * in tandem (with ~): 동시에, 나란히

cardiac arrest 심정지

The British Daily Express reported that Russian President Vladmir Putin was said to be collapsed from cardiac arrest.

영국 데일리 익스프레스는 블라디미르 푸틴 러시아 대통령이 심장마비로 쓰러졌다고 보도했다.

- cardiac arrest: 심정지, 심장마비 * suffer cardiac arrest: 심장마비를 일으키다

deportation 추방, 퇴거

Germany plans faster deportation. The increasing number of migrants and refugees and the low number of deportations have become a major political issue in Germany, with the right-wing populists capitalizing on the anti-immigrant sentiment. Rising refugee numbers have put the German government under pressure. Now, it plans to step up deportations of rejected asylum seekers as part of a tougher migration policy.

독일은 더 빠른 추방을 계획하고 있습니다. 우파 포퓰리스트들이 반이민 정서에 편승하면서 이민자와 난민의 증가와 낮은 추방 건수는 독일에서 주요 정치 이슈가 되었습니다. 난민 수가 증가하면서 독일 정부는 압박을 받고 있습니다. 이제 독일 정부는 더 강력한 이민 정책의 일환으로 거부된 망명 신청자에 대한 추방을 강화할 계획입니다.

- deport: 추방하다(expatriate)
- right wing: 우파, 보수파, 우익 * left wing: 좌파, 진보파, 좌익
  ☞ The result of election marked the fading of right wing. 선거 결과는 우파의 퇴색이 뚜렷하였다.
- **capitalize on** ~: ~을 이용하다, 활용하다, 기회로 삼다 → take advantage of, exploit, benefit from, profit from, make the most of, gain from, cash in on
  He is capitalizing on her mistake. He wants to capitalize on the company's cash flow to invest in a venture company. 그는 그녀의 실수를 이용하고 있습니다. 그는 회사의 현금 흐름을 이용해 벤처 기업에 투자하고 싶어 합니다.

downplay 경시하다, 대단치 않게 생각하다

Legal expert reacts to Trump downplaying association with Sydney Powell.

법률 전문가는 트럼프가 시드니 파월과의 관계를 경시하는 것에 반응합니다.

- **downplay**: 경시하다, 무시하다, 대단치 않게 생각하다 → play down, minimize, understate, soft-pedal, de-emphasize, tone down
  The company tries to downplay the violence which broke out at factory yesterday.
  회사는 어제 공장에서 발생한 폭력 사태를 축소하려 하고 있다.
  The ruling party soft-pedaled the president's blunder. 대통령의 큰 실수를 경미하게 다루었다.

escort off 호위를 받으며 퇴장하다, 나가다

Former president was escorted off stage in China's party congress.

중국 당 대회에서 전직 대통령이 무대에서 호위를 받으며 퇴장했습니다.

- escort: 호위대(원), (사교 모임에) 에스코트하는 남자, 호위/호송/에스코트하다

groundswell (정치 여론 감정의) 고조, 급증, 여파, 큰 파도

Trump's friend and confidant says a groundswell is growing for former president.

트럼프의 친구이자 측근은 트럼프 전 대통령에 대한 여론이 고조되고 있다고 말합니다.

- confidant: (비밀도 털어놓는 절친한) 친구 → close friend, familiar, intimate, crony, alter ego, main man, bosom friend, chum

- **groundswell**: 고조, 급증, 여파, 큰 파도 * a groundswell of support: 지지 급증
  There was a groundswell of antiwar sentiment that both countries should enter into a ceasefire immediately. 두 나라 모두 즉각 휴전해야 한다는 반전 여론이 고조되었습니다.

Groundswell effect(그라운드스웰 효과)

The groundswell is a social trend in which people are connected to each other and draw strength from each other without relying on institutions such as corporations. In other words, a phenomenon where changes that occur in the internet space outside of corporations become a big wave that affects corporations. It symbolizes the consumption behavior of netizens who get information about a product through social media and go viral with a huge impact.

그라운드스웰은 기업과 같은 기관에 의존하지 않고 사람들이 서로 연결되고 서로에게서 힘을 얻는 사회적 트렌드를 의미한다. 즉, 기업 외부인 인터넷 공간상에서 발생한 변화가 마치 큰 파도가 되어 기업에 영향을 미치는 현상. 소셜 미디어 등을 통해 특정 제품에 관한 정보를 얻고 엄청난 파급력으로 입소문을 내는 네티즌들의 소비 행태를 상징적으로 표현하는 말이다.

head up 이끌다, 책임지다

Trump fires Librarian of Congress Carla Hayden in abrupt move, sending Democrats into a frenzy

트럼프, 갑작스러운 조치로 칼라 헤이든 의회 도서관장 해고, 민주당을 광분케 하다.

- abrupt: 돌연한, 갑작스러운, 퉁명스러운(→ brusque, curt)
- frenzy: 광분, 광란 → delirium, hysteria, craze, fury * in a frenzy: 광분하다

President Trump unexpectedly fired Library of Congress head Carla Hayden on Thursday in a move that sent Democrats into a frenzy.

트럼프 대통령은 목요일에 칼라 헤이든 의회 도서관장을 갑작스럽게 해고하여 민주당원들을 광분하게 했습니다.

- **unexpectedly**: 난데없이, 갑자기, 예기치 못하게 (it is unexpected that~)
  → **out of the blue**, without advance planning, accidentally, by chance, circumstantially
  A long-unseen friend appeared out of the blue. 오랫동안 만나지 못했던 친구가 갑자기 나타났다.
  * **unexpected**: 예상 밖의, 예기치 않은 → unanticipated, unforeseen, unlooked-for

---

Hayden — the first woman and black librarian of Congress — received an email from the White House's Presidential Personnel Office telling her she was terminated late Thursday.

최초의 여성이자 흑인 의회 사서인 헤이든은 목요일 늦게 백악관 대통령 인사실로부터 해고 통보를 받았다는 이메일을 받았습니다.

"Carla," the email began. "On behalf of President Donald J. Trump, I am writing to inform you that your position as the Librarian of Congress is terminated effective immediately. Thank you for your service."

'칼라'라고 이메일은 시작되었습니다. "도널드 J. 트럼프 대통령을 대신하여 귀하의 의회 사서직이 즉시 종료되었음을 알려드리고자 이 편지를 씁니다. 그동안의 노고에 감사드립니다."

- effective immediately: 즉시 효력 발생, 즉시 유효

Hayden, 72, was nominated by President Barack Obama and confirmed by the Senate in 2016 to head up the nation's oldest federal cultural institution. Her 10-year term was going to expire next year — that is, until her abrupt firing late Thursday.

올해 72세인 헤이든은 버락 오바마 대통령의 지명을 받아 2016년 상원에서 미국에서 가장 오래된 연방 문화 기관의 수장으로 인준되었습니다. 그녀의 10년 임기는 내년에 만료될 예정이었습니다. 즉, 목요일 늦게 갑작스럽게 해고되기 전까지는 말이죠.

- **head up**: 이끌다, 책임지다, 총괄하다
  → lead, run, head, control, manage, direct, guide, govern, supervise, be in charge of
  He headed up the investigation. 그가 조사를 총괄했다.
  * head something off: ~을 막다, 저지하다, 방해하다, ~을 회피하다, ~의 진로를 차단하다
  → prevent, stop, avert, parry, fend off, ward off
- ***head over heels***: 거꾸로, 공중제비하여, 몽땅, 완전히, 푹 빠진, 눈에 콩깍지가 낀
  * head over heels in love: 사랑에 빠져 정신을 못 차리는
  → ***apple of an eye***: 소중한 존재, 사랑하는 사람, 애지중지하는 것, 눈에 넣어도 아프지 않은 것
  Tom was head over heels for his new job two months ago. Now he seems head over heels for Mary. Mary is an apple of his eye. 톰은 두 달 전 일에 푹 빠져 있었어요. 지금은 메리에게 푹 빠져 있는 것 같아요. 그에게 메리는 아주 소중한 존재예요.

loom 어렴풋이 보이다, 흐릿하게 나타나다, 곧 닥칠 것처럼 보이다

The earthquake loomed large in their minds.
War is looming ahead.

지진은 그들의 마음속에 큰 그림자로 드리워져 있었다.
전쟁이 다가오고 있다.

From Ukraine's point of view, the key topic was air defense against looming ground offensive.

우크라이나의 관점에서 볼 때 핵심 주제는 다가오는 지상 공격에 대비한 대공 방어였습니다.

- **loom**: 어렴풋이 보이다, 흐릿하게 나타나다, 곧 닥칠 것처럼 보이다, 베틀, 직기
  * loom large: (걱정·위기 등이) 크게 다가오다, 불가피해 보이다 → bulk large
  * looming catastrophe: 다가오는 재앙
- ground offensive: 지상 공격

midterm election 중간 선거

Two weeks left until Americans vote in midterm elections - balance of power in limbo with House & Senate too close to call

미국 중간 선거 투표까지 2주 남았습니다. 하원과 상원의 힘의 균형이 판가름 나기 어려운 상황.

- **balance of power**: 힘의 균형, 세력 균형, 권력 분립 * hold the balance (of power): 결정권을 쥐다
  * maintain balance of power 균형을 유지하다 ↔ break/tip balance of power 균형을 깨다
- **limbo**: 불확실한 상황, 어중간한 상태, 림보(막대기를 걸쳐 놓고 그 아래로 몸을 뒤로 젖히고 빠져나가며 추는 춤. 막대를 떨어뜨리지 않고 통과하면 막대의 높이는 매번 점점 더 낮춰짐)
  * **in limbo**: 잊혀져, 무시되어, 불확실한 상태로, 이도 저도 아닌, 어중간한 → **betwixt and between**, in a state of uncertainty, neglected, up in the air, in abeyance

  I felt as though I was in limbo. 내가 멍해진 것 같았다.

  Her position was betwixt and between. 그녀의 입장은 이도 저도 아니었다.

narrowly leads 간신히 앞서다

Trump narrowly leads Biden in hypothetical rematch. One year out from Election Day 2024, former President Donald Trump narrowly leads President Joe Biden, 40% among registered voters. Trump leads in 2023 polls as fears over war and economy hurt Biden.

트럼프가 가상 재대결에서 바이든을 간신히 앞서고 있다. 2024년 선거일을 1년 앞두고 도널드 트럼프 전 대통령이 등록 유권자 중 40%를 차지해 조 바이든 대통령을 근소하게 앞서고 있습니다. 트럼프가 2023년 여론조사에서 앞서고 있는 가운데 전쟁과 경제에 대한 두려움이 바이든에게 타격을 주고 있다.

- **narrowly leads**: 간신히 앞서다
- one year out from Election Day 2024: 2024년 선거일을 1년 앞둔 시점에서
- hypothetical: 가상적인, 가설의, 가정의 * **hypothetical rematch**: 가상 재대결

Trump leads Biden in nearly every battleground State, New poll finds voters in battleground states said they trusted Donald J. Trump over president Biden on the economy, foreign policy and immigration….

트럼프는 거의 모든 경합 주에서 바이든을 앞서고 있습니다. 새로운 여론 조사에 따르면 경합 주 유권자들은 경제, 외교 정책 및 이민 분야에서 바이든 대통령보다 도널드 J. 트럼프를 신뢰한다고 말했습니다.

- **battleground states**: 경합 주 → **swing state, tossup state, purple state**
  ☞경합 주는미국 대선에서 특정 정당이 압도적인 지지를 얻지 못한 주(state)를 뜻한다. 주 대부분이 선거인단 승자독식제를 채택하고 있어서, 대선 때마다 경합 주의 판세가 여론의 관심을 받는다. 경합 주와 반대로 특정 정당이 압도적 지지를 받는 주를 안전 주(safe state)라고 부르기도 한다. 안전 주의 선거인단은 해당 주의 지지를 받는 당의 후보가 이미 확보한 것으로 간주한다.
  * **tossup**: 동전 던지기, 반반의 가능성(**even chance, coin toss, fifty-fifty**)
  * purple: 자줏빛(공화당 red + 민주당 blue)

opinion poll 여론 조사

'A revenge term': what would another four years of Trump look like? Opinion polls show the twice impeached, quadruply indicted ex-president *narrowly leading* Biden – and experts say "it would be a disaster for America."

'복수의 임기': 트럼프의 향후 4년은 어떤 모습일까요? 여론 조사에 따르면 두 번 탄핵을 당하고, 네 번이나 기소된 전 대통령이 바이든을 근소하게 앞선 것으로 나오는데, 전문가들은 "미국의 재앙이 될 것입니다."라고 말한다.

- opinion poll: 여론 조사 → opinion survey
- term: 재임 기간 → incumbency, tenure
- poll: 여론 조사, 투표, 개표, 여론 조사를 하다
  * **exit poll**: (투표장) 출구 조사
  * pollster: 여론 조사 요원 → poll taker, head counter, canvasser
- impeach: 탄핵하다
  * impeachment: 탄핵
- quadruply: 4배로, 네 번이나
  * quadruple: 4배, 4배하다, 4배의
- indict: 기소하다
  * indictment: 기소, 기소장
  ☞ indict someone as a serial killer: 연쇄 살인범으로 기소하다

oust 축출하다, 몰아내다, 쫓아내다

Kevin McCarthy ousted as US House Speaker by hard-right Republicans

케빈 맥카시, 미국 하원 의장직에서 극우 공화당 의원들에 의해 축출되다

- oust: (일자리 · 권좌에서) 몰아내다, 쫓아내다, 축출하다 → boot/drum/kick/throw out
  The president was ousted after his having misappropriated funds was found out.
  대통령은 자금을 유용한 사실이 밝혀진 후 축출되었습니다.

Former Speaker confirms he will not run again as Republicans plan to hold a vote for a new speaker next Wednesday.

공화당이 다음 수요일 새로운 의장 선출을 위한 투표를 진행할 계획인 가운데, 매카시 전 의장은 자신이 다시 출마하지 않을 것이라고 확인했다.

- hold a vote: 투표를 하다, 투표를 진행하다

After leading a successful, bipartisan effort to avoid a government shutdown over the weekend, Kevin McCarthy on Tuesday was abruptly removed from his role as US House Speaker, ousted by hard-right members of his own Republican party less than a year after his election.

주말 동안 정부 폐쇄를 피하기 위한 성공적인 초당적 노력을 주도한 후, 케빈 맥카시는 화요일 갑자기 미국 하원 의장직에서 해임되었습니다. 이는 그의 당내 극우파 의원들에 의해 선거 후 1년도 되지 않아 축출된 것입니다.

- bipartisan: 양당의, 초당적

* bipartisan policy: 양당 정책

The ousting of McCarthy represented the first time in US history that a speaker of the House has been removed from office, marking an ignominious end to a short and fraught tenure for the California Republican. It comes as Americans' approval ratings of Congress and the federal government remain near historic lows, with a majority saying they have little or no confidence in the future of the US political system.

맥카시의 축출은 미국 역사상 하원 의장이 직위에서 해임된 첫 사례로, 캘리포니아 출신 공화당 의원인 그의 짧은 기간 동안 갈등이 많았던 임기의 수치스러운 종말을 의미합니다. 이는 미국인들의 의회와 연방 정부에 대한 지지율이 여전히 역대 최저 수준에 머물고 있으며, 대다수가 미국의 정치 체제의 미래에 대해 거의 또는 전혀 신뢰하지 않는다고 답한 가운데 나온 결과이다.

- **remove/divest/deprive** someone **from** position/office: 지위를 박탈하다
- ignominious: 수치스러운, 창피한 → humiliating, disgraceful, shameful, scandalous, abject, despicable, mortifying, undignified, disreputable, dishonourable, inglorious, discreditable
- fraught: (좋지 않은 것) 투성이의, 가득한, 걱정스러운, 걱정하는 → **agitated**, anxious, distressed, tense, distracted, emotive, uptight
- remain near historic lows: 역사적 최저 수준에 근접해 있다 * low: 최저 기록/수준/숫자/가격

primary (미) 예비 선거, 첫째의, 주요한

Biden's new primary challenger.
Phillips launches Biden primary challenge.

바이든의 새로운 경선 도전자
필립스가 바이든에게 경선 도전을 시작합니다.

- The primary challenge is to curb inflation. * 주된 과제는 인플레이션 억제이다.

razor-thin 면도칼 두께, 아주 얇은, 근소한, 박빙의

Republicans fume as Elon Musk complicates tax bill path

일론 머스크가 세금 청구서 경로를 복잡하게 만들자 공화당원들이 분노

- fume: (화가 나서) 씩씩대다, 연기를 내뿜다 → rage, boil, seethe, storm, rave, rant, smoulder

---

Allies of the two men expressed hope they would make peace, or at least ease the tensions.

두 사람의 동맹은 두 사람이 평화를 이루거나 적어도 긴장을 완화할 수 있기를 희망한다고 밝혔습니다.

- ease/lessen/reduce the tension(s): 긴장을 완화하다

The implosion of billionaire Elon Musk's relationship with President Donald Trump has not just turned into a political headache for congressional Republicans — it has also frustrated their efforts to deliver on the president's agenda.

억만장자 일론 머스크와 도널드 트럼프 대통령의 관계는 공화당 의원들에게 정치적 골칫거리가 되었을 뿐만 아니라 대통령의 대표 의제를 이행하려는 노력도 좌절시켰습니다.

- implosion: 파열, 내파 → a sudden inward collapse
- turn into a political headache: 정치적 골칫거리가 되다

---

*The fight between the Republican Party's two most important figure*s, triggered by Musk's open disdain for the price tag of Trump's signature legislation, *reopened a fault line* in the GOP *between* the party's fiscal hawks *and* those who have embraced Trump's populist promises not to touch Medicare or Social Security.

트럼프의 대표적 입법안에 소요되는 비용에 대한 머스크의 공개적인 경멸로 인해 시작된 공화당의 두 핵심 인물 간의 싸움은 공화당 내에서 재정 강경파와 트럼프의 메디케어나 사회 보장 제도에는 손을 대지 않겠다는 포퓰리즘적(대중 영합주의적) 약속을 지지하는 의원들 사이에 다시 갈등을 일으켰습니다.

- price tag: 정찰, 정가표
- disdain: 업신여김, 무시, 업신여기다, 무시하다, (수치스럽게 여겨) 거부하다
- fault: 잘못, 단점, 결점, 단층, 나무라다, 흠잡다 * **fault line**: 단층선
- ***reopen a fault line***: 다시 갈등을 일으키다
  ☞ 지구 표면의 틈인 단층선이 다시 활발해지거나 열리는 것을 말하며, 비유적으로는 불안정한 사회나 상황의 **근본적인 문제(fault line)**가 다시 드러나 분쟁이나 위기가 재발하는 것을 의미한다.
- fiscal hawk: 재정 강경파

"I don't argue with him on how to build rockets," House Speaker Mike Johnson (R-Louisiana) said Friday of Musk, on CNBC. "And I wish he wouldn't argue with me on how to craft legislation and pass it."

"나는 로켓을 만드는 방법에 대해 그와 논쟁하지 않습니다."라고 마이크 존슨 하원 의장(R-루이지애나)은 금요일 CNBC에서 머스크에 대해 말했습니다. "그리고 나는 그가 법안을 만들고 통과시키는 방법에 대해 나와 논쟁하지 않기를 바랍니다."

Their frustrations are *bubbling to the surface* now that Musk and Trump have entered a full-fledged feud. Musk's *blasting* of the bill on his X account as a "pork-filled" disaster that will create "debt slavery" for Americans *has complicated* GOP leaders' already narrow path to passage by energizing those fiscal hawks who have largely been forced to fall in line behind the large spending increases.

머스크와 트럼프가 전면적인 갈등을 벌이면서 그들의 불만이 표면화되고 있습니다. 머스크가 자신의 X 계정을 통해 해당 법안을 '정치 목적의 보조금으로 가득 찬' 재앙으로 비판하며 미국인들의 '부채 노예화'를 초래할 것이라고 비난하자 대규모 지출 증가에 대부분 순응할 수밖에 없었던 상황에 있던 재정 강경파들에게 다시 힘이 실리면서 당초 법안 통과가 쉽지 않은 공화당 지도부의 상황을 더욱 복잡하게 만들었습니다.

- *bubble/come/rise to the surface*: 수면 위로 떠오르다, 표면화되다
- now that ~: 이므로, 이기 때문에 → since ~
- **full-fledged**: 완전히 발달한, 필요한 자격을 다 갖춘 → fully fledged, full-blown, full-grown
  * full-fledged businessman 사업가 다운 사업가 full-blown lawyer: 변호사다운 변호사
- pork: 돼지고기, 의원이 정치적 배려로 주게 하는 정부 보조금/관직 등
- feud: (오랫동안의) 불화/반목, 불화를 빚다, 반목 속에 지내다
- blast: 폭파하다, 총을 쏘다, 비난하다, 질책하다, 돌풍, 폭파, 폭발, 비난
- fall in line: 규정/관례에 따르다, 협조하다

A jubilant Rep. Thomas Massie (R-Kentucky), a fiscal hawk who was one of just two Republicans to vote against the tax cuts bill last month, told reporters outside of the Capitol on Friday that the Musk-Trump rift had made his day.

지난달 감세 법안에 반대표를 던진 공화당 의원 2명 중 한 명인 재정 매파인 토마스 매시 의원(R-켄터키)은 금요일 의사당 밖에서 기자들에게 머스크-트럼프 균열이 그를 유쾌하게 했다고 하였습니다,

- jubilant: 승리감에 넘치는, 득의만면한, 의기양양한 → exultant, exulting, rejoicing, triumphant
- make one's day: ~를 기쁘게 하다, 누군가의 날을 만들다, 행복하게 하다, 유쾌하게 하다
- rift: (사람들 사이의) 균열, 틈, (지면·암석·구름 사이로) 갈라진 틈

The Senate has set a self-imposed deadline of passing the tax cuts bill by the Fourth of July, which would then need to again get through the House's *razor-thin majority* to make it to Trump's desk.

상원은 7월 4일까지 감세 법안을 통과시켜야 한다는 자체 시한을 정했고, 이후 하원의 아슬아슬한 과반수의 지지를 다시 얻어야 그 법안이 트럼프 대통령의 책상에 올라갈 수 있습니다.

- **self-imposed**: 자진해서 하는, 스스로 맡아서 하는 → voluntary, chosen, unsolicited, unforced, unasked, unprompted
  He returned to office after one year of self-imposed vacation.
  그는 스스로 정한 1년간의 휴가를 마치고 직무에 복귀했다.
- get through: (의안이) 의회를 통과하다, 시험에 통과하다, 빠져나가다, 이르다, 완수하다, 종료하다
- *razor-thin:* 박빙의 * **razor-thin majority**: 아슬아슬한 다수 * **razor-edged**: 날카로운, 일촉즉발의 * **paper-thin majority**: 종이 한 장 차이의 득표 차, 아슬아슬한 득표 차, 간발의 차이

red-handed 현행범으로, 딱 걸리다

He was caught red-handed, leaking secret audio.

그는 비밀 오디오를 유출하다 현행범으로 체포되었다.

- red-handed: 피묻은 손의, 현행범의, 현장에서 발각되어, 현행범으로 → in the act, with one's pants down, (in) flagrante delicto, bang to rights, with one's fingers or hand in the till
  * till: (상점의) 계산대

  His friend robbed a store and were caught/taken red-handed.
  그의 친구가 가게를 털다가 현행범으로 체포되었습니다.

red carpet 환대, 극진한 대접

Xi meets Putin as China, Russia strive for new world order

중국과 러시아가 새로운 세계 질서를 위해 노력하는 가운데 시진핑과 푸틴의 만남

- strive for ~: ~을 얻으려고/위하여 노력하다 * strive for independence/success

---

China's leader is in Russia for celebrations marking the 80th anniversary of the end of World War II. Both Xi Jinping and Vladimir Putin want to challenge US dominance in global affairs and reshape the world order.

중국의 지도자가 제2차 세계대전 종전 80주년을 기념하기 위해 러시아를 방문했습니다. 시진핑과 블라디미르 푸틴은 모두 세계 문제에서 미국의 지배력에 도전하고 세계 질서를 재편하고자 합니다.

- **dominance, dominancy**: 우세, 우월, 지배 * dominant: 지배적인, 우세한, 우뚝 솟은, 우성의
  * dominate: 지배하다, 통치하다, 우뚝 솟다

  The strong dominate over the weak. 강자는 약자를 지배한다.
- **reshape**: 새로운 모양으로 고쳐 만들다, 새 방면을 개척하다, 새 방향으로 발전하다.

Russia's President Vladimir Putin rolled out the red carpet for his Chinese counterpart Xi Jinping on Thursday as the latter arrived at the Kremlin.

블라디미르 푸틴 러시아 대통령은 목요일 시진핑 중국 국가 주석이 크렘린궁에 도착하자 극진히 환영하였습니다.

- roll out the red carpet: 극진하게 환대하다, 대환영하다
  - * red-carpet: 극진한, 정중한
  - * red-carpet treatment: 극진한 환대, 특별 대우
  - * on the carpet: (잘못을 저질러 윗사람에게) 불려가다 → be summoned for a reprimand

---

In a cavernous reception hall, the whole world watched as the two leaders approached each other from what felt like a distance of 100 meters.

좁은 리셉션 홀에서 전 세계가 두 정상이 100m 거리에서 서로에게 다가가는 모습을 지켜보았습니다.

- cavernous: 휑뎅그렁한, 동굴 같은
  - * cavern: 동굴

Numerous cameras captured the moment: Waving, smiling and shaking hands — just about everything that goes with the courtesy of state visits. The images are highly symbolic.

수많은 카메라가 그 순간을 포착했습니다. 손을 흔들고, 미소 짓고, 악수하는 등 국빈 방문의 예의에 따르는 거의 모든 장면이 카메라에 담겼습니다. 이 이미지들은 매우 상징적입니다.

Russia is internationally isolated as a result of its full-scale invasion of Ukraine. The International Criminal Court has even issued an arrest warrant against Putin.

러시아는 우크라이나에 대한 전면적인 침공으로 인해 국제적으로 고립되어 있습니다. 국제형사재판소는 푸틴 대통령에 대한 체포 영장까지 발부했습니다.

- issue an arrest warrant against ~: ~에 대해 체포 영장을 발부하다

The Russian president needs allies, and only a few can match the power and influence of Xi.

러시아 대통령에게는 동맹이 필요하지만 시 주석의 힘과 영향력에 맞설 수 있는 사람은 극소수에 불과합니다.

The Chinese president is in Moscow to attend Russia's Victory Day parade marking the 80th anniversary of the Soviet Union's victory over Nazi Germany in World War II.

시 주석은 제2차 세계대전에서 소련이 나치 독일에 승리한 지 80주년을 기념하는 러시아의 승전 기념일 퍼레이드에 참석하기 위해 모스크바를 방문 중입니다.

More than 20 other foreign dignitaries, including leaders from Cuba, Venezuela and Mongolia, among others, were in Red Square for the event.

이 행사를 위해 쿠바, 베네수엘라, 몽골 정상 등 20명 이상의 외국 정상들이 붉은 광장에 모였습니다.

From Europe, only Serbian President Aleksandar Vucic and Slovakian Prime Minister Robert Fico took part.

유럽에서는 알렉산다르 부치치 세르비아 대통령과 로베르트 피코 슬로바키아 총리만이 참석했습니다.

Solemn ceremonies mark 80th anniversary of the end of WWII
제2차 세계대전 종전 80주년을 기념하는 엄숙한 기념식.

▶ solemn: 엄숙한, 근엄한, 침통한

Xi's visit to Moscow and meeting with Putin is expected to send a signal to people in Russia and around the world that the Russian president is not alone and is respected by allies, at least by the Chinese president.

시 주석의 모스크바 방문과 푸틴과의 만남은 러시아 국민과 전 세계 사람들에게 러시아 대통령이 혼자가 아니며 동맹국들로부터, 적어도 중국 대통령으로부터는 존경을 받고 있다는 신호를 보낼 것으로 예상됩니다.

Red Square (붉은 광장)
* 우측의 건물이 성 바실리 대성당 (Basil's Cathedral)

rule out 배제하다, 제외하다

Nothing has been ruled out on sending tanks to Ukraine.

탱크를 우크라이나로 보내는 것에 대해 배제된 것은 없습니다.

- rule out: 배제하다, 제외하다, 불가능하게 하다 → exclude, eliminate, close out, preclude, winnow out, sift out, filter out, eliminate, reject, bar, nip in the bud
  The chance can't be ruled out that ~: ~가 배제될 가능성이 없다

shockwave 충격파, (나쁜 일로 인한) 충격적인 여파

White House SHAKEUP- Trump Sends SHOCKWAVES

백악관 쇄신 - 트럼프가 보내는 충격파

- **shakeup**: 대개편/개혁, 대이동, 인사 쇄신, 급조물 → reorganization, thorough change, makeshift
- **shockwave**: 충격파, 충격적인 여파

Trump Selects Mike Waltz For UN Ambassador Role After Firing Him From Other White House Position

트럼프, 백악관 다른 직책에서 해임한 후 마이크 왈츠를 유엔 대사직에 임명하다.

President Donald Trump has chosen Mike Waltz, a seasoned patriot, to serve as the next U.S. Ambassador to the United Nations. This bold move follows Rep. Elise Stefanik's decision to remain in Congress, *prioritizing* the GOP's razor-thin House majority *over*
a diplomatic post.

도널드 트럼프 대통령은 노련한 애국자인 마이크 왈츠를 차기 유엔 주재 미국 대사로 지명했습니다. 이 대담한 결정은 외교직보다 공화당의 극소수 하원 다수당을 우선시하여 의회에 남기로 한 엘리스 스테파닉 의원의 결정에 따른 것입니다.

- **seasoned**: 경험 많은, 노련한, 양념한, 조미료를 넣은, 잘 건조된
- ***prioritize***: 우선순위를 매기다, 우선으로 처리하다 → assign a priority to, grade, rate, rank, place, range, order   ****prioritize A over B***: B보다 A를 우선시하다, B보다 A에 우선순위를 두다
  How would you prioritize each project?   각 프로젝트의 우선순위를 어떻게 정하는지요?
- **razor-thin**: 박빙의, 막상막하 → *nip and tuck, neck and neck, head-to-head*

According to Fox News, Waltz, a former National Security Advisor, steps into a role critical for advancing America's interests on the global stage, Waltz has been relieved of his duties as National Security Advisory, along with staff from his team.

폭스 뉴스에 따르면 월츠 전 국가안보보좌관은 세계 무대에서 미국의 국익을 증진하는 데 중요한 역할을 맡게 되었으며, 월츠는 국가안보 보좌관직과 그의 팀 직원들과 함께 국가 안보 보좌관직에서 물러나게 되었다고 합니다.

- step into a role: 역할을 맡다, 역할에 개입하다

Trump announced Waltz's nomination on Truth Social, praising his dedication to national interests. Waltz's extensive experience includes military service, congressional tenure, and advising Trump on security matters. The appointment came after Stefanik withdrew her nomination in March, citing the need to combat Democratic *overreach* in New York.

트럼프 대통령은 트루스 소셜을 통해 월츠의 지명을 발표하며 국익을 위한 그의 헌신을 높이 평가했습니다. 왈츠는 군 복무, 의회 재임, 트럼프 대통령에게 안보 사안에 대한 자문 등 폭넓은 경험을 보유하고 있습니다. 이번 지명은 스테파닉이 지난 3월 뉴욕에서 민주당의 과잉 진출에 맞서야 한다며 지명을 철회한 후 이뤄졌습니다.

- *overreach*: ① 권한이나 영향력을 지나치게 행사하는 것을 말하며, 자신의 능력, 권한, 예산 등을 넘어서서 무리하게 행동하거나 시도했다가 실패한다는 의미가 있다 → exceed, overrun, overstep, surpass, transcend
  The startup overreached itself by expanding the business too much and failed.
  스타트업은 무리한 사업 확장으로 실패했습니다.
  Politicians are said to overreach their authority. 정치인들은 자신의 권한을 남용한다고 합니다.
  ② 한 수 앞지르다, 기만하다, 속이다 → outmaneuver, outsmart, outthink, outwit
  ③ 몸을 너무 뻗어 균형을 잃다 → lose balance by stretching too far

In a swift transition, Secretary of State Marco Rubio will temporarily assume Waltz's former role as National Security Advisor. Rubio's dual responsibilities signal Trump's trust in his leadership to maintain stability. This reshuffle underscores the administration's focus on a strong, America-first foreign policy.

급격한 인사이동으로 마르코 루비오 국무장관이 월츠의 전직인 국가 안보 보좌관 역할을 임시로 맡게 됩니다. 루비오의 이중 역할은 트럼프 대통령이 그의 지도력에 대한 신뢰를 보여주는 것으로, 안정성을 유지하기 위한 것입니다. 이번 인사 개편은 행정부가 강경한 미국 우선주의 외교 정책에 초점을 맞추고 있음을 강조합니다

- signal: 신호, 신호하다, 나타내다 → signalize, sign, bespeak, betoken, indicate, point
- underscore: 밑줄을 긋다, 치다, 강조하다, 분명히 보여주다 → underline
- **focus**: ① 초점, 집중, 주목 → centre, focal point, central point, core, bull's eye, center of attraction, center of activity, cynosure
  Money-making is the focus of her life. 돈 버는 것이 그녀의 삶의 중심이다.
  ② (관심 등) 집중하다, 집중시키다, 초점을 맞추다 → concentrate, center, spotlight, zero in on, pinpoint, converge
  The summit is expected to focus on ceasefire. 정상회담은 휴전에 초점을 맞출 것으로 예상된다.

side with 두둔하다, 편을 들다, 곁들다, 옹호하다

CNN anchor asks Saudi ambassador if the kingdom is siding with Russia.

CNN 앵커가 사우디 대사에게 사우디가 러시아 편을 드는지 묻습니다.

- anchor: 닻, 의지가 되는 것, 닻을 내리다, 앵커 * anchorman: 남자 앵커, anchorwoman: 여자 앵커
- **side with**: 편들다, 찬성하다, 지지하다 → advocate, back, champion, endorse, get behind, plump for, recommend, stand behind, stand by, support, uphold, take sides
  Don't side with him against us. 우리와 맞서 그편에 서지 마세요.
  Everybody in the office took sides in the dispute. 토론에서 모든 사람이 편을 들었다.

Anchor Effect (닻내림효과, 정박효과)

☞ 공정하다는 착각

Anchor effect는 「닻 내림 효과」, 즉 배가 항구에 정박하기 위해 선원들이 닻(Anchor)을 내리면 고정된 위치에서 쉽게 움직이지 않는다는 의미이다.

앵커링(anchoring, 정박효과) 이란 행동경제학(behavioral economics)의 용어로서, 협상 테이블에서 처음 언급된 조건에 얽매여 크게 벗어나지 못하는 효과를 의미한다. 즉, 최초 습득한 정보에 얽매여, 새로운 정보를 수용하지 않거나, 이를 부분적으로만 수정(anchoring and adjustment)하는 행동 특성을 말한다.

이처럼 우연히 습득한 숫자나 사물에 대한 인상(impression)이 사람들 머릿속에서 항구에 정박한 배의 닻과 같은 역할을 해 잘못된 판단을 하도록 유인하는 현상을 말한다. 예를 들어, 비즈니스 파트너와 협상을 할 때 먼저 가격 제시를 하는 사람에게 유리한 방향으로 조율될 가능성이 높다.

먼저 제시한 협상 가격이 기준이 되기 때문에 일부러 더 높은 가격을 불러서 상대방을 자극하는 방식이다. 반대로 상대방은 손해 보지 않는 거래를 하려고 높게 책정된 가격을 깎아서 비즈니스를 진행하게 된다. 따라서 거래에서 계약 협상자들은 각자 먼저 제시받은 조건의 범위에서 크게 벗어나지 못하고 그 조건을 맴도는 협상을 벌이는 사례가 빈번하다.

snap election 스냅 선거, 예정보다 빠른 선거, 조기 선거

South Koreans hope snap election will end political turmoil.

한국인들은 조기 선거가 정치적 혼란을 종식할 것으로 기대하고 있습니다.

- **snap election**: 스냅 선거, 예정보다 빠른 선거로 당선 시 임기는 법이 정한 기간 전부
  A snap election is an election that is called earlier than the one that has been scheduled.
  조기 선거란 원래 예정된 시기보다 앞당겨 실시되는 선거를 말한다.
  ☞ **by-election**: 보궐 선거(당선 때 당선자의 임기는 전임자의 남은 임기)
  ☞ recall election: 소환 투표

South Korea is holding a snap presidential election on June 3 to choose a successor to former President Yoon Suk Yeol, who was impeached and removed from office over a declaration of martial law.

한국은 계엄령 선포로 탄핵을 당하여 파면된 윤석열 전 대통령의 후임자를 선출하기 위해 6월 3일 조기 대선을 실시합니다.

storm out of ~ ~에서 뛰어나가다

An upset Trump speaks to reporters after storming out of court
Trump speaks after being fined $10K for violating gag order.

속상한 트럼프, 법정에서 뛰쳐나와 기자들과 대화
트럼프, 함구령 위반으로 1만 달러 벌금형 선고받은 후 연설

- **storm out of**: (화가 나서) 쿵쾅대며 가다, 뛰쳐나가다 → rush, stamp, flounce, fly, stalk
  After heated discussion, he stormed out of the conference room.
  격렬한 토론 후 그는 회의실에서 뛰쳐나갔다.
- gag: 재갈, 금지령 * gag order: (법정에서 심리 중인 사항에 관한) 보도/공표 금지령, 함구령
- fine: 벌금, 상납금, 벌금을 과하다 * in fine: 결국, 요컨대 → in short, briefly

to the tune of 무려, 거금을 들여

Canada "not for sale" Carney tells Trump as they meet

카니, 트럼프와 만나 캐나다 "팔지 않을 것"

Meeting Donald Trump in the White House, Canadian Prime Minister Mark Carney said his country "won't be for sale, ever" and Canadians have no wish to join the US. "Never say never," Trump replied.

백악관에서 도널드 트럼프를 만난 마크 카니 캐나다 총리는 캐나다는 "절대 팔리지 않을 것"이라며 캐나다 국민은 미국에 합류하고 싶어 하지 않는다고 말했습니다. 트럼프 대통령은 "절대 안 된다는 말은 하지 마세요."라고 답했습니다.

US President Donald Trump praised Canada's new prime minister, Mark Carney, as "a very talented person, a very good person" during their meeting on Tuesday.

도널드 트럼프 미국 대통령은 화요일 캐나다 신임 총리 마크 카니를 만나 '매우 재능 있고 훌륭한 사람'이라고 칭찬했습니다.

"I love Canada," Trump said during the White House meeting, in what could be seen as a change of tune despite Trump's enduring aspirations to make Canada the 51st US state.

트럼프 대통령은 백악관 회동에서 "캐나다를 사랑합니다."라고 말했습니다. 이는 캐나다를 미국의 51번째 주로 만들겠다는 트럼프 대통령의 끊임없는 열망과는 달리, 입장 변화를 시사하는 것으로 해석될 수 있습니다.

- **a change of tune**: 입장 변화 * **fine-tune**: 미세 조정하다, 세부를 손보다
- **enduring**: 오래가는, 지속되는 → long-lasting, lasting, living, continuing, remaining, firm, surviving, permanent, constant, steady, prevailing, persisting, abiding, perennial, durable, immortal, steadfast, unwavering, immovable, imperishable, unfaltering
  Their accidental meeting was the start of an enduring friendship.
  우연한 만남은 오래 지속되는 우정의 시작이었습니다.
  * accidental/chance meeting/encounter: 우연한 만남

Trump used a much tougher language ahead of Carney's arrival on his Truth Social platform, insisting that the United States doesn't need "ANYTHING" from Canada.

트럼프 대통령은 카니가 자신의 '트루스 소셜(Truth Social)' 플랫폼에 합류하기 전에 훨씬 강경한 어조로 미국은 캐나다로부터 "아무것도" 필요로 하지 않는다고 주장했습니다.

He also claimed that America subsidizes Canada to the tune of $200 billion (€176 billion) a year, "in addition to giving it military protection, and many other things."

그는 또한 미국이 캐나다에 연간 2,000억 달러(1,760억 유로)에 달하는 보조금을 지원하고 있으며, "군사적 보호 외에도 여러 가지 지원을 제공하고 있다."라고 주장했습니다.

- **to the tune of ~**: 무려, ~거금을 들여 → approximately, on the order of
  The company had profits to the tune of about $20 million. It sponsored the World Cup to the tune of $1 million. He managed to fix the car, to the tune of nearly $3,000.
  회사는 약 2천만 달러의 이익을 냈습니다. 그 회사는 월드컵에 백만 달러에 달하는 후원금을 냈습니다. 그는 차를 수리하는 데 거의 3,500달러를 사용하였습니다.

Trump appeared to be referring to the US trade deficit with Canada, which stood at $63.3 billion in 2024, largely due to American imports of Canadian oil.

트럼프 대통령은 2024년에 633억 달러에 달할 캐나다와의 무역 적자를 언급한 것으로 보인다. 이는 주로 미국이 캐나다산 석유를 수입하기 때문이다.

- largely due to: 주로 ~ 때문이다.

total control of~ ~을 완전히 통제/장악

Analyst says Kevin McCarty bears some blame for speaker vacuum, although he has no total control of that situation.

분석가는 케빈 맥카티가 상황을 완전히 통제할 수는 없지만, 의장 공백에 대해 어느 정도 책임이 있다고 말한다.

- vacuum: 진공, 공백, 진공청소기로 청소하다
- blame: ~을 탓하다, ~책임으로 보다, 책임, 탓
  - ☞ bear some blame: 어느 정도 책임이 있다 * bear fruit: 열매를 맺다, 효과를 낳다
  - * ear a relation/relationship to: 관련이 있다
  - That remark bears no relation to the matter. 그 발언은 그 문제와 아무런 관련이 없다.
  - * bear a resemblance/liking/similarity to ~: ~와 유사하다, 비슷하다

two-party preferred basis 양당 선호도

Australians head to polls to elect new government

새 정부 선출을 위해 투표장으로 향하는 호주인들

- head: 머리, 고개, 가다, 향하다, ~을 이끌다, 책임지다

Surveys show the soaring cost of living and economic uncertainty are the top voter concerns. Australians are enduring one of the sharpest rises in the cost of living in recent years. An acute shortage of housing has also inflated rents, exacerbating public discontent.

설문조사에 따르면 치솟는 생활비와 경제적 불확실성이 유권자들의 가장 큰 관심사입니다. 호주인들은 최근 몇 년간 가장 가파른 생활비 상승을 견디고 있습니다. 또한 극심한 주택 부족으로 임대료가 폭등하면서 대중의 불만은 더욱 커지고 있습니다.

- acute: 격심한, 극심한, (질병이) 급성의(↔ chronic 만성의), 예민한, 잘 발달한
- exacerbate: (질병·문제를) 악화시키다 → aggravate, worsen, exasperate
- discontent: 불만, 불만스러운 것 ↔ contentment: 만족, 만족감

Australians cast ballots in a national election on Saturday, with opinion polls showing Prime Minister Anthony Albanese's Labor party *having a slight edge over* the conservative opposition on a two-party preferred basis.

호주인들은 토요일에 실시된 총선에서 투표를 시행했으며, 여론 조사 결과 앤서니 알바니즈 총리의 노동당이 양당 선호도에서 보수 야당에 약간 우세한 것으로 나타났습니다.

- ***slight edge***: 약간 우세, 근소한 차이 (a margin of superiority, an advantage, bulge)

  He has a slight edge on/over the competition. 그는 경쟁자들보다 약간 앞서 있다.

  * on edge: highly tense or nervous; irritable. 흥분하여, 안달하는, 신경이 곤두서 있는

  * on the edge: in a precarious position, in a state of keen excitement 열광하는, 몹시 흥분하여

  * **on the edge/verge/point/brink of:** 막 ~하려는 참에, ~하는 찰라에
- two-party preferred basis: 양당 선호도

Polling booths across the country opened at 8 a.m. (2200 Friday GMT/UTC) and closed in populous eastern states including Sydney and Melbourne at 6 p.m.

호주 전역의 투표소는 오전 8시(금요일 2200 GMT/UTC)에 문을 열었으며 시드니와 멜버른을 포함한 인구가 많은 동부 주에서는 오후 6시에 마감되었습니다.

- polling booth: (투표장 안의) 기표소 → voting booth   * populous: 인구가 많은

Voting is mandatory for every citizen in Australia, one of the few democracies worldwide with such a requirement.

호주는 모든 국민에게 투표가 의무화되어 있으며, 이러한 의무가 있는 전 세계 몇 안 되는 민주주의 국가 중 하나입니다.

- mandatory: 법에 정해진, 의무적인 → compulsory, required, binding, obligatory, requisite

Attendance in sales training course is mandatory. 판매 교육 과정의 참석은 필수입니다.

There are about 18 million eligible voters, and around 8 million of them had already cast ballots before Saturday.

호주에는 약 1,800만 명의 유권자가 있으며, 이 중 약 800만 명이 토요일 이전에 이미 투표를 마쳤습니다.

- geopolitical: 지정학의, 지정학적인
- **cast a ballot/vote**: 투표하다

The election comes at a time of heightened geopolitical and trade uncertainty sparked by US President Donald Trump's policies. Trump has also hit Australia with a 10% levy on all its exports to the United States.

이번 선거는 도널드 트럼프 미국 대통령의 정책으로 촉발된 지정학적, 무역 불확실성이 고조된 시기에 치러집니다. 트럼프 대통령은 호주의 모든 대미 수출품에 10%의 관세를 부과했습니다.

- head: 머리, 고개, 가다, 향하다, ~을 이끌다, 책임지다
- acute: 격심한, 극심한, (질병이) 급성의(↔ chronic 만성의), 예민한, 잘 발달한
- exacerbate: (질병 · 문제를) 악화시키다 → aggravate, worsen, exasperate
- discontent: 불만, 불만스러운 것 ↔ contentment: 만족, 만족감
- polling booth: (투표장 안의) 기표소 → voting booth

* populous: 인구가 많은

- **mandatory**: 법에 정해진, 의무적인 → compulsory, required, binding, obligatory, requisite

  Attendance in sales training course is mandatory. 판매 교육 과정의 참석은 필수입니다.
- geopolitical: 지정학의, 지정학적인

whopping (whopping great) 엄청나게 큰

DON'S BIRTHDAY BASH

돈의 성대한 생일 파티

- bash: 후려치다, 세게 치다, 맹비난하다, 맹공격하다, (큰) 파티
  bash - an uproarious party: 시끌벅적한 파티 * uproarious welcome: 떠들썩한 환영

Trump plans for massive military parade on his birthday revealed – with 7,000 troops, 50 choppers & 150 vehicles
트럼프, 생일 기념 대규모 군사 퍼레이드 계획 공개 - 병력 7,000명, 헬기 50대, 차량 150대 동원 예정

- chopper: 헬리콥터(= copter, helicopter), (고기 등을 토막 낼 때 쓰는) 큰 칼, 작은 도끼

Plans are also to roll down battle tanks, massive military equipment, aircraft and missiles.

전투 탱크, 대규모 군사 장비, 항공기, 미사일도 선보일 계획입니다.

- roll down: 흘러내리다, 굴러떨어지다, 글썽이다, 글썽대다

French President Emmanuel Macron joins 3,700 members of the military in Paris to mark Bastille Day, with guest Donald Trump

에마뉘엘 마크롱 프랑스 대통령이 바스티유의 날을 기념하기 위해 파리에서 도널드 트럼프 대통령과 3,700명의 군인과 함께합니다.

The president reportedly plans to splash a whopping $100 million on the full-blown military spectacle to show the US might.

대통령은 미국의 힘을 보여주기 위해 본격적인 군사 광경에 무려 1억 달러를 쏟아부을 계획인 것으로 알려졌습니다.

- splash out(on something): (~에) (많은 돈을) 펑펑 쓰다, 들이다
- whop: 강타하다, 때리다, 채찍질하다, 때려눕히다, 이기다, 지우다
- **whopping, whopping great**: 엄청 큰 * tell a whopping lie: 엄청난 거짓말을 하다
  → banging, humongous, thumping, walloping, gigantic, great, big, large, huge, prodigious, massive, giant, enormous, extraordinary, tremendous, monstrous, mammoth, elephantine
  The company planned spending amounts to a whopping $31.4 billion in Ai development.
  이 회사는 인공지능 개발에 무려 314억 달러에 달하는 지출을 계획했습니다.
- **full-blown**: ~의 모든 특성을 갖춘, 완전히 발달한, 완전히 진행된 → full-fledged

---

A source in Washington DC has revealed that Trump is planning a massive military parade to celebrate the 250th anniversary of the US Army on June 14 - which also happens to be his birthday.

워싱턴 DC의 한 소식통은 트럼프 대통령이 자신의 생일이기도 한 6월 14일에 미 육군 창설 250주년을 기념하기 위해 대규모 군사 퍼레이드를 계획하고 있다고 밝혔습니다.

Plans are to start the procession at the Pentagon in Arlington, Virginia, from where the contingents will snake through the streets of the capital to reach the White House.

파견단은 버지니아주 알링턴의 펜타곤에서 행렬을 시작하여 수도의 거리를 구불구불 지나 백악관에 도착할 계획입니다.

- contingent: 분견대, 함대, 파견단, 대표단
- snake thru: 구불구불 가다

The grandiose military parade will showcase soldiers, sailors, airmen and Marines marching in their uniforms in front of thousands of spectators, the Washington City Paper reported.

워싱턴 시티 페이퍼는 수천 명의 관중 앞에서 군인, 수병, 공군, 해병대가 군복을 입고 행진하는 장엄한 군사 퍼레이드를 선보일 예정이라고 보도했습니다.

- grandiose: (너무) 거창한, (실속 없이) 거창하기만 한
- airman: 항공병, 이등병
- **showcase**: 공개 행사, 진열장, 전시하다, 진열하다, 두드러지게 나타내다
  → display, model, ideal, showpiece, paragon, perfect example, exemplar
  The country sees itself as a showcase for capitalism.
  이 나라는 스스로를 자본주의의 전시장으로 여깁니다.

As many as 6,600 troops and seven band contingents have reportedly been called to participate in the military parade.

6,600명의 병력과 7개의 밴드 부대가 군사 퍼레이드에 참여하도록 요청받은 것으로 알려졌습니다.

- **reportedly: it is reported that ~ → 문장 전체를 수식하는 부사**
  * fortunately = it's fortunate that ~
  * unfortunately = it's unfortunate that ~
  * regretfully = it is regretful that ~
  * mistakenly = it is a mistake that ~

최신 시사뉴스
영어 표현집

CONTENTS

Chapter Ⅵ

스포츠

최신 시사 뉴스 영어 표현집

abundantly clear 충분히 밝힌, 매우 명확한

Ryder Cup 2025 Team Europe projection: Who's in, who's out after the Masters

라이더컵 2025 유럽 팀 예상: 마스터스 이후 누가 출전하고 누가 탈락할까?

It's approaching that time: Ryder Cup projection season. Who needs to keep their momentum going in the majors? Who needs a summer surge to even be in the conversation? Who is locked in? Let's talk about it all, European team edition.

라이더컵 예상 시즌이 다가오고 있습니다. 메이저 대회에서 기세를 이어가야 할 선수는 누구일까요? 여름 시즌에서 성적을 끌어올려 경쟁에 뛰어들 수 있는 선수는 누구일까요? 누가 출전을 확정했을까요? 유럽 팀 편에서 이 모든 것에 대해 이야기해 보겠습니다.

- momentum: 탄력, 추진력, 가속도, 운동량
  * gain momentum: 탄력/ 기력을 얻다 ↔ lose mementum: 탄력/ 기력을 잃다
- surge: 급증, 급등, 밀려들다, 휩싸다, 휘감다, (강한 감정이) 치밀어 오름

The Euros have the sixth man ever to complete a career Grand Slam, a young stud continuing to define himself on the game's biggest stages and a pair of identical twins who need some late-season magic. It's all happening on the European side, but one thing is abundantly clear; Luke Donald, Europe's first repeat captain since Bernard Gallacher in 1995, has a long list of names in front of him.

유럽 팀에는 역사상 여섯 번째로 커리어 그랜드 슬램을 달성한 선수, 게임의 가장 큰 무대에서 자신의 가치를 계속 입증해 나가고 있는 젊은 스타, 그리고 시즌 후반에 기적 같은 활약이 필요한 쌍둥이 형제가 있습니다. 이 모든 것이 유럽 팀에서 일어나고 있지만, 한 가지는 분명합니다. 1995년 버나드 갤러처 이후 처음으로 유럽 팀 주장을 두 번이나 맡게 된 루크 도널드의 앞에는 수많은 선수가 대표 선발을 기다리고 있습니다.

- stud: 장식 못, 징, 말떼, 종마
- late-season: 시즌 막판
- **first repeat captain**: 처음으로 주장을 두 번이나 맡게 된
- **abundantly**: 아주 분명하게, 풍부하게 → exceptionally, very, highly, greatly, quite, severely, terribly, utterly, unusually, awfully, manifestly, extraordinarily, intensely, markedly, acutely, exceedingly, excessively, inordinately, uncommonly

  He made it abundantly clear that he didn't like me. 나를 싫어한다는 것을 분명히 했습니다.

Ryder Cup(라이더컵)

라이더컵은 유럽과 미국 팀 간의 2년마다 열리는 남자 골프 대회로, 대회마다 유럽과 미국의 경기장을 번갈아 가며 개최된다. 이 컵은 트로피를 기증한 영국 사업가 새뮤얼 라이더의 이름을 따서 명명되었으며, 미국프로골프협회(PGA of America)와 라이더컵 유럽(Ryder Cup Europe)이 공동으로 관리한다. 라이더컵 유럽은 PGA 유러피언 투어(60%), 영국 및 아일랜드 PGA(20%), 유럽 PGA(20%)의 합작 투자로 운영된다.

원래 영국과 미국 간에 경쟁했던 첫 번째 공식 라이더 컵은 1927년 미국 매사추세츠주 우스터에 있는 우스터 컨트리클럽에서 열렸다. 홈팀이 처음 다섯 경기에서 승리했다. 그러나 2차 세계대전 후 대회가 재개되면서 미국의 반복적인 우세는 결국 1979년부터 '영국과 아일랜드'의 대표를 유럽 대륙 까지 확대하기로 하는 데 이르렀다. 유럽 대륙 골퍼를 포함한 것은 세베 발레스테로스와 안토니오 가리도가 이끄는 새로운 세대의 스페인 골퍼의 성공에 부분적으로 영향을 받았다. 영국과 아일랜드의 선수 외에도 유럽 팀에는 그 이후로 오스트리아, 벨기에, 덴마크, 프랑스, 독일, 이탈리아, 노르웨이, 스페인, 스웨덴의 선수가 포함되었다.

1979년 이래 유럽은 12번이나 라이더 컵을 완파했고, 한 번은 동점 경기에서 우승을 지켰지만, 미국은 같은 기간 동안 9번 우승하였다. 1979년 이래 유럽은 외국 원정 경기에서 4번 우승하였다.(1987년, 1995년, 2004년, 2012년) 미국은 외국 원정 경기에서 2번 우승하였다.(1981년, 1993년) 1995년부터 2014년까지 유럽은 라이더 컵 10회 중 8회를 우승하였다.

라이더 컵, 격년 비유럽 대응 대회(프레지던츠 컵), 여자 대응 대회(솔하임 컵)는 텔레비전, 스폰서십, 티켓 판매 및 상품 수입으로 많은 돈을 벌어들이는 유명 이벤트임에도 불구하고 참가하는 프로 선수가 상금을 받지 못하기 때문에 프로 스포츠계에서 여전히 예외로 남아 있다. 라이더컵은 1999년까지 홀수 해에 열렸지만 2001년 9/11 테러 사건으로 취소된 후 2002년에 짝수 해로 옮겨졌다. 2020년 행사가 COVID-19 팬데믹으로 연기된 후 2021년에 다시 홀수 해로 돌아갔다.

clash 충돌, 맞대결, 충돌하다, 대립하다

Prepare for Jannik Sinner and Tommy Paul's semi-final clash in Rome by watching the highlights of their first head-to-head meeting! Subscribe to Tennis TV today to enjoy a full replay of this match, plus up to 2,500 matches live and on-demand every year from the ATP Tour.

로마에서 열리는 야닉 시너와 토미 폴의 준결승전을 기대하세요. 첫 맞대결 하이라이트 영상을 시청하세요! 지금 바로 Tennis TV를 구독하시면 이 경기의 전체 다시 보기는 물론, ATP 투어에서 매년 최대 2,500경기를 생중계 및 VOD로 시청하실 수 있습니다.

- **clash**: 충돌, 언쟁, (시합 등에서) 맞붙다, 격돌하다, 의견 충돌을 일으키다, 언쟁을 벌이다
  → conflict, grapple, wrangle, lock horns, cross swords, war, feud
  * clash of opinions: 의견의 대립 * emotional clash: 감정 충돌
  There were clashes between militants and the police in the building. There was a clash of views at the joint venture meeting.
  건물 내에서 무장세력과 경찰 사이에 충돌이 있었다. 합작 투자 회의에서 의견 충돌이 있었다.
- **head-to-head**: 직접 대면하는, 얼굴을 맞대고, 맞대결의 * go head-to-head with ~: ~와 정면으로 맞서다 * have a head-to-head contest: 정면 승부를 벌이다
  *** 대접전: photo finish, head-to-head, neck-and-neck, close fight**
  ☞ 가끔 랭킹 수위의 선수가 이름도 없는 선수에게 져서 고개를 푹 숙이고 있는 예도 있다. 그중 하나가 2025년 메데드데프가 메이저 대회 1회전에 탈락한 것이다, 이 경우를 **meltdown**이라고 하는데, **「정신적인 혼란 상태, 멘탈 붕괴, 멘붕」**을 의미한다.

culmination (오랫동안 계속된 일의) 정점, 최고조

This wasn't just a major win; it was the culmination of his long-awaited career Grand Slam, making the pressure even heavier.

단순한 메이저 우승이 아니라 오랫동안 기다려온 커리어 그랜드 슬램의 정점이었기 때문에 부담감은 더욱 컸습니다.

- **culmination**: 정점, 최고조 → acme, apex, apogee, climax, crest, crown, height, meridian, peak, pinnacle, summit, top, zenith
  * culminate: ~막을 이룸: end up, end, close, finish, conclude, wind up, climax, terminate, come to a head, come to a climax
- **long-awaited**: 오래 기다리던, 고대하던 → expected, wanted, promised, looked-for, predicted, forecast, hoped-for, anticipated
  * the long-awaited signing of a ceasefire agreement: 오랫동안 기다려온 휴전 협정 체결

Only five players in golf's history have achieved this—true legends. Rory's now proudly among them.

골프 역사상 이 기록을 달성한 선수는 단 5명만이 진정한 전설이 되었습니다. 로리는 이제 당당히 그 대열에 합류했습니다.

If he'd completed the Slam earlier, when majors seemed to come easier, it wouldn't have been this emotional. Enduring countless failures and setbacks into his mid-30s, finally conquering the prestigious Masters as the final piece makes it all the more moving.

메이저 대회 우승이 더 쉬워 보였을 때 더 일찍 슬램을 달성했다면 이렇게 감격스럽지는 않았을 겁니다. 30대 중반까지 수많은 실패와 좌절을 견뎌내고 마침내 권위 있는 마스터스를 마지막 작품으로 정복했다는 사실이 더욱 감동적입니다.

- **setback**: 방해, 정지, 좌절, 역류, 패배

Golf, a quiet mental sport, lays bare a person's soul. Days when it goes well are rare. It constantly frustrates and humbles you, forcing growth and resilience. Golfers carry more inner scars than most athletes. Great ones become philosophers, as true greatness demands maturity.

조용한 정신 스포츠인 골프는 사람의 영혼을 드러냅니다. 잘 풀리는 날은 드뭅니다. 골프는 끊임없이 좌절과 겸손을 강요하며 성장과 회복을 강요합니다. 골퍼들은 운동선수 대부분보다 더 많은 내면의 상처를 안고 살아갑니다. 진정한 위대함은 성숙함을 요구하기 때문에 위대한 선수들은 철학자가 되기도 합니다.

- **lay bare**: 발가벗기다, 까발리다
- **inner scar**: 내면의 상처

Rory's career hasn't been smooth. He's faced setbacks and failures, but they've forged a stronger inner self. Watching his highs and lows, I've laughed and cried alongside him.

로리의 커리어는 순탄치 않았습니다. 그는 좌절과 실패에 직면했지만, 이를 통해 내면을 더욱 강하게 만들었습니다. 나는 그의 기복을 지켜보면서 그와 함께 웃고 울었습니다.

- **highs and lows**: 고저(高低), 기복, 샅샅이, 도처에, 빠짐없이

This dramatic, hard-fought win — never giving up — will stay with me. The weight he carried must've been immense. Now, I hope he can play freely and stay healthy for years to come.

포기하지 않고 힘겹게 싸워 얻은 이 극적인 승리는 저와 함께할 것입니다. 그가 짊어진 중압감이 엄청났을 겁니다. 이제 그가 앞으로 몇 년 동안 자유롭게 뛰고 건강하게 지낼 수 있기를 바랍니다.

Games and stories like today's make golf captivating. And Rory makes me love it even more.

오늘과 같은 경기와 스토리는 골프를 매력적으로 만듭니다. 그리고 로리 덕분에 골프를 더욱 사랑하게 되죠.

(커리어) 그랜드 슬램(Career Grand Slam) - 골프

선수가 활동 기간 중 시즌에 상관없이 4대 메이저 타이틀을 모두 우승하는 것을 의미한다. 골프와 테니스에서 사용하는 용어이다. 만약 한 해에 모든 메이저를 우승한다면 calendar grand slam이라고 한다.

남자의 경우, 매스터스 토너먼트, PGA 챔피언십, US 오픈, 디 오픈 챔피언십을 말하며, 여자의 경우 US 여자 오픈, KPMG 여자 PGA 챔피언십, RICOH 브리티시 여자 오픈, ANA 인스퍼레이션(구 크래프트 나비스코 챔피언십)이었으나 2013년부터 에비앙 챔피언십이 메이저 대회로 승격되어 5대 메이저 대회 체제가 되었다.

(커리어) 그랜드 슬램 – 테니스

그랜드 슬램은 테니스 대회들 중 4개의 메이저 대회들을 가리키는 말이다. 이들은 랭킹 포인트, 전통, 상금, 인기도 등 모든 면에서 최고를 자랑하는 가장 권위가 있는 대회들이다. 이 대회들을 연중 개최 순서대로 나열하면 다음과 같다.

- 오스트레일리아 호주 오픈
- 프랑스 롤랑가로스
- 영국 윔블던
- 미국 US 오픈

이 4개 대회의 단식 또는 복식 경기에서 모두 우승한 선수나 팀을 일컬어 "그랜드 슬램을 달성했다"라고 말한다. 특히 한 해에 4개 대회를 모두 우승하는 경우 역년 그랜드 슬램(Calendar Year Grand Slam)이라고 하며, 두 해에 걸쳐 4개 대회에서 차례로 우승하는 경우는 비역년 그랜드 슬램(Non-calendar Year Grand Slam)이라고 한다. 연속은 아니지만 2년 이상의 기간에 걸쳐 4개 대회에서 모두 우승하는 경우는 커리어 그랜드 슬램(Career Grand Slam)이라고 하며, 4개 중 3개 대회에서 우승하는 경우는 스몰 슬램(Small Slam)이라 부른다. 한 해에 이 4개 대회 우승에 더하여 하계 올림픽 테니스 종목 금메달까지 획득하는 경우는 골든 슬램(Golden Slam)이라 칭한다.

'그랜드 슬램'이라는 용어가 테니스에서 처음 사용된 것은 뉴욕 타임스의 칼럼니스트 존 키어런(Johm Kieran)이 버드 콜린스(Bud Collins)의 저서 《토탈 테니스 – 테니스 대백과》(Total Tennis, The Ultimate Tennis Encyclopedia)를 인용하면서부터였다.

'그랜드 슬램'이라는 표현은 처음에는 테니스에서 한 해에 네 개의 메이저 대회를 모두 우승하는 것만을 의미하였으나 이후 골프와 같은 스포츠에서도 주요 대회를 모두 우승하는 것을 가리키는 말로 폭넓게 쓰이게 되었다.

한 해에 4개 메이저 대회 우승자(Calendar grand slam)는 다음과 같다.

- 남자 단식: 돈 버지 (1938), 로드 레이버(1962, 1969)
- 여자 단식: 모린 코놀리 브린커(1953), 마가렛 코트(1970), 슈테피 그라프(1988)

1988년 슈테피 그라프는 올림픽 테니스 여자 단식 금메달도 획득하였으며, 이를 골든 그랜드 슬램이라고 한다.

hard-fought 격전을 벌이는 (hard-won)

Novak Djokovic claims his 100th ATP Tour-level singles title at Geneva Open. Djokovic fought back from losing the first set and being a break down in the decider to beat Hurkacz 5-7 7-6 (2) 7-6 (2).

노박 조코비치가 제네바 오픈에서 ATP 투어 단식 100번째 우승을 차지했습니다. 조코비치는 첫 세트를 내주고 결승전에서 브레이크 잡힌 후, 5-7 7-6 (2), 7-6 (2)로 후르카치를 꺾고 우승을 차지했습니다.

Novak Djokovic beat Hubert Hurkacz in the final of the Geneva Open to win his 100th singles title.

노박 조코비치는 제네바 오픈 결승에서 후베르트 후르카치를 꺾고 100번째 단식 우승을 차지했습니다.

Novak Djokovic claimed his 100th ATP Tour-level singles title with a hard-fought victory over Poland's Hubert Hurkacz in the final of the Geneva Open.

노박 조코비치는 제네바 오픈 결승에서 폴란드의 후베르트 후르카치를 상대로 힘겨운 승리를 거두며 100번째 ATP 투어 단식 우승을 차지했습니다.

- claim: to assert one's right to or ownership of, lay claim to
- **hard-fought**: 격전을 벌이는, 치열한 → hard-won
  a hard-fought field/battle/win/victory: 치열한 경쟁/전쟁/우승/승리

Djokovic fought back from losing the first set and being a break down in the decider to beat Hurkacz 5-7 7-6 (2) 7-6 (2) in a gruelling contest lasting three hours and four minutes.

조코비치는 첫 세트를 내주고 결승전에서 브레이크 잡힌 후, 3시간 4분 동안 이어진 치열한 접전 끝에 후르카치를 5-7 7-6 (2), 7-6 (2)로 꺾고 우승을 차지했습니다.

- **decider**: 승자를 결정짓는 것(경기/점수/골 등)

* gruelling:대단히 힘든, 녹초로 만드는, 엄한

The Serbian is just the third man in the Open era – after Jimmy Connors and Roger Federer – to win 100 ATP titles.

세르비아 출신인 그는 지미 코너스와 로저 페더러에 이어 오픈 시대 역사상 ATP 100번째 타이틀을 차지한 세 번째 선수입니다.

Djokovic, who turned 38 on Thursday, had not won a title since claiming Olympic gold in Paris last summer and had suffered immediate exits from previous clay court events in Madrid and Monte Carlo.

목요일에 38세가 된 조코비치는 지난여름 파리 올림픽에서 금메달을 딴 이후 다른 대회 타이틀을 따내지 못하였으며, 마드리드와 몬테카를로에서 열린 클레이 코트 대회에서도 바로 탈락하는 수모를 겪었습니다.

Another painful defeat looked on the cards when he served two double faults to lose his serve in the opening game of the final set, but Hurkacz played an error-strewn eighth game to allow Djokovic to level at 4-4.

마지막 세트 첫 게임에서 두 번의 더블 폴트로 서비스 게임을 내주면서 또 한 번의 뼈아픈 패배가 눈앞에 다가왔지만, 후르카츠는 8번째 게임에서 실수를 연발하여 조코비치는 4-4 동점으로 만들었습니다.

- **on/in the cards**: 발생할 것 같은, 예정되어 있어(destined to occur by fate)
  - ** put/lay down/place one's cards on the table*: 자기 패를 보이다, 계획/의도를 드러내다
- **error-strewn**: 실수투성인 ☞ strew: 흩다, 흩뿌리다(= scatter), 흩어지다, 흩뿌려져 있다
  - → to spread here and there, scatter or distribute
  - → strew flowers down the alley, strew sand on a slippery road

---

More costly errors from the big-serving Pole then allowed Djokovic to ease through the tie-break and complete the perfect preparation for his bid to win a record-breaking 25th grand slam title in the French Open.

이후 조코비치는 빅 서브 폴의 더욱 더 큰 에러로 타이브레이크에서 쉽게 경기를 풀어나갈 수 있었습니다. 프랑스 오픈에서 역대 최다인 25번째 그랜드 슬램 타이틀을 노리는 완벽한 준비를 마쳤습니다.

- ease: 쉬움, 용이함, 편의성, 편안함, 안락함, 편해지다, 편하게 해주다
- **tie-break**: 테니스에서 듀스의 반복으로 시합이 한없이 계속되는 것을 막기 위해 심판이 게임 카운트가 6 대 6일 때, 어느 쪽이건 7점 또는 10점을 선취한 쪽이 이기는 것으로 한다
  * tiebreaker: (퀴즈 대회에서 동점일 경우) 승자를 결정짓는 것

"I had to work for it, that's for sure," a relieved Djokovic said in an on-court interview before the ball boys and girls physically formed the number 100 in tribute at the presentation ceremony.

"확실히 노력해야 했어요." 조코비치는 시상식에서 볼보이와 볼걸들이 헌정의 의미로 숫자 100을 형성하기 전 코트 인터뷰에서 안도한 표정으로 이렇게 말했다.

"Huby was probably closer to the victory the entire match than I was. I had some chances to break his serve in the first set, I didn't do it and then had a bad game that ended up with a double fault on set point."

"허비는 경기 내내 저보다 승리에 더 가까웠을 거예요. 첫 세트에서 그의 서브 게임을 브레이크 할 기회가 몇 번 있었지만, 그러지 못했고, 결국 세트 포인트에서 더블 폴트로 끝나는 부진한 경기를 펼쳤죠."

"All of a sudden the match went to his side in a sense and I was obviously just trying to hang in there."

"갑자기 경기가 그의 편으로 돌아섰고, 저는 그냥 버티려고 애썼어요."

- **hang (on) in there**: 참다, 버티다 (주로 격려할 때 자주 사용되는 표현) → endure, put up with, bite the bullet, hold on, suck it up
  Everything is in such a mess, but things will work out soon. Hang in there. You never know what you might achieve. 모든 것이 엉망진창이지만 곧 잘 될 거야. 끈기 있게 노력해. 무엇을 이룰 수 있을지 알 수 없잖아.

"I don't know how I broke his serve, he probably broke himself in the third when he was 4-3 up but this is what happens on this level, the highest level, a few points decide the winner."

"어떻게 그의 서브 게임을 브레이크했는지는 모르겠어요. 아마 4-3으로 앞서 있던 세 번째 게임에서 스스로 서브 게임을 브레이크했을 거예요. 하지만 이 레벨, 최고 레벨에서는 이런 일이 벌어지죠. 몇 점 차이로 승부가 결정되죠."

"An incredible match, 7-6 in the third with a full stadium, beautiful atmosphere. So I'm just grateful to clinch the 100th here."

"정말 멋진 경기였어요. 세 번째 게임에서 7-6으로 앞서고 경기장은 가득 찼고, 분위기도 정말 좋았어요. 그래서 여기서 100번째 우승을 차지하게 되어 정말 감사해요."

- **clinch**: 성사시키다, 이뤄내다, 매듭짓다, 결말을 내다, 부둥켜안음, 끌어안음, 클린치

ATP (Association of Tennis Professionals)

The ATP Tour (known as ATP World Tour between January 2009 and December 2018) is the sole worldwide top–tier tennis tour for men organized by the Association of Tennis Professionals(ATP) founded in 1990 that replaced the earlier dual Grand Prix Circuit and WCT Circuit.

ATP 투어 (2009년 1월부터 2018년 12월까지는 ATP 월드 투어로 알려짐)는 1990년에 설립된 프로 테니스 협회(ATP)가 주관하는 유일한 세계 최고 수준의 남자 테니스 투어로, 기존의 듀얼 그랑프리 서킷과 WCT 서킷을 대체했습니다.

ATP 랭킹
https://namu.wiki/w/ATP%20%EB%9E%AD%ED%82%B9

partnership 파트너십, 동업자, 동반자 관계

Adidas terminates partnership with Ye immediately. Adidas does not tolerate antisemitism and any other sort of hatred speech. Ye's recent comments and actions have been unacceptable, hateful and dangerous, and they violate the company's value of diversity and inclusion, mutual respect and fairness.

아디다스는 예(Ye)와의 파트너십을 즉시 종료한다. 아디다스는 반유대주의 및 기타 증오심 표현을 용납하지 않습니다. Ye씨의 최근 발언과 행동은 용납할 수 없으며, 혐오스럽고, 위험했으며, 이는 회사의 다양성과 포용성, 상호 존중과 공정성이라는 가치를 침해하는 것입니다.

- antisemitism: 반유대주의(= anti-Semitism) → anti-Semite: 반유대주의자, 반유대주의의
- **inclusion**: 포용, 융합, 융화, 포함
  ☞ social inclusion (사회적 포용/포괄) ↔ social exclusion (사회적 배제/차단)

After a thorough review, the company has taken the decision to terminate the partnership with Ye immediately, end production of Yeezy branded products and stop all payments to Ye.

철저한 검토 후 회사는 Ye와의 파트너십을 즉시 종료하고 Yeezy 브랜드 제품의 생산을 중단하며 Ye에 대한 모든 지급을 중단하기로 했습니다.

- **thorough**: 빈틈없는, 철두철미한, 철저한, 완전한 → comprehensive, full, complete, sweeping, intensive, in-depth, exhaustive, all-inclusive, all-embracing, leaving no stone unturned

  The company is making a thorough investigation of food poisoning of last week.
  그 회사는 지난주 발생한 식중독 사건에 대해 철저한 조사를 진행하고 있습니다.

undisputed 반박/이론의 여지가 없는, 모두가 인정하는

Casper Ruud captures first Masters 1000 title of career in Madrid.

카스퍼 루드, 마드리드에서 생애 첫 마스터스 1000 타이틀 획득

The Norwegian will return to the ATP's Top 10 after taking down Jack Draper in the final.

노르웨이 출신의 루드는 결승에서 잭 드레이퍼를 꺾고 ATP 톱 10에 복귀합니다.

- take down: 콧대를 꺾다, 비난하다, 내리다, 풀다

Three-time Grand Slam finalist and former world No. 2 Casper Ruud won the biggest title of his career on Sunday, charging past Jack Draper 7-5, 3-6, 6-4 in the Mutua Madrid Open final.

세 번이나 그랜드 슬램 결승에 진출한 전 세계 랭킹 2위 카스퍼 루드는 일요일 무투아 마드리드 오픈 결승에서 잭 드레이퍼를 7-5, 3-6, 6-4로 꺾고 생애 가장 큰 우승을 하였습니다.

- three-time Grand Slam finalist: 그랜드 슬램 결승전에 3번 진출
  * two-time Roland Garros finalist: 롤랑가로스 (프랑스 오픈) 결승에 2번 진출
  * final: 결승전 * semi-final: 준결승 (4강전) * quarter-final: 8강전
  * round of 16: 16강전 (octofinals), * round of 32: 32강전

The victory marks Ruud's first ATP Masters 1000 title - making him the first Norwegian player to ever win at this level - and his first since last year's Geneva victory.

이번 우승으로 루드는 ATP 마스터스 1000에서 첫 우승을 차지하며, 이 대회에서 우승한 최초의 노르웨이 선수가 되었습니다. 또한 작년 제네바 대회 우승 이후 첫 우승이기도 합니다.

"It's been a long time coming, and it's one really big goal that I dreamed about since I was young," Ruud said of his first 1000 trophy. "It's an incredible feeling to accomplish it, and also the way I did it today. It was a great match."

루드는 첫 1000 트로피에 대해 "오랜 시간이 걸렸으며, 어렸을 때부터 꿈꿔왔던 정말 큰 목표 중 하나입니다."라고 말했습니다. "이렇게 해낼 수 있다는 게 정말 믿기지 않을 만큼 기쁩니다. 오늘 제가 해낸 방식도 정말 놀랍습니다. 정말 멋진 경기였습니다."

- incredible: 믿을 수 없는, 믿기 힘든, 거짓말 같은, (너무 좋아) 믿어지지 않을 정도인 → unbelievable, unthinkable, questionable, improbable, inconceivable, unimaginable, outlandish, far-fetched, implausible, beyond belief, amazing, great, wonderful, stunning, far-out, extraordinary, overwhelming, astonishing, marvellous, breathtaking, astounding

---

"I knew Jack had been playing unbelievable all year and also at this tournament. I knew that if I don't bring my A, A, A+ game I'm going to be whipped around the court. But luckily I played really well…."

"잭이 올해 내내, 그리고 이번 대회에서도 믿을 수 없을 만큼 훌륭한 플레이를 펼쳤다는 것을 알고 있었습니다. 제가 A, A, A+ 성적을 내지 못하면 코트에서 이리저리 휘둘릴 걸 알고 있었습니다. 하지만 다행히 정말 잘 해냈습니다…."

- whip: 채찍, (정당의) 원내 총무, 채찍질하다, 격려하다, 자극하다
  * **whip around**: 갑자기 되 튀다, 급히 돌아서다, 휘둘리다

"This is a really good boost for me. I hope I can keep it going."

"이번 경기는 저에게 정말 큰 힘이 됩니다. 앞으로도 계속 좋은 성적을 낼 수 있기를 바랍니다."

- boost: 신장시키다, 북돋우다, (신장시키는) 힘, 부양책

Coming into the match, Ruud was the ATP Tour's undisputed clay-court leader, with more wins (124), finals (17) and titles (11) than any other player since the start of the 2020 season. He's only extended his dominance on the surface with his win over Draper: 12 of his 13 career titles have now come on clay.

경기 시작 전, 루드는 ATP 투어 클레이 코트에서 단연 선두를 달리고 있었습니다. 2020 시즌 개막 이후 우승(124회), 결승(17회), 타이틀(11회)을 모두 거머쥐며 그 어떤 선수보다 많은 우승을 차지했습니다. 드레이퍼를 상대로 거둔 승리로 코트에서의 우위를 더욱 확대했습니다. 통산 13회 우승 중 12회가 클레이 코트에서 이루어졌습니다.

- **undisputed**: 반박/이론의 여지가 없는, 모두가 인정하는 → irrefutable, acknowledged, certain, accepted, recognized, undeniable, conclusive, unchallenged, undoubted, uncontested, indisputable, unquestioned, not disputed, incontrovertible, beyond question, incontestable

---

As a result, the two-time Roland Garros finalist is set to return to the ATP's Top 10 rankings come Monday as world No. 7. Ruud is currently ranked No. 15, having dipped in the rankings after being unable to defend last year's Monte Carlo final points.

그 결과, 롤랑가로스 결승에 두 번 진출한 루드는 월요일에 세계 랭킹 7위로 ATP 랭킹 톱 10에 복귀할 예정입니다. 루드는 지난해 몬테카를로 결승 포인트를 방어하지 못한 후 랭킹이 하락하여 현재 랭킹 15위에 있습니다.

- **be set to + 동사 원형**: ~할 예정이다

  The movie is set to be released this summer. 그 영화는 올여름 개봉 예정이다.

  * straight set: (테니스) 스트레이트 세트

  She won the match in three straight sets of 6-4, 6-3, 6-2.

  그녀는 6-4, 6-3, 6-2로 3세트 연속 승리를 거두었습니다.
- **dip**: 내려가다, 떨어지다, 내려가게 하다, 떨어뜨리다

  Sales dipped after New Year Holidays. 설 연휴 이후 매출이 감소했다.

미국 프로 스포츠

가장 큰 프로스포츠 마켓을 가진 미국에서는 끊임없이 콘텐츠가 생성된다. 4대 리그로 꼽히는 미식축구(NFL), 농구(NBA), 야구(MLB), 아이스하키(NHL)부터 규모가 매년 커지고 있는 프로 축구(MLS)까지 쉴 틈이 없다.

전 세계 팬을 확보하고 있는 시장의 규모는 다음 수치를 보면 짐작해 볼 수 있다. 2025년 Super Bowl의 평균 시청자 수는 1억 2,700만 명으로 알려졌고 하프 타임 광고 단가는 30초당 800만 달러에 판매된 것으로 추정된다.

리그의 CEO 격인 Commissioner와 구단주들이 리그의 발전과 흥행을 위해서 시스템 변경, 미디어 계약 체결, 신기술 도입 등을 관리하고 리그 차원의 사건 사고에 어떻게 대응하는지 알아보는 것도 흥미로울 것이다. 일례로 MLB는 2024년 시즌 개막전을 미국 현지가 아닌 한국에서 개최할 만큼 팬층을 확대하는 데 유연하며 적극적이다.

미국 여행 시 여유가 있다면 경기장을 방문하여 관람하면 현지 문화를 경험하는 동시에 시야를 넓힐 수 있을 것이다. 2024년 오픈한 LA 소재 Intuit Dome은 360도 디스플레이를 비롯하여 좌석에는 NFC 리더, 게임 컨트롤러, USB 포트 등이 설치되어 있어 관중과 상호 작용할 수 있는 이벤트를 진행하고 있기도 하다.

구 분	NFL	NHL	NBA	MLB
구단 수	32	32	30	30
시즌	9~2월	10~6월	10~6월	3~10월
결승전 이름	Super Bowl	Stanley Cup Finals	NBA Finals	World Series
23-24 우승팀	Kansas City Chiefs	Florida Panthers	Boston Celtics	Los Angeles Dodgers
트로피 이름	Vince Lombardi Trophy	Stanley Cup	Larry O'Brien Championship Trophy	Commissioner's Trophy
Commissioner	Roger Goodell	Gary Bettman	Adam Silver	Rob Manfred

최신 시사 뉴스 영어 표현집

초판 1쇄 인쇄 2026년 1월 10일
초판 1쇄 발행 2026년 1월 15일

저 자 장 시 혁
펴낸이 임 순 재
펴낸곳 (주)한올출판사
등 록 제11-403호
주 소 서울시 마포구 모래내로 83(성산동 한올빌딩 3층)
전 화 (02) 376-4298(대표)
팩 스 (02) 302-8073
홈페이지 www.hanol.co.kr
e-메일 hanol@hanol.co.kr
ISBN 979-11-6647-605-1

최신 시사뉴스
영어 표현집

최신 시사뉴스
영어 표현집

최신 시사뉴스
영어 표현집